A política nos quartéis

 **Nova Biblioteca de Ciências Sociais**
diretor: Celso Castro

Teoria das elites
Cristina Buarque de Hollanda

A política nos quartéis
Maud Chirio

Cultura e personalidade
Margaret Mead, Ruth Benedict e Edward Sapir

Eleições no Brasil
Jairo Nicolau

Teoria social
William Outhwaite

Jango e o golpe de 1964 na caricatura
Rodrigo Patto Sá Motta

Questões fundamentais da sociologia
Georg Simmel

O mundo pós-ocidental
Oliver Stuenkel

Sobre o artesanato intelectual e outros ensaios
C. Wright Mills

Maud Chirio

A POLÍTICA NOS QUARTÉIS
Revoltas e protestos de oficiais
na ditadura militar brasileira

Tradução:
André Telles

2ª reimpressão

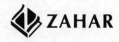

A Ulysse, meu pequeno viajante.

Copyright © 2012 by Maud Chirio

Grafia atualizada segundo o Acordo Ortográfico da Língua Portuguesa de 1990, que entrou em vigor no Brasil em 2009.

Capa
Jussara Fino

Foto da capa
O marechal Castelo Branco (centro), então presidente do Brasil,
na cerimônia de lançamento da pedra fundamental da Vila Operária,
em São Bernardo do Campo (SP), em 1966. © Arquivo/Agência Estado/AE

Revisão
Eduardo Farias
Eduardo Monteiro

CIP-Brasil. Catalogação na fonte
Sindicato Nacional dos Editores de Livros, RJ

Chirio, Maud
C469p   A política nos quartéis: revoltas e protestos de oficiais na ditadura militar brasileira / Maud Chirio; tradução de André Telles. – 1ª ed. – Rio de Janeiro: Zahar, 2012.

Tradução de: La politique des militaires.
ISBN 978-85-378-0779-8

1. Governo militar – Brasil. 2. Brasil – História – Crise de 1961. 2. Brasil – História – Revolução, 1964. 3. Brasil – Política e governo – 1961-1964. I. Título.

	CDD: 981.062
11-8096	CDU: 94(81)"1961/1985"

[2022]
Todos os direitos desta edição reservados à
EDITORA SCHWARCZ S.A.
Praça Floriano, 19, sala 3001 – Cinelândia
20031-050 – Rio de Janeiro – RJ
Telefone: (21) 3993-7510
www.companhiadasletras.com.br
www.blogdacompanhia.com.br
facebook.com/editorazahar
instagram.com/editorazahar
twitter.com/editorazahar

Sumário

Introdução 7

1. Conspirações: 1961-1964 15

Doutrinar: a teoria da guerra revolucionária, *19* • "Informar" e convencer: a guerra das propagandas, *28* • Em defesa da hierarquia e da disciplina, *34* • O corpo dos oficiais e o golpe de Estado, *40*

2. Continuar a "revolução": 1964-1965 48

Perfis da "primeira linha dura", *52* • Cronologia e instrumentos do protesto, *64* • "O Exército no poder": oficialidade e líderes militares, *73* • Restabelecer a ordem, *80* • A revolução: a ideia do século, *82* • Fazer tábula rasa, *87*

3. Endurecimento e divergências: 1966-1968 93

Uma campanha civil-militar, *95* • Militarização do poder e indefinição política, *97* • Da "linha dura" aos ortodoxos, *101* • O fim do lacerdismo militar, *106* • Divisões e dissidências, *113* • 1968: a entrada na guerra, *119* • A opinião militar e o fechamento do regime, *127*

4. O terremoto: 1969 135

Dois casos militares, *136* • Os líderes contestadores e o "mal-estar no Exército", *142* • A crise de sucessão, *148* • A "eleição" de 1969, *157* • A última batalha dos oficiais contestadores, *160*

5. Contra a distensão: 1974-1977 165

Anos de chumbo e política no Exército, *167* • A abertura política ou a democracia relativa, *171* • A "comunidade de segurança", *176* • A tortura, o panfleto e a bomba, *182* • Subversão comunista e traição do poder, *189* • O palácio e os generais, *196* • O caso Frota, *197*

6. A última campanha: 1977-1978 205

A oficialidade e a distensão, *208* • O caso Tarcísio, *216* • Os candidatos: o senador e o general, *218* • O retorno da "primeira linha dura", *225*

Conclusão 231

Notas 239

Agradecimentos 263

Introdução

Antes do golpe de 1964, os militares brasileiros nunca haviam exercido o poder em nome do Exército de forma duradoura. Apesar disso, envolveram-se amiúde na política: de proclamações a manifestos, de revoltas a ultimatos, de intervenções pontuais a pressões de gabinetes, homens em armas estiveram entre as principais eminências, pardas ou não, da República. Porém, a partir dos anos 1910, a tentação de intervir na cena pública fez-se acompanhar de uma preocupação quanto às desordens internas que tal comportamento poderia acarretar. Temeu-se, depois constatou-se, que o envolvimento na política suscitaria discussões, debates e conflitos no seio da corporação que atentariam contra a ordem hierárquica e sua eficácia. Essa preocupação aumentou ao longo do tempo e o *esprit de corps* das Forças Armadas constituiu-se, progressivamente, em torno de uma visão negativa da política, acusada de desagregar a instituição, ser nociva à disciplina e corromper a alma pura do oficial. Formou-se, assim, um ideal de profissionalismo e apolitismo militar.

A contradição entre esse ideal e as frequentes intervenções foi muitas vezes incômoda. E sob o regime militar instalado pelo golpe de Estado de abril de 1964, ela se tornou simplesmente insustentável. A fim de conciliar exigência disciplinar e ação política dos militares, foi implicitamente admitido no discurso oficial que, para proteger a instituição, apenas a elite hierárquica se imiscuiria nos assuntos de Estado. A massa dos oficiais e a tropa deviam ser resolutamente mantidas a distância. Como apontava em 1969 o general Orlando Geisel, então ministro do Exército do terceiro governo militar,

> Queiramos ou não, estamos metidos na política. O general muitas vezes é obrigado a aparentar que não está metido em coisa alguma, que cuida apenas da parte profissional, mas o general, evidentemente, tem que se meter na parte política; mete-se pelos bastidores. ... Capitão, major, coronel e o próprio general de brigada devem deixar de fazer política; política é só nos altos escalões. Comandante de exército faz política; faz menos que eu, ministro, faço; e eu, menos que o presidente, mas faz política. É preciso dar a impressão de que nós não estamos cogitando da política.[1]

Em outros termos, existia um dever, não raro apresentado pela elite militar como uma realidade: "militares não fazem política." E quando fazem, é um assunto de generais.

Os cientistas sociais apropriaram-se parcialmente dessa concepção das relações entre militares e política e, em geral, só vieram a se interessar pela ação política dos mais graduados. O regime militar foi tratado da mesma forma: o corpo dos oficiais em seu conjunto e, mais ainda, a tropa viram-se relegados a cenário histórico, no máximo a figuração em uma peça cujos atores principais eram os generais. Os comportamentos dos oficiais subalternos e superiores foram geralmente considerados não políticos: a esmagadora maioria teria permanecido longe dos círculos de decisão, estacionada nos quartéis, concentrada em "tarefas profissionais" supostamente apolíticas; ao passo que a minoria que participou da repressão de Estado foi o mais das vezes descrita como um grupo de criminosos cuja conduta "fanática" não mereceria análise política. Quando se fala deles, associa-se então aos jovens oficiais seja a passividade absoluta, seja a radicalidade, a emotividade, a efervescência coletiva. Apenas os generais levaram o crédito de possuir um pensamento, uma doutrina, uma estratégia, em suma, uma racionalidade política. O status de ator político foi atribuído exclusivamente aos generais.

O desinteresse pelas lógicas políticas internas do corpo de oficiais não resulta apenas de uma apropriação dos imaginários da elite militar. É igualmente consequência de uma coerção das fontes – no interior dessa grande incógnita arquivística que é a instituição armada, mais ainda sob um regime autoritário e repressivo, os militares subordinados são os personagens mais inacessíveis aos pesquisadores. Com efeito, os generais, sobre os quais a proibição disciplinar de intervir no espaço público pesava menos do que sobre os tenentes e capitães, deixaram muito mais rastros na história.

Por fim, e principalmente, esse desinteresse pelas mobilizações políticas dos jovens oficiais é produto de determinada leitura do papel do Exército brasileiro no século XX que muitos jornalistas e pesquisadores dividem, nem sempre explicitando-a. Conforme essa leitura, os escalões inferiores da oficialidade, em virtude do "profissionalismo militar", desapareceram progressivamente da cena política ao longo do século. O indivíduo, à medida que a organização reforçava sua coesão interna, diluiu-se no grupo: segundo a expressão de José Murilo de Carvalho, o "soldado cidadão", predominante no momento da

Introdução

proclamação da República, mas que representava um risco para a instituição, desapareceu em prol do "soldado profissional", depois do "soldado corporação".[2] Diferentemente do que anunciara o cientista político norte-americano Samuel Huntington no fim dos anos 1950, essa profissionalização não provocou um afastamento da cena política[3] – aliás, a proliferação dos golpes de Estado, nos anos 1960 e 1970, em países latino-americanos dotados de Exércitos intensamente profissionalizados (Brasil, Uruguai, Chile, Argentina) desmente categoricamente tal ideia. Ao contrário, porque isolou a instituição militar, reforçando sua coerência e estruturação internas e permitindo a propagação organizada de novas doutrinas, a profissionalização foi a base do intervencionismo político dos Exércitos latino-americanos.[4] Porém, em vez de um "intervencionismo militar" fundado na politização de oficiais de todas as patentes, teria nascido um "intervencionismo dos generais".[5]

Os trabalhos vinculados a essa perspectiva, comumente denominada "organizacional", insistem no relativo isolamento das Forças Armadas brasileiras no seio da sociedade, na autonomia crescente da instituição ao longo do século e no progressivo desaparecimento da ação política individual dos militares em prol da ação de sua corporação.[6] Essa interpretação foi acompanhada por uma importante renovação historiográfica da análise da instituição militar brasileira e de suas relações com a esfera política. Permitiu dirigir a atenção para os processos de socialização, normas e valores típicos das Forças Armadas, bem como para suas evoluções doutrinárias, profundamente explicativas das tomadas de posição políticas ao longo do século. Com efeito, recusando-se a ver sistematicamente nos comportamentos políticos dos militares o reflexo ou a mão de civis, essa perspectiva construiu a instituição armada como objeto legítimo de pesquisa.

Além disso, é forçoso constatar que no século XX os generais participam cada vez mais das intervenções políticas dos militares. Nos primeiros momentos da República, os agitadores são quase sempre jovens oficiais. Os principais artífices da proclamação da República brasileira são, assim, alunos oficiais da Escola da Praia Vermelha, conquistados nos anos 1880 pelo republicanismo, o positivismo e o abolicionismo, doutrinas modernas que modificam sua relação com o mundo, e pela ideia de "soldado cidadão", ou seja, de responsabilidade individual dos oficiais com relação à sociedade.[7] Embora rapidamente substituído por generais no proscênio, um setor da mocidade militar continua a ter, nas décadas seguintes, um papel relevante de agitador político. Nos anos 1910, são os "jovens turcos", tenentes e capitães constituídos em grupo de pressão em torno da revista *A Defesa Nacional*, que tentam reformar a instituição militar para adaptá-la aos novos tempos. Rechaçam, decerto, a indisciplina e a participação individual dos oficiais na política – ao contrário, seu ideal é um profissionalismo à europeia –, mas nem por isso deixam de defender, desde as patentes inferiores, um intervencionismo maior na cena pública. Cerca de dez anos mais tarde, em julho de 1922, outros jovens oficiais mostram menos escrúpulos quanto aos quesitos disciplina e hierarquia: são os revoltados do Forte de Copacabana, cuja denúncia das "oligarquias republicanas" congrega dezenas de tenentes e capitães ao longo dos anos. "Poder desestabilizador" dos anos 1920, para repetir a expressão de José Murilo de Carvalho, a força política dos tenentes resulta na chegada de Vargas ao poder e na Revolução de 1930.

O Exército brasileiro paga o preço do tenentismo quando, nos anos 1930, passa por uma das mais graves crises disciplinares de sua história. O objetivo primordial da hierarquia militar consiste, assim, em restabelecer a cadeia de comando, impedir o envolvimento de militares na política e limitar a intromissão civil nas casernas. O grande organizador dessa nova orientação é Pedro Aurélio de Góis Monteiro, revolucionário de última hora, ministro da Guerra em 1934-35, depois chefe do Estado-Maior do Exército de 1937 a 1943. A sacralização da hierarquia e da disciplina e o rechaço do debate político enraízam-se então nos discursos e imaginários militares. Permanece, na segunda metade do século, o *leitmotiv* das elites militares e civis brasileiras, enquanto a própria regulamentação evolui. As sanções disciplinares impostas aos oficiais que se entregaram à militância política agravam-se sob o Estado Novo: em 4 de março de 1938, um novo Regulamento Disciplinar do Exército proíbe qualquer discussão, manifestação ou ato de propaganda política aos oficiais, tanto no espaço público quanto na caserna.[8]

A tendência a voltar o olhar para o topo da pirâmide hierárquica vê-se intensificada pela trajetória de uma geração singular de oficiais, no primeiro plano de quase todas as intervenções militares sob a República: "a geração de 1900." Nascidos junto com o século, esses militares eram tenentes na época do tenentismo, houvessem ou não participado do movimento de revolta. Em início de carreira, sob Vargas, vários deles ocuparam postos administrativos e de governo, em nível estadual ou federal; a entrada na guerra encontra-os

Introdução

na metade da carreira, aptos a comandar unidades importantes, no caso dos que integram a Força Expedicionária Brasileira (FEB). Nos anos 1950, alguns manifestam-se publicamente como coronéis, fato inédito até essa época, antes de tomarem o poder em nome do Exército em abril de 1964. Nessa data, já são generais. Essa geração, maior provedora de arquivos pessoais e depoimentos publicados, forma o contingente básico de atores visíveis da instituição armada, atraindo praticamente todo o foco dos pesquisadores.[9]

O PROJETO DE ENQUADRAMENTO das Forças Armadas brasileiras e a consolidação da elite militar como ator político não têm então nada de mito, constituindo duas características essenciais das relações entre Exército e política no Brasil do século passado. No entanto, trata-se de um *modelo*, pautado por um *ideal* engendrado pelos próprios atores, que não descreve integralmente a realidade política. Além do mais, contribui para ocultar a persistência de uma mobilização de oficiais de patente subalterna e superior na segunda metade do século.

A queda do Estado Novo inaugura efetivamente uma era de forte polarização e mobilização política da sociedade brasileira, cujas Forças Armadas são ao mesmo tempo um eco e um agente central. A principal caixa de ressonância é o Clube Militar, que no pós-guerra recuperou seu papel de foco de agitação política no Exército: ali são asperamente discutidas as grandes questões que eletrizam a cena política nacional, e ali se enfrentam, às vezes virulentamente, a facção nacionalista, solidária do campo getulista, e a direita liberal e anticomunista, aglutinada a partir de 1952 na chapa da Cruzada Democrática. Sob o segundo governo Vargas (1951-54), o conflito de facções transforma-se numa guerra interna da qual participam oficiais de todas as patentes. Na época, o Clube não constitui uma ilha de politização num Exército enquadrado; se o essencial do ativismo está concentrado no Rio de Janeiro, onde se situa sua sede, a atmosfera de debate, até mesmo de confronto, impregna as casernas em todo o país. A participação nas eleições do Clube é maciça; manifestos assinados por centenas de oficiais são divulgados publicamente. Esse estado de efervescência política é diametralmente oposto aos preceitos hierárquicos, que pareciam tender a construir uma nova "identidade militar", hostil às implicações partidárias e outros atos de indisciplina.

Fato espantoso, a direita militar continua a exigir uma instituição despolitizada e estritamente profissional: o campo nacionalista é o único acusado de causar distúrbios, subverter a hierarquia, cavalo de troia de interesses civis. Entretanto, a facção antinacionalista, muito próxima do partido da União Democrática Nacional (UDN) e, sobretudo no Rio de Janeiro, inflamada pelos discursos de Carlos Lacerda, está tão envolvida em questões partidárias quanto seu adversário; além disso, embora conte com poucos sargentos, tenentes e jovens capitães, antes seduzidos pelas teses nacionalistas, majores, tenentes-coronéis e coronéis são legião em suas fileiras. Enfim, é do campo antinacionalista que advêm as únicas revoltas militares dos anos 1950: a "República do Galeão", centro de investigação insurgente de oficiais da Aeronáutica, formado após a tentativa de assassinato de Lacerda que custou a vida de seu guarda-costas, o major da Aeronáutica Rubens Vaz (agosto de 1954); a resistência no cruzador *Tamandaré* à Novembrada do marechal Lott em 1955, destinada a garantir a posse do presidente eleito Juscelino Kubitschek; as revoltas de Jacareacanga (janeiro de 1956) e Aragarças (dezembro de 1959), por meio das quais um punhado de oficiais da Aeronáutica tenta desestabilizar o poder estabelecido e, no caso da segunda, promover a candidatura de Jânio Quadros, ídolo dos militares conservadores, às eleições presidenciais (de outubro de 1960); e a tentativa de impedir a posse de João Goulart (em setembro de 1961).

Portanto, antes mesmo do início do governo Goulart, parte da oficialidade conservadora vive numa atmosfera de complôs e revoltas permanentes. Essa situação acostuma os insubmissos à impunidade – são anistiados em diversas ocasiões –, cristaliza práticas contestatárias, tece redes e reforça uma ideia totalmente contraditória com relação ao profissionalismo e apolitismo militares: a mística de uma "revolução" anticomunista, autoritária e hostil à maioria da classe política.

Esse ativismo não se interrompe em 1964. A despeito do peso do imaginário hierárquico e da vitória de sua própria facção, vários jovens oficiais veem o golpe de Estado como sua "revolução": sentem-se responsáveis pelo novo regime e pretendem de fato infletir seu curso. Seus protestos estão na origem de um fenômeno espantoso: o surgimento de uma verdadeira vida política na esfera da oficialidade das Forças Armadas, sob uma ditadura militar. Apenas

Introdução

na esfera da oficialidade: com efeito, o ativismo político dos praças e graduados, muito ligados ao campo nacionalista e ao pré-1964, parece ter se extinguido com o golpe.

Oficiais de todas as patentes, do tenente ao general dissidente, são os atores dessa vida política bastante peculiar. Suas trajetórias e redes, seus modos de organização e ação, suas convicções e estratégias não são uma pequena história ao lado da grande: permitem compreender a evolução do regime, sua progressiva militarização, seu endurecimento por espasmos e seu fechamento repressivo. Mais do que isso, o ativismo desses oficiais, por ter sido considerado legítimo por grande parte dos golpistas, é revelador da natureza do próprio regime militar e, em particular, de suas ambiguidades simbólicas. Obra coletiva de uma direita militar galvanizada pela palavra "revolução" ou açambarcamento do poder de Estado por generais imbuídos de um imaginário hierárquico? Desvio autoritário da República ou Estado de exceção "revolucionário"? Entre esses modelos, os golpistas irão coletivamente improvisar, na negociação e no conflito, seu próprio regime.

1. Conspirações: 1961-1964

> Se não doutrinarmos nossos filhos e netos, os comunistas o farão.
> Eles são o nosso grande inimigo. Nada de importante acontece no
> país sem a ação dos comunistas. Há uma poeira vermelha nos olhos
> do povo e de grande parte das autoridades brasileiras.
>
> General Milton Tavares de Souza[1]

Muito se falou, escreveu e debateu sobre as origens do golpe de Estado de abril de 1964. Ele foi, para uma geração inteira de pesquisadores, jornalistas e militantes, nas palavras de José Murilo de Carvalho, "um choque de realidade política": "Como foi possível que ninguém tivesse previsto aquele tipo de golpe, embora todos falassem, e muitos pensassem, em golpe? Como foi possível ignorar as mudanças por que passara esse ator político [os militares], responsáveis por sua nova postura?"[2] A profusão de estudos publicados sobre as relações entre Exército e política, sobre o governo Goulart e os anos 1960 e sobre a esquerda e os movimentos sociais é fruto dessa interrogação tanto política e ética quanto científica. Trata-se de compreender "como isso foi possível?":[3] que mudanças no pensamento e nos comportamentos militares e civis, que modificações estruturais na sociedade e na cena política brasileira permitiram que o Exército tomasse o poder? Os primeiros trabalhos carregam a marca de certo determinismo histórico incentivado pelos paradigmas de há muito predominantes nas ciências humanas, bem como pela facilidade com que os golpistas tomaram o poder: Goulart, caído como um fruto maduro, praticamente sem resistência popular nem confronto militar, a princípio deixa em sua esteira a imagem de vítima de um inevitável processo histórico. No início, evoca-se um "bloqueio" da sociedade brasileira, cujo desfecho previsível teria sido a deflagração do golpe de Estado: bloqueio institucional, em que a polarização política radical do início dos anos 1960 teria provocado uma "paralisia decisória" do governo e do Parlamento, abrindo as portas para a intervenção militar;[4] bloqueio econômico, para autores inspirados no marxismo, segundo os quais o modelo de industrialização por substituição de importações, sufocado e fragilizado pelas crescentes mobilizações das classes populares, parecia não mais garantir as posições adquiridas pelos grupos dominantes, que teriam sido então levados a recorrer à força. Os anos 1990, década de uma "crise da história"[5] de dimensões internacionais, assistem à diversificação das perspectivas: a indeterminação dos processos políticos e as lógicas individuais ganham um espaço crescente na análise da conspiração e, mais genericamente, do governo Goulart. A princípio, porém, não são os discursos e práticas dos protagonistas, em especial dos militares golpistas, que constituem o objeto central das análises.[6] Não que faltem fontes: ao contrário, desde meados dos anos 1970 memórias de oficiais golpistas invadem os catálogos das editoras, em que se acrescenta uma forte visibilidade midiática, em parte conservada após a transição democrática. Mas a memória e mesmo o discurso militar são suspeitos e comprometedores, não vindo a ganhar espaço no meio acadêmico senão com a publicação, trinta anos após o golpe, de depoimentos de oficiais recolhidos por universitários do Centro de Pesquisa e Documentação de História Contemporânea do Brasil (CPDoc/FGV-RJ), segundo um método sistemático de entrevista.[7] A novidade dessa iniciativa e de seus resultados não procede tanto da "palavra concedida" a oficiais golpistas, mas antes do fato de que o Exército perde seu monopólio de produção: o início do estabelecimento científico de um *corpus* de fontes orais que traduz a "versão militar" do golpe e da ditadura permite integrá-la na construção de um relato histórico.

As declarações dos militares golpistas e os traços arquivísticos que deixaram são o fundamento de nossa análise da conspiração militar. Os depoimentos, claro, não constituem, em absoluto, enquanto tais, uma descrição objetiva das "origens" do golpe: em primeiro lugar, porque não informam senão sobre os homens em armas que falam, protagonistas principais – mas não únicos – da conspiração e da derrubada do presidente civil;[8] em segundo lugar, porque esses depoimentos são reconstruídos e deturpados, conscientemente ou não, pelos ardis e estratégias da memória; e, finalmente, porque as perspectivas individuais nem sempre dão acesso a processos históricos perceptíveis em outras escalas e a partir de dados sobre os quais os atores não têm consciência. No entanto, os depoimentos não traduzem "ilusões militares" sem importância ou pertinência: essas representações e opiniões produziram atos concretos e, logo, realidade histórica. Cruzados com documentos de arquivos,

Conspirações: 1961-1964

dão acesso aos imaginários políticos dos oficiais no período imediatamente antes do golpe e, portanto, às causas de sua passagem ao ato, de seu consentimento ou sua passividade em março de 1964. Pois o corpo dos oficiais, malgrado sua reputação de legalismo e profissionalismo, aderiu em massa ao golpe de Estado. Embora o lado legalista a princípio parecesse em posição de força (seus generais comandam os I e III Exércitos e, até a última hora, o II Exército paulista), ele cai como um castelo de cartas em virtude de defecções em cadeia, de uma adesão em massa dos oficiais de patente intermediária e da renúncia à resistência por parte dos oficiais minoritários e dos praças recalcitrantes. Não há nenhum confronto de envergadura e os golpistas tomam rapidamente o poder. Como interpretar essa adesão a uma solução ilegal, incerta e inédita na história do país?

INDEPENDENTEMENTE DA GERAÇÃO e do grupo a que pertencem, os oficiais golpistas emitem um discurso bastante estereotipado sobre as razões que os levaram a derrubar o poder civil. Enfatizam em especial dois "perigos" principais, contra os quais o golpe teria sido o único e último baluarte: o de uma revolução comunista e o de uma "quebra de hierarquia" nas Forças Armadas por parte dos militares de patente inferior, fomentada por "agentes subversivos" infiltrados em seu meio – dois perigos que teriam sido tolerados, até mesmo atiçados, pelo presidente João Goulart. Esse segundo aspecto, que corresponde a uma preocupação tipicamente militar, passou muito tempo despercebido, assim como o caráter multipolar e disseminado da conspiração no seio das Forças Armadas.[9]

Ora, esses argumentos para legitimar o golpe, que parecem apenas apontar a situação caótica e supostamente revolucionária de 1963-64, na realidade fazem parte do discurso da direita militar muito antes da chegada de Goulart ao poder, mas são, há quase uma década, vinculados à sua pessoa. Com efeito, a passagem de "Jango" pelo Ministério do Trabalho sob o segundo governo Vargas, de junho de 1953 a fevereiro de 1954, enraizou tanto a acusação feita a seu respeito de promover uma "comunização" do Brasil quanto o ódio que lhe dispensavam os setores conservadores das Forças Armadas. Desde essa época, ele vem sendo acusado, pela União Democrática Nacional (UDN), a imprensa conservadora e a direita militar, de populismo, demagogia e simpatia pela

"República sindicalista" peronista da vizinha Argentina. Não por acaso sai do Ministério sob pressão militar, mas não demora a reaparecer no proscênio político, como vice-presidente de Juscelino Kubitschek (janeiro de 1956 a janeiro de 1961); em seguida, de Jânio Quadros (janeiro a agosto de 1961). Diante da inesperada renúncia deste último, em 25 de agosto de 1961, a perspectiva da chegada de Jango à Presidência deixa seus rivais históricos de cabelo em pé. O primeiro ato de resistência à sua posse, primeira tentativa de golpe de Estado, é o célebre manifesto que os três ministros militares tornam público em 30 de agosto. Nele, Goulart é acusado de conluio com os sindicatos, traição dos autênticos interesses das classes populares e cumplicidade com o "comunismo internacional", sobretudo estimulando a infiltração de seus agentes no aparelho de Estado. Os temores de uma aproximação com o bloco do Leste, no caso de Goulart subir ao poder, aumentaram na facção anticomunista, com o esboço da política de não alinhamento empreendida, contrariando todas as expectativas, por Jânio Quadros. Mas são acima de tudo a situação interna e, mais particularmente, a gestão das mobilizações populares que inquietam a direita militar: nas palavras dos ministros, "[o] apoio, [a] proteção e [o] estímulo" que Goulart proporcionaria aos "agentes da desordem, da desunião e da anarquia" no Brasil teriam como consequências inelutáveis "[o] caos, [a] anarquia, [a] luta civil", e os principais bastiões contra esse estado de fato, as Forças Armadas, não teriam condições de resistir, uma vez que já estariam "infiltradas e domesticadas", depois "transforma[das], como tem acontecido noutros países, em simples milícias comunistas".[10]

O essencial dos argumentos em favor da derrubada de João Goulart, que a conspiração desenvolve e divulga entre a oficialidade – a desordem generalizada, a guinada para o comunismo, a destruição das Forças Armadas –, já se acha constituído antes mesmo do início de seu mandato. Se os acontecimentos políticos e militares do período 1961-64 são determinantes para a mobilização golpista, sua interpretação integra-se então em um cenário preestabelecido, em conformidade com a concepção do "inimigo comunista", contra o qual a instituição militar brasileira construiu sua unidade e sua identidade a partir da década de 1930. Entretanto, no início dos anos 1960, uma parte do Exército brasileiro não se organiza mais apenas em função da *expectativa* de uma revolução comunista, mas de sua *constatação* especulada. Uma novidade doutrinária desempenha papel determinante nessa mudança: a teoria da "guerra revolu-

Conspirações: 1961-1964 19

cionária", introduzida e disseminada nos estados-maiores e escolas militares brasileiras no fim dos anos 1950. A revolução comunista em marcha torna-se, a partir dessa época, a grade de leitura exclusiva dos acontecimentos políticos e sociais; é através desse filtro doutrinário que grande parte da oficialidade apreende os eventos ocorridos sob a presidência de João Goulart.

Doutrinar: a teoria da guerra revolucionária

A teoria da guerra revolucionária é muitas vezes confundida, erradamente, com a Doutrina de Segurança Nacional (DSN). Esta é uma expressão genérica que designa a teoria do Estado e da sociedade desenvolvida em determinados exércitos latino-americanos no momento do enfrentamento dos dois blocos, em torno da ideia de uma guerra total contra o comunismo. É geralmente apresentada como a base ideológica dos regimes militares latino-americanos dos anos 1960 a 1990: uma doutrina partilhada, nova, e amplamente importada dos Estados Unidos. Essa imagem é em parte equivocada. É verdade que, na época, as Escolas Superiores de Guerra elaboraram teorias do governo orientadas pela luta contra uma subversão essencialmente interna, em consonância com o objetivo norte-americano de proteção do subcontinente contra a "contaminação" comunista. Nelas, os detentores legítimos do poder, a organização deste e também as opções de política econômica são determinados pela hipótese de uma guerra total contra o comunismo. Contudo, nos anos 1950 e 1960 o pensamento dos militares latino-americanos, longe de ser exclusivamente norte-americano, é elaborado sob o efeito de influências diversas e com fortes especificidades nacionais.[11]

No Brasil, o que é conhecido como DSN corresponde às publicações da Escola Superior de Guerra (ESG), que supostamente irrigam doutrinariamente as Forças Armadas. Entretanto, a concepção da política ali formulada não se integra senão sob determinados aspectos ao currículo das escolas de oficiais: se a elite militar ali formada como "estagiária" ou discente em seu corpo permanente transmite irremediavelmente parte das teorias aprendidas aos escalões inferiores com os quais convive, a DSN, em seu conjunto, não constitui, nos anos que precedem o golpe, objeto de um doutrinamento sistemático da oficialidade. A ESG, como *think tank* civil e militar, tem, decerto, importância considerável no alargamento das ambições políticas por parte da alta hierarquia militar, bem como nos contatos que esta mantém com as elites civis conservadoras, mas seu peso na formação ideológica da massa dos oficiais é mais discutível. A consulta à imprensa militar e aos programas das escolas de formação mostra que, entre 1960 e 1964, não é o conjunto da teoria política produzida pela ESG que é objeto de uma operação de difusão sistemática junto à oficialidade, e sim a teoria da "guerra revolucionária": um pensamento sobre o inimigo comunista, e não uma teoria geral do exercício do poder, importado da França, e não dos Estados Unidos, e que é a novidade doutrinal até hoje lembrada pela maioria dos oficiais.[12]

A guerra revolucionária é integrada às teorias produzidas pela ESG no fim dos anos 1950: a DSN inclui então como peça central o conceito, e até mesmo o roteiro, da GR. A hipótese da guerra total subsiste, mas de convencional e nuclear passa a ganhar os contornos quase exclusivos da luta contra o agente comunista infiltrado, veneno ideológico, agitador social e político, artífice da dissolução da unidade nacional, antes de se metamorfosear, armas em punho, em guerrilheiro em busca da conquista do poder. Os militares brasileiros não importaram essa teoria dos Estados Unidos: ela surge no Brasil em 1957, sob a forma de artigos em revistas militares, ao passo que é apenas em 1962, muito mais tarde, que o Exército norte-americano reconhece a insurreição subversiva como forma principal de conflito político-militar e empreende a campanha de instrução para enfrentá-lo.

É ao Exército francês que cabe tal inovação doutrinária. Confrontado com o fracasso na Indochina e a guerra na Argélia, elabora, em meados dos anos 1950, uma análise do comportamento de um inimigo ideal-típico, seja ele independentista, subversivo, terrorista ou comunista. Por motivos diversos, alguns oficiais brasileiros voltaram rapidamente sua atenção para essa análise. Em primeiro lugar, em virtude de uma sensação de lacuna doutrinária – a perspectiva de guerra convencional ou nuclear parecia pouco adaptada à situação geopolítica do Brasil. Ora, no fim dos anos 1950 e logo no início da década seguinte, o aliado norte-americano, hegemônico nos domínios da instrução, do financiamento e da venda de armas, não dispõe de doutrina convincente a propor aos exércitos latino-americanos. Além disso, na época, vários generais do Exército brasileiro haviam sido discípulos da Missão Militar Francesa sediada no Brasil entre 1919 e 1939, por meio da qual mantiveram contatos e

Conspirações: 1961-1964

um laço intelectual e afetivo com o Exército francês. O Brasil e a Argentina, onde uma missão militar francesa permanente é instalada em 1960, constituem, assim, as portas de entrada na América Latina das teorias e técnicas francesas de luta antissubversiva.[13]

Os anos 1957-61 são, portanto, os da importação do conceito francês de guerra revolucionária. Uma das revistas do Estado-Maior do Exército (EME) brasileiro, o *Mensário de Cultura Militar*, publica, em sua edição da primavera de 1957, um artigo intitulado "A guerra revolucionária", traduzido pelo tenente-coronel Moacyr Barcellos Potyguara de um texto que saíra pouco antes na *Revue Militaire d'Information*, ligada ao Ministério da Defesa francês.[14] Apresentado como a exposição dos "fundamentos" da GR, o documento abrange os principais elementos teóricos utilizados posteriormente nos artigos, nas conferências e nos cursos destinados a oficiais brasileiros: os revolucionários têm como objetivo, a fim de derrubar o regime, a "conquista física e moral" da população. Para isso, empregam, de um lado, "técnicas destrutivas" – entre as quais, greves, "terrorismo", "manejo das massas (comícios e desfiles monstro)", guerrilha – e "construtivas" – propaganda, formação de ativistas, enquadramento das massas graças ao estabelecimento de "hierarquias paralelas", construção de um aparelho governamental clandestino. Por fim, toda conquista revolucionária desdobra-se em várias fases claramente identificadas: quatro nesse artigo, mas é a divisão em cinco etapas de outro autor francês, o coronel Jacques Hogard, que vingará.[15]

São, a princípio, coronéis e tenentes-coronéis, alguns dos quais instrutores na Escola de Comando e Estado-Maior do Exército (Eceme), que realizam a tradução dos textos e reivindicam sua inclusão no programa curricular dos oficiais: em 1958, um "Relatório do Seminário de Guerra Moderna" publica as recomendações de Grupos de Estudos de Instrutores da Eceme no sentido de incluir no programa "assuntos relativos à *guerra insurrecional*". Potyguara é de longe o pioneiro; é, igualmente, sob a presidência de Goulart, um conspirador bastante ativo, em particular como comandante do corpo dos cadetes da Academia Militar das Agulhas Negras (Aman), escola de formação de cadetes. A partir de 1960, juntam-se à sua iniciativa de tradução os coronéis Ferdinando de Carvalho, Raimundo Teles Pinheiro e Ednardo d'Ávila Melo, o general Moacir Araújo Lopes e o major Adyr Fiúza de Castro, enquanto outros oficiais redigem ensaios originais sobre a "guerra insurrecional" (o tenente-coronel

Carlos de Meira Mattos) ou temáticas correlatas (o coronel Amerino Raposo, em 1958-59).[16] Observemos que aqueles nascidos em torno de 1920 – caso de Moacyr Potyguara (1919), Ferdinando de Carvalho (1918), Adyr Fiúza de Castro (1920) e Amerino Raposo (1922) – distinguem-se também, pouco depois do golpe, por suas reivindicações de participação no processo político, bem como de endurecimento de seu curso.

A teoria da guerra revolucionária emerge, portanto, sob uma presidência dita "getulista", a de Kubitschek (1956-61). Aliás, embora seus arautos mais atuantes se situem sem ambiguidade na oposição ao presidente, o tema é desenvolvido, para além de uma única facção, em uma instituição onde o anticomunismo é um discurso oficial amplamente partilhado. Em 1958, por exemplo, o general Zeno Estillac Leal, então chefe do EME e figura eminente do nacionalismo getulista militar, concede uma entrevista à imprensa na qual apresenta a "guerra moderna" como potencialmente "subversiva", "insurrecional" e "social-revolucionária".[17] Aliás, num primeiro momento, o roteiro da GR não está adaptado ao contexto brasileiro (os artigos franceses são traduzidos sem comentários ou introdução), aparecendo como um elemento de competência profissional, distinto das cisões e dos debates políticos internos. Por outro lado, os textos originais acham-se carregados de implicações políticas: nas entrelinhas das exposições estratégicas desenha-se certa visão da ordem social, das "massas", da classe política e do papel dos militares.

Um artigo do coronel Hogard, à época oficial de informações na Argélia, traduzido no *Mensário* de julho de 1959, sugere, por exemplo, a necessidade de uma reforma global da sociedade e da instauração de uma "nova ordem" para lutar contra "a Revolução" – principalmente porque uma "sociedade corrompida" seria frágil frente ao adversário. Donde o autor deduz a exigência de uma reorganização social em torno de "homens indiscutíveis que nos cabe selecionar e, por vezes, formar. Muitos dentre eles deverão ser 'homens novos', frequentemente saídos do povo, porque é muito mais fácil a Revolução desmoralizar e isolar os antigos notáveis".[18] A essa vontade manifesta de refundação social e política alia-se um menosprezo pelas classes populares e a valorização de novas elites, nas quais os militares sobressaem. Em várias passagens é indicado que, na reorganização sociopolítica e no esclarecimento das massas necessários à proteção das sociedades contra a revolução comunista, os militares têm o que dizer: "quando a salvação da Pátria está em jogo e quando, sozinhos, ao que pa-

Conspirações: 1961-1964

rece conservam as verdades que podem salvá-la. A guerra do século XX é uma coisa muito séria para que os militares guardem silêncio sobre o que aprenderam, para que aceitem que não a levem em consideração."[19]

A exportação das doutrinas de guerra francesas, nos anos 1960 e 1970, contribuiu, portanto, para justificar a irrupção na cena pública dos militares latino-americanos que as liam. Em diversos aspectos – desconfiança com relação à classe política civil, supostamente superada ou corrupta; concepção organicista do social; paternalismo e desprezo pelas massas; convicção de uma missão política dos militares na esfera da guerra moderna, chegando a uma "refundação" política e social etc. –, o pensamento dos autores franceses repercute temáticas historicamente bastante presentes no seio da direita militar brasileira, o que leva à questão sobre a existência de uma "cultura política transnacional", construída a longo prazo, dos exércitos. Observemos que as sociedades que os autores franceses têm em mente são coloniais – indochinesa e, principalmente, argelina –, mas a similaridade do "risco revolucionário" imaginado e a aplicação de uma mesma estratégia de luta induzem os oficiais brasileiros a conceber a população, o sistema político e o nível de desenvolvimento de seu próprio país com a mesma distante altivez.

Antes de 1961, a introdução e a disseminação da teoria da guerra revolucionária no Brasil limitam-se a certas revistas militares, bem como ao espaço da ESG e à Eceme. Em 1961, a alta hierarquia começa a organizar o doutrinamento. Em julho, o Estado-Maior das Forças Armadas, dirigido pelo general Osvaldo Cordeiro de Farias, pede que sejam oficialmente definidos os termos: guerra insurrecional, guerra revolucionária, subversão, ação psicológica, guerra psicológica, guerra fria.[20] Mas a verdadeira reviravolta no Exército é promovida por seu Estado-Maior (sob a chefia do general Emílio Rodrigues Ribas), que, em junho de 1961, promulga uma diretriz regendo a instrução da GR nas escolas militares e nos corpos de tropa.[21] É a partir desse ano que a GR começa sua penetração na oficialidade subalterna das escolas, em particular na Escola de Aperfeiçoamento de Oficiais (EsAO), onde se formam, essencialmente, capitães: vários documentos, carimbados pelo Departamento de Ensino da escola em 1961, bem como manuais, são assim utilizados na instrução das unidades ao longo dos anos seguintes.[22]

Embora o governo Jânio Quadros coincida com a iniciativa de uma difusão mais ampla e sistemática da teoria da guerra revolucionária por parte da hierarquia militar, paradoxalmente a renúncia do presidente, em agosto de 1961, parece acelerar a mobilização militar em torno do doutrinamento da tropa e dos oficiais. A volta da esquerda ao poder incita à organização, no fim de 1961, de conferências sobre o tema em todas as escolas de oficiais e sargentos, a fim de continuar a semeadura abortada da luta contra a revolução comunista.[23] Paralelamente, as revistas militares veem crescer o espaço dedicado ao assunto: em outubro de 1961, o *Boletim de Informações* do EME, até então concentrado em estudos econômicos, sociais e diplomáticos pouco politizados, muda radicalmente de estrutura e teor ideológico, passando a publicar diversos textos anticomunistas e sobre a GR. Em março de 1962, o *Mensário de Cultura Militar*, pioneiro nesse campo (seu primeiro número especial sobre a GR data de novembro de 1960), altera as normas quanto à sua difusão: de "circulação restrita", a epígrafe clama para que esta se torne "a mais ampla possível". Mas a arma-chave é a realização de estágios intensivos para formar oficiais fora do currículo de praxe, cujas aulas são em seguida publicadas internamente: deles participam algumas dezenas de oficiais das três forças, oriundos dos estados-maiores e das principais diretorias, ou ainda instrutores de escolas militares, que devem supostamente irrigar o conjunto da instituição com suas novas competências. O primeiro estágio realiza-se em abril de 1962, contando com a presença de estagiários instrutores da Aman; o segundo se dá em setembro-outubro de 1962 – o número do mesmo mês do *Mensário de Cultura Militar* ("Noções básicas da Guerra Revolucionária e Anticomunismo") constitui seu suporte didático; o terceiro e último, em dezembro de 1963, encerra-se com uma conferência de Castelo Branco, chefe do EME, o que prova a importância institucional atribuída à realização desses estágios.[24]

A chegada de João Goulart ao poder não coloca, portanto, um ponto final no doutrinamento da GR no bojo das Forças Armadas; ela adia um pouco a implantação dos estágios e modera o doutrinamento nas escolas militares, mas estimula a atividade das revistas e a realização de conferências. Além disso, e sobretudo, exacerba o anticomunismo militar e incita a aplicar as novas teorias à situação brasileira. A partir de 1961, o Brasil é explicitamente apresentado no *Mensário de Cultura Militar* como um campo de ação da revolução comunista. A fragilidade da democracia, a passividade culpada das elites civis, a credulidade das massas e as operações inimigas são temáticas doravante aplicadas à conjuntura nacional. Em fevereiro de 1962, é possível ler que os comunistas já planejam a tomada do poder: as Forças Armadas devem se preparar contra essa ameaça, aprendendo a conhecer o inimigo, sua "dialética", seus "métodos de ações", a fim de resistir a seu canto de sereia e reprimi-lo de modo mais eficaz.[25] Além disso, a partir de 1962, a explanação dos métodos da guerra revolucionária é acompanhada de uma reflexão coletiva sobre as modalidades de seu aprendizado pela oficialidade brasileira: a propaganda, por conseguinte, é pensada, organizada e coordenada, a despeito das reticências do Executivo.

A margem concedida à direita militar no doutrinamento das tropas, sob o governo Goulart, é em parte explicada pela orientação política dos oficiais encarregados das diretorias de ensino, no comando das escolas ou em atividade no EME: o novo poder não mexe imediatamente com o organograma militar e, por conseguinte, vê nas funções administrativas um meio eficiente para afastar os oponentes do comando de tropas. Para o coronel Octávio Costa, o erro de Goulart foi justamente

> asilar nas escolas os oficiais que não gozavam de sua confiança, na presunção de que as escolas pouco representavam. Então, muito por sua culpa, as escolas ficavam abarrotadas dos melhores valores militares, como jamais acontecera. Esse erro facilitou a mobilização dos adversários, porque concentrou a inteligência militar na ESG e nas três escolas de estado-maior.[26]

A difusão e a fermentação dessas novidades doutrinárias na EsAO e na Eceme são, portanto, comprovadas e contribuem para a instrução do conjunto da instituição militar quando os oficiais que por elas transitaram reintegram os comandos de unidade. Os arquivos parcelares da Aman não permitem concluir por uma evolução similar na academia, por sinal foco de agitação política muito menos central que as escolas de oficiais mais velhos. Contudo, a presença em 1963 e 1964 de Moacyr Barcellos Potyguara à frente do corpo de cadetes encarregado do conjunto da instrução e de Emílio Garrastazu Médici no comando da academia promoveu a integração de considerações sobre a GR nos currículos. O coronel Francisco Ruas Santos, autor do manual de referência sobre a GR (utilizado regularmente, após o golpe, na Aman, mas também na EsAO e na Eceme), leciona história na Aman nessa época.[27] A presença de um curso de guerra revolucionária na instrução dos cadetes só se verificou no programa de 1964, redigido em 1963, e o número de horas explicitamente estipulado para o ensino da GR permanece baixo (cinco horas no segundo ano e vinte horas no terceiro ano para um volume de cerca de 150 horas de instrução). Todavia, parece que uma grande margem foi concedida aos instrutores para introduzir essas temáticas em seus cursos.[28]

FORA O MEIO DA "JUVENTUDE DAS ESCOLAS", a aculturação à teoria da guerra revolucionária é mais variável e mais intimamente ligada às convicções e ao ativismo dos oficiais superiores e generais influentes na região. Sob o governo Goulart multiplicam-se, com efeito, as "conferências" informais a respeito da GR destinadas a oficiais e praças de quartéis – ocasião sistemática de ataques mais ou menos velados ao poder vigente. Os arquivos do general Antônio Carlos Murici mostram, por exemplo, os esforços empenhados por esse oficial, comandante entre 1961 e 1964 da 7ª Região Militar (baseada em Recife), para "instruir" sua unidade: até mesmo uma espécie de manual de formação – compilação de artigos de revistas e apontamentos de cursos de escolas militares – é editado artesanalmente em 1962.[29] Em maio de 1963, ele ministra uma conferência para os oficiais da guarnição de Natal – em seguida repetida para os notáveis da cidade – que causa escândalo em virtude da reação do governador do Rio Grande do Sul, Leonel Brizola, membro da ala esquerda do PTB e cunhado de Goulart, que pouco depois chama Murici de "gorila".[30] A conferência mostra como a teoria da GR serve de validação "científica" para a análise política que os oficiais contrários a Goulart fazem do governo, considerando que o processo revolucionário estaria em curso no Brasil e em sua segunda ou terceira fase, das cinco definidas pelo francês Hogard. Observemos que o comandante do IV Exército a que era subordinada a 7ª RM, o general Castelo Branco, desaprova que tal conferência seja pronunciada perante uma plateia civil, ao passo que não se intrometeu quando ela se deu no ambiente de um quartel: num caso, tratar-se-ia de instrução militar, no outro, de política – ora, o Exército não pode em hipótese alguma envolver-se com política.[31] Em todo caso, pune Murici apenas com uma "repreensão" irrelevante.

A adesão à teoria da guerra revolucionária, produto de uma cultura militar francesa violentamente anticomunista e apropriada por militares

Conspirações: 1961-1964

brasileiros ávidos por formalizar seu olhar sobre o "inimigo histórico" da instituição, não significa um envolvimento uniforme na conspiração: Castelo Branco, por exemplo, mantém-se na realidade afastado das redes conspiratórias e não considera o conceito da guerra revolucionária como arma de propaganda extramilitar. Paralelamente, a oposição de grande parte da oficialidade ao governo Goulart vê-se reforçada sem que seja possível atribuir esse descontentamento crescente apenas à difusão interna dessa nova doutrina de guerra junto aos meios militares. Com efeito, muitos oficiais, a serviço em regiões distantes das escolas e dos missionários da GR, só tomam conhecimento claro dela após o golpe ou pela voz de civis: o general Agnaldo del Nero, por exemplo, tenente promovido a capitão no fim de 1963 e instrutor na Escola de Sargentos das Armas, descobre a teoria da GR por intermédio de um discurso pronunciado perante a Câmara dos Deputados em 23 de janeiro de 1964 pelo presidente da UDN, Olavo Bilac Pinto, e transcrito na imprensa; no entanto, já dá mostras de uma nítida desconfiança com relação a Goulart e de uma hostilidade feroz com relação a Brizola muito antes dessa data.[32]

Naquele momento, parte da direita udenista e da opinião pública conservadora está de fato familiarizada com o vocabulário da guerra revolucionária: discursos políticos, debates parlamentares e polêmicas na imprensa cada vez mais virulentas atestam essa aculturação. A doutrina, portanto, se difunde para além da fronteira simbólica entre civis e militares, fenômeno tanto mais justificado pelos agentes de sua disseminação na medida em que a luta contra o "inimigo interno", segundo a ESG, deve passar pela colaboração intensa de novas elites civis e militares formadas na guerra total.

Entretanto, a transmissão da teoria da guerra revolucionária do centro (os estados-maiores e as escolas militares) para a periferia (o corpo dos oficiais e as categorias abastadas da sociedade civil) não explica, por si só, a oposição crescente ao poder vigente. A construção da imagem de uma "iminência revolucionária" no corpo dos oficiais resulta, na verdade, de uma campanha de propaganda mais complexa e multiforme da qual o doutrinamento interno, mais particularmente o ensino da GR, não passa de uma entre muitas peças. Uma multiplicidade de vetores contribui para a mobilização de temas e imagens tradicionais do anticomunismo militar brasileiro a fim de legitimar o golpe de Estado como uma contrarrevolução.

"Informar" e convencer: a guerra das propagandas

Mais presente que uma doutrina ou uma competência de guerra a ser transmitida a seus colegas militares, repete-se nos depoimentos de oficiais a ideia de informação, de revelação, de explicitação urgente da situação apocalíptica na qual o Brasil estaria prestes a soçobrar. Alegando uma guerra psicológica que teria iludido as consciências e um processo revolucionário a princípio subterrâneo, os conspiradores civis e militares engajam-se primeiro numa operação de propaganda cujo objetivo último é negar ao governo legitimidade para exercer o poder. Essa campanha não é clandestina: ao contrário, a bipolarização crescente da cena política e a reviravolta da mídia contra Goulart geram ataques violentos e, nos últimos meses do governo, conclamações ao golpe de modo frequente no espaço público.

Embora em setembro de 1961 um núcleo udenista se ache em consonância com os ministros militares que pretendem impedir o acesso de Goulart ao poder, a princípio as incitações ao golpe de Estado são raras. É apenas ao longo de 1962 que o alto nível de mobilização social, o projeto das "reformas de base" e a implantação de uma política externa independente expandem o uso dos termos "anarquia", "desordem" e "subversão política e social" por parte da direita e da imprensa conservadora. As eleições legislativas de meados de outubro, que mantêm uma escassa maioria parlamentar à direita, confirmam a crescente bipolarização política que o plebiscito de janeiro de 1963, restabelecendo o presidencialismo suspenso em 1961, acaba por consolidar. A partir dessa data, a tolerância ressabiada com a qual o presidente se beneficiava desaparece em prol de acusações não mais de fraqueza diante dos grupos radicais que tentam ultrapassá-lo por sua esquerda, mas de ambições golpistas pessoais.

A modificação do debate e do jogo políticos intramilitares em virtude da forte mobilização e da divisão da sociedade brasileira não dá margem a dúvida. A maioria dos oficiais se posiciona, decerto, no seio de uma sociedade estruturada em classes sociais, e sua autoimagem oscila entre a exterioridade aos interesses e grupos particulares e o reconhecimento de pertencimento a uma "classe média" maldefinida, idealizada como uma "média" ou síntese da nação.[33] Além dessa imagem projetada, às vezes ligada à legitimação de um papel político, os oficiais são funcionários públicos cuja situação financeira é atingida de forma direta pela inflação galopante que, desde o fim dos anos

Conspirações: 1961-1964

1950, deprime a economia do país: o profundo descontentamento com o nível dos vencimentos, manifestado tanto pelos oficiais quanto pelos praças, a despeito de suas simpatias políticas, é um elemento de contextualização do golpe raramente sugerido. Ao temor dos oficiais ante a possibilidade de um rebaixamento social soma-se o de uma revalorização simbólica, política e econômica do status dos graduados (cabos e sargentos): fortemente mobilizados, estes se beneficiam de uma atenção especial por parte do governo Goulart, para quem constituem um apoio essencial. A rejeição de uma pauperização da oficialidade que a aproximaria da tropa, paralela aos receios da classe média urbana ante sua própria proletarização, não pode ser dissociada do espectro da "subversão da hierarquia" que os golpistas alardeiam como prova do avanço comunista.

A leitura assídua da imprensa diária desempenha papel determinante na interpretação da situação política como instável, depois insurrecional. Se a cena midiática ainda estampa, no momento da subida de João Goulart ao poder, as cores de certa diversidade política, as manchetes das capitais brasileiras convergem para uma oposição radical ao longo dos anos 1962 e 1963. Segundo modalidades e cronologias próprias, a maioria dos jornais trava, assim, uma guerra aberta contra o governo, tendo como pano de fundo o anticomunismo. Não por acaso o fato de a grande imprensa não cobrir a totalidade do território nacional é um tema de preocupação para os detratores do poder, que veem nela o principal instrumento de uma "doutrinação anticomunista sistemática", nas palavras do general José Pinheiro de Ulhôa Cintra, numa carta dirigida a uma personalidade paulista, o doutor Pacheco e Silva, em 1º de janeiro de 1964. Nela, o general expõe o projeto de um jornal semanal que reuniria os artigos mais "expressivos" da imprensa nacional, com uma predileção pelo superconservador *O Estado de S. Paulo*, e que visaria "ampliar, defender e consolidar o espírito democrático das Forças Armadas". Preocupa-se especialmente com a região gaúcha, onde "os militares, em regra, não leem senão um único jornal (e quando o leem). Despertam antemanhã e são a seguir inteiramente aspirados pelas lides de caserna, absorventes e extenuantes". E prossegue, em sua carta:

> ... E assim vão eles vivendo num mundo quase à parte, sem a viva percepção dos fatos, vulneráveis às distorções políticas como bem evidenciam os acontecimentos vividos em agosto-setembro de 1961. Que fazer, então? Doutrinar, esclarecer. Levar-lhes sob a forma de palestras no rádio, de jornais e revistas, ideias sadias,

bem escalonadas de acordo com o discernimento e a aptidão intelectual de oficiais e sargentos. Enfim, o trabalho inverso desenvolvido por Brizola, que – diga-se de passagem – dentro de seu primarismo, consegue "desengulhar" uma linguagem própria, acessível aos simplórios, fomentadora de ilusões, esperanças e ambições.[34]

Por trás dessa frente midiática está a associação de empresários e financistas, chefões da imprensa (entre eles Júlio de Mesquita Filho, dono de *O Estado de S. Paulo*), políticos, intelectuais e militares engajados numa vasta operação de levantamento de fundos, propaganda e desestabilização política, que René Armand Dreifuss designou como "complexo Ipes/Ibad" (Instituto de Pesquisas e Estudos Sociais e Instituto Brasileiro de Ação Democrática), estreitamente ligado à ESG.[35] O discurso midiático dominante calca-se então no de organizações anticomunistas, que, com ou sem incentivo norte-americano, multiplicam-se no país.[36] A imprensa serve igualmente de tribuna para a direita e a *intelligentsia* civis, ligadas ou não à UDN, cuja franja mais extremista desdenha a legalidade no que se refere a seus adversários políticos a partir de meados dos anos 1950. A UDN tem de fato muito em comum com a direita militar: uma visão da política matizada de hostilidade pelos partidos, um ódio às mobilizações populares, um certo moralismo e um virulento anticomunismo. O desprezo que muitos oficiais demonstram pela política civil, sistematicamente associada a malversações, à defesa de interesses particulares e à fraqueza de caráter, convive de forma paradoxal com a admiração por determinados personagens, por serem considerados "líderes" e não "políticos".

Dois desses personagens, nos quais foram depositadas as grandes esperanças da oficialidade conservadora, se distinguem: Jânio Quadros e Carlos Lacerda. Eles representam uma verdadeira alternativa política para parte da direita militar, que, não obstante, destila internamente seu menosprezo pelo sistema partidário. Para o coronel Tarcísio Nunes Ferreira, participante quando capitão do movimento de Aragarças – revolta de oficiais da Aeronáutica e do Exército que, em dezembro de 1959, tentou desestabilizar o governo Kubitschek e fazer pressão sobre Jânio Quadros para que ele mantivesse sua candidatura à Presidência da República –, "Jânio Quadros se propunha a fazer a revolução através do voto". Ora, esse oficial faz de uma mística revolucionária a diretriz de sua trajetória de vida, como atesta a carta que teria escrito à mulher no momento da rebelião de 1959. Nela, ele já espera essa revolução:

Conspirações: 1961-1964

Foram-se as últimas esperanças; ninguém mais que eu acreditou na possibilidade de uma revolução branca, através do voto. E ninguém mais a desejou.

Resta juntar-me aos poucos camaradas que encontrei, que, além da vergonha, possuíam coragem para tentar a última cartada. Pensei muito em você e no [nosso filho] Ivan Luís; não os abandonei, antes procuro para ambos uma pátria da qual não se envergonhem. Se fracassarmos, este será o maior legado que lhes terei deixado: um nome honrado.

Partimos, certos de que poderemos, pelo meio que menos desejamos, contribuir para sacudir este "gigante adormecido", para que os homens, principalmente os de farda, se encham de brios e recuperem a virilidade perdida, deixando as comodidades e os interesses particulares de lado, e, unidos, busquem os interesses maiores do Brasil.[37]

Mas nem Tarcísio acredita completamente na revolução janista, já que, a seu ver, o Executivo debutante não poderia se opor aos "deputados representantes da classe dominadora" quando estes se aliassem ao Poder Judiciário. "Nós tínhamos ilusões com Jânio", conclui. "Todo o movimento ficou mais ou menos aquietado na esperança de Jânio Quadros."[38] A renúncia de Jânio constitui uma grande decepção para a direita militar. Os oficiais que apoiaram o golpe consideram, aliás, majoritariamente, que a origem deste é a crise política de agosto-setembro de 1961, porque o risco comunista teria sido facilitado por essa transmissão de poder movimentada, e que a renúncia de Jânio Quadros soava o dobre de finados daquela famosa "revolução pelo voto".

Da mesma forma, o entusiasmo despertado por Carlos Lacerda (político udenista, tribuno fora do comum e governador da Guanabara de 1960 a 1965) entre a jovem oficialidade não se deve apenas a suas diatribes moralistas e seus rompantes anticomunistas – tanto mais violentos na medida em que ele mesmo foi membro do Partidão na juventude. Não se trata de um simples aliado de circunstância contra um inimigo comum, mas o candidato de predileção desses grupos militares, que veem nele o líder honesto, autoritário e dinâmico capaz de assegurar o desenvolvimento e a grandeza do Brasil.[39] Além disso, Lacerda cultiva a imagem de vítima privilegiada do lado rival, tendo escapado a duas tentativas de assassinato: a primeira, conhecida como "atentado da rua Tonelero", encomendado em agosto de 1954 pelo guarda pessoal de Getulio Vargas, joga a insubmissão militar – sobretudo no âmbito da Aeronáutica, que se rebela após a morte do major Rubens Vaz, que protegia Lacerda – contra o presidente em exercício. É o instante fundador da politização de diversos oficiais golpistas, que terão patente subalterna ou superior no momento do golpe. O segundo atentado (jamais confirmado) teria acontecido em outubro de 1963 e, dessa vez, teria sido fomentado por membros da brigada de paraquedistas da Vila Militar. Foi um fracasso: a oposição do comandante do Corpo de Obuses da Divisão Aeroterrestre, o tenente-coronel Francisco Boaventura Cavalcanti Júnior, teria, em suas palavras, impedido o crime. O oficial faz grande escândalo do caso por ocasião de sua transferência para outro regimento, algumas semanas mais tarde. A carta que ele envia ao ministro da Guerra, Jair Dantas Ribeiro, destinada à divulgação, é lida no Senado pelo deputado da UDN Daniel Krieger em 23 de novembro de 1963. Boaventura considera que foi punido por "não haver compactuado com o atentado e com a violência, de haver [se] recusado a levar os [seus] subordinados à perpetração de uma aventura criminosa, de haver [se] oposto à conspurcação da dignidade do Exército". Diz ainda:

> Estranha identidade que o ministro da Guerra faz em julgamento obcecado por partidarismo político, da fidelidade à Constituição com o desrespeito à mesma; do acato às leis vigentes com a violação delas; da preservação do exercício do mandato do governador de um estado com a traição daqueles que, pelo emprego irregular de tropa do Exército, tentaram dar golpe mortal ao regime democrático.[40]

Lacerda, que tanto infringiu a legalidade republicana – era ele quem dizia, em junho de 1950, a respeito de Vargas: "senador, não deve ser candidato à Presidência. Candidato, não deve ser eleito. Eleito, não deve assumir o cargo. No cargo, devemos recorrer à revolução para impedi-lo de governar"[41] –, é erigido em símbolo do golpismo do poder e da natureza contragolpista ou contrarrevolucionária da conspiração em curso.

No INÍCIO DE 1963, em decorrência do agravamento da crise econômica e social e do acirramento das tensões políticas, o discurso sobre a "revolução" em andamento dera uma guinada. O poder é diretamente acusado de fomentar um golpe de Estado, que estaria planejado para 1º de maio de 1963. Em torno dessa ameaça fantasma organiza-se, em abril de 1963, um movimento civil-militar

Conspirações: 1961-1964

dito de "revolução constitucionalista", em referência à revolta de 1932, tendo como slogan "a Constituição é intocável" e como projeto a organização de uma resistência contra um golpe de Estado comunista.[42] A "revolução comunista" deixa então de ser uma teoria militar, uma ameaça política, até mesmo um processo difuso e subterrâneo, passando a ser vista como um projeto concreto e identificável de golpe de Estado, cujos atores são identificados e a data conhecida. Nesse roteiro catastrofista, os traços com que são revestidos os homens no poder têm uma importância especial, de tal forma contribuem para embasar os motivos do *putsch* iminente.

O inimigo "vermelho" caracteriza-se, primeiro, por sua decadência moral: traidor, hipócrita, mentiroso, a ponto de o epíteto "criptocomunista" cair-lhe como uma luva, egoísta e sedento de poder; é igualmente descrito como cruel e sanguinário, segundo os cânones internacionais do anticomunismo tradicional. Essa figura dúbia é projetada sobre o governo estabelecido nas pessoas de João Goulart (o fraco, o demagogo, o aproveitador) e de Leonel Brizola (o furioso). O ódio que a direita militar dispensa a Brizola, igualmente forjado por ocasião do segundo governo Vargas (1951-54), acentuou-se por ocasião de sua resistência ao golpe de Estado de setembro de 1961: com efeito, a partir do Rio Grande do Sul, onde ocupava desde 1959 o posto de governador, ele garantiu o legalismo da polícia do estado e, depois, do III Exército, o segundo mais poderoso do país, e ocupou duas estações de rádio, Guaíba e Farroupilha, transformadas em instrumentos de uma "cadeia da legalidade" em defesa da posse do vice-presidente. A rejeição a Brizola por parte da direita militar aumenta nos anos seguintes, à medida que ele se envolve com sindicatos e organizações de esquerda. O golpe de misericórdia é dado pelas palavras "gorila" e "golpista", com as quais qualifica o general Murici num discurso pronunciado em Recife em 5 de maio de 1963.[43] O escândalo de tal afronta suscita uma enxurrada de declarações de solidariedade ao general advindas de civis e oficiais de todas as patentes. Antônio Carlos Murici conservou 420, entre cartas e telegramas; 271 partiram de militares.[44]

O conflito verbal entre Brizola e Murici repercute de tal forma no Exército que gera a reivindicação do epíteto "gorila" por certos oficiais anticomunistas num boletim homônimo publicado em junho de 1963. Ali, "gorila" é considerado "um galardão que deve honrar a todos", quem "luta pela liberdade, quem deseja uma melhora do povo, sem a escravização deste mesmo povo".

> Nós os GORILAS somos a maioria. Maecharemos (*sic*) ombro a ombro, na ocasião oportuna, para fazer as reformas que o PAIZ (*sic*) necessita, para fazer o bem ao povo, para defender a DISCIPLINA E A HIERARQUIA, para manter a dignidade dos lares, para liquidar os corruptos e corruptores, para enfim podermos, dentro das melhores tradições de nosso brio de soldado brasileiro, prestar contas a DEUS e aos nossos FATRICIOS (*sic*), com um solene e verdadeiro brado de PATRIOTAS AUTÊNTICOS.[45]

A propaganda direitista no âmbito dos quartéis, na grande imprensa e nos discursos de parte da classe política dá crédito então à intenção de um golpe de Estado iminente, apoiado, e mesmo organizado, pelo poder. A ideia de uma "subversão" ou "inversão" da hierarquia militar é um argumento central dessa iniciativa de propaganda: a forte mobilização dos praças do Exército (sobretudo sargentos) e da Marinha sob o governo Goulart serve, com efeito, de prova de que a destruição do poder estabelecido e das instituições está em marcha. Não se trata, no entanto, de uma peça entre outras nos argumentos da direita militar, como podem ser as greves, as manifestações de massa, a tomada de armas por raros grupos de protesto, mas de um elemento estruturante da visão de mundo dos militares, inscrita no longo prazo e associada a uma concepção específica da ação e do sistema político aceitáveis.

Em defesa da hierarquia e da disciplina

As Forças Armadas não descobrem, evidentemente, o anticomunismo com a Guerra Fria, ou quando parte de sua oficialidade se convence de que uma "guerra revolucionária" está em curso em solo nacional. Trata-se de um ódio alimentado no seio da instituição militar desde os anos 1930. A cultura anticomunista militar constitui um conjunto de referências, imagens, palavras que os conspiradores mais ativos *mobilizam* dentro de uma conjuntura política particular. As novas ameaças que o contexto da Guerra Fria parece representar, os discursos para descrevê-las e as armas para enfrentá-las surgem frequentemente como o simples rearranjo de elementos presentes de longa data no repertório anticomunista brasileiro: a ameaça interna, à qual está associada a imagem da traição; a denúncia do movimento social (greves, manifestações)

Conspirações: 1961-1964

como uma "desordem" que "desagregaria" as instituições, os valores e a unidade da sociedade; a arma da propaganda subversiva e a necessidade de uma contrapropaganda. Trata-se, aliás, de marcas de um anticomunismo conservador que vão muito além das fronteiras do Brasil.

Por outro lado, no imaginário coletivo das Forças Armadas brasileiras, uma temática ocupa um lugar especial: o medo de uma infiltração em massa de agentes comunistas no Exército e a traição dos camaradas de farda. A revolta de militares comunistas em 1935, pejorativamente denominada Intentona, constitui o acontecimento fundador de um "relato nacional" maniqueísta, no qual o Brasil e sua instituição militar são definidos por oposição à ameaça constante de sua desagregação *pelo próprio Exército*.[46]

A comparação entre os anos 1930 e os anos 1960 é recorrente nos depoimentos dos militares. Aos olhos de muitos, uma nova Intentona estava prestes a eclodir em 1964. Para o general Sérgio de Avelar Coutinho, nascido em 1932, a memória negativa da Intentona, reativada pela mobilização política de militares subalternos, é responsável pela adesão em massa da oficialidade ao golpe de Estado: "havia a memória de 35", ele aponta; "a revolta dos sargentos em Brasília e a revolta dos marinheiros no Rio não deixaram dúvidas para ninguém: havia uma conspiração comunista no país".[47] A constante referência a 1935 tem como corolário o bastião eterno que os militares pretendem encarnar contra uma ameaça comunista de estratégias e faces cambiantes. A guerra revolucionária desponta então como uma forma modernizada da estratégia secular de conquista do poder pelo comunismo internacional, da qual a Intentona teria constituído o primeiro rasgo retumbante em território brasileiro. Atesta isso a ordem do dia que o ministro da Guerra de Jânio Quadros, Odílio Denis, divulga para os integrantes do Exército por ocasião da cerimônia de comemoração da Intentona, em novembro de 1960: nela descreve um movimento comunista imutável em seus objetivos, mas de aparências e métodos sempre em transformação.[48]

A memória oficial da Intentona, portanto, identifica o principal inimigo como duplamente interno, na nação e no Exército. Ele é o oposto de si, isto é, do militar ideal. Esse maniqueísmo adquire uma acuidade particular no interior do próprio Exército e contribui para explicar a violência dos conflitos intramilitares entre 1961 e 1964, bem como a profundidade do expurgo interno nas Forças Armadas após o golpe. O que os militares golpistas perseguem tem um nome, que eles repetem à exaustão: a "subversão da hierarquia". A palavra "subversão" tem aqui um duplo sentido: a derrubada da ordem interna na instituição militar e a desestabilização ou destruição da ordem política e social. Essa ambiguidade reflete a imbricação do imaginário militar hierárquico, que exige a obediência e a ausência de mobilização política dos subalternos, e a obsessão de uma mobilização das classes populares, forçosamente "subversiva", no conjunto da sociedade.

SE OS ANOS 1950 são marcados por fortes tensões políticas no seio do corpo de oficiais, cujos símbolos são as campanhas asperamente disputadas no Clube Militar e a violência entre as facções, a chegada de João Goulart ao poder assinala o retorno dos praças à cena política. Não se trata das primeiras manifestações políticas de soldados, presentes desde o advento da República e recorrentes no primeiro terço do século XX – desde a Revolta da Chibata, em 1910, até os movimentos militares dos anos 1920 e 1930, nos quais os sargentos, ao lado dos tenentes, têm uma atuação destacada.[49] Após a placa de chumbo que o Estado Novo lançou sobre a vida política intramilitar, os sargentos reaparecem timidamente no proscênio, no início apoiando movimentos de oficiais getulistas (como durante a Novembrada de 1955), depois de maneira mais autônoma. A crise de setembro de 1961 inaugura um verdadeiro "movimento político" dos sargentos, que se afastam de reivindicações estritamente corporativistas para exigir mais direitos e tomar posição sobre a política nacional. A luta central é pela elegibilidade nas assembleias estaduais e nacional, sob a bandeira "Sargento também é Povo!"; o principal âmbito de ação são as "associações de classe" (Clube dos Suboficiais, Subtenentes e Sargentos das Forças Armadas e Auxiliares, cujo homólogo na Marinha é a Associação dos Marinheiros e Fuzileiros Navais do Brasil), autorizadas no Brasil e proibidas em países vizinhos.

Essas mobilizações ganham força em 1963: num contexto de radicalização política após o plebiscito de janeiro, eclode o caso da "inelegibilidade" dos sargentos vencedores nas eleições legislativas de outubro de 1962. A Constituição de 1946 é confusa nesse ponto: suscita polêmicas que lançam o tema de uma tentativa de subversão, por parte dos sargentos, da hierarquia militar. Nessa oportunidade, o ministro da Guerra, general Amaury Kruel, edita uma "Recomendação quanto a demonstrações políticas", onde reitera a atenção dos

Conspirações: 1961-1964 37

militares do Exército a três proibições: apresentar-se fardado nas assembleias legislativas, falar de política "partidária" dentro dos limites dos quartéis e participar de reuniões políticas, nas quais "poderão ser envolvidos e utilizados em proveito de terceiros, mais experientes e interesseiros".[50] Kruel, considerado legalista pelo poder, é na verdade um grande detrator do "sargentismo", que ele interpreta como um atentado inadmissível ao Regulamento Disciplinar do Exército. Não se priva, aliás, de aplicar a punição disciplinar aos ativistas. Um Inquérito Policial-Militar é assim instaurado no fim de maio de 1963, o qual conclui que "a ação dos agitadores vem aumentando de intensidade, através de reuniões, comícios, sessões, panfletos e utilização da imprensa falada e escrita", contribuindo para "abalar a disciplina e a hierarquia, princípios basilares de nossa instituição".[51] O IPM concerne à cerimônia organizada em 11 de maio de 1963 num recinto civil por sargentos e subtenentes em homenagem ao general Osvino Ferreira Alves, comandante do I Exército. Com efeito, mais que o ativismo político de praças, é a proximidade, e até a confraternização, com um general que constitui um sacrilégio, pois rompe com a escala hierárquica. O crime é imputado primeiro aos oficiais que se envolvem naquela promiscuidade, os "generais do povo", fortemente marcados à esquerda, que se tornam as ovelhas negras da direita militar. O Poder Executivo, João Goulart em primeiro plano, é igualmente suspeito de atiçar essa "inversão hierárquica". A atenção que Goulart dispensa às associações de sargentos e suboficiais e às suas reivindicações, bem como a qualquer grupo social mobilizado, é vista por diversos oficiais como um privilégio indevido, uma manifestação de clientelismo e uma intromissão do partidarismo nas Forças Armadas; mas também como uma melhoria do status social e simbólico dos escalões militares inferiores, que são, para os oficiais subalternos, seus subordinados imediatos, o que degrada relativamente sua própria posição. Nesse aspecto, o "medo dos sargentos" manifestado pela jovem oficialidade é parente dos temores de proletarização demonstrados, no meio civil, pela classe média urbana. Portanto, escala hierárquica "subvertida" é, aos olhos dos oficiais descontentes, ao mesmo tempo disciplinar, política, econômica e simbólica.

A homenagem prestada pelos sargentos cariocas ao general Osvino, pouco depois do início do conflito entre Brizola e o general Murici no Nordeste, termina de atear fogo à pólvora, principalmente na capital histórica, onde as rixas entre facções militares e as manifestações são recorrentes entre maio e julho de 1963, em especial no Clube Militar, que recupera a efervescência de outrora. Em 12 de setembro acontece a rebelião dos sargentos em Brasília, que marca profundamente o espírito dos oficiais. Mais tarde ela foi apresentada como o acontecimento fundador de uma série negra de indisciplinas e inversões hierárquicas, que desemboca no "Kronstadt tupiniquim"[52] dos marinheiros cariocas, em 25 de março, depois no comício de sargentos e subtenentes no Automóvel Clube, em 30 de março, ao qual o próprio Goulart comparece.

Com efeito, existe um relato quase "oficial" dos acontecimentos desencadeadores do golpe nos depoimentos dos militares: o sargentismo, radicalizado até a revolta, o fenômeno de liderança militar dos "generais do povo" e a tolerância benevolente do poder sem dúvida contribuíram para cooptar os militares para a hipótese de uma subversão da ordem estabelecida. Algumas figuras da alta hierarquia militar, que até então se haviam mantido afastadas dos detratores do governo, manifestam, aliás, sua hostilidade ao que se lhes afigura uma perigosa desordem interna. Entre eles, o general Kruel, já mencionado, que reprime as mobilizações de subalternos desde o Ministério até junho de 1963; mas também o general Peri Bevilaqua, identificado com o nacionalismo legalista em virtude de sua tomada de posição em favor da posse de Goulart em 1961, que reage ao motim dos sargentos de Brasília com uma violenta nota de instrução, amplamente difundida nos quartéis.[53]

A associação entre a desordem dentro das Forças Armadas e a infiltração comunista torna-se permanente após o levante dos sargentos de setembro de 1963, que o general Bevilaqua chama, significativamente, de "Intentona de Brasília". Nomeado no dia seguinte chefe do Estado-Maior do Exército, o general Castelo Branco pronuncia um discurso de posse sobre o tema da transformação da instituição militar num "exército popular". Algumas semanas mais tarde, dirige um memorando ao ministro da Guerra em que apresenta uma análise tortuosa da "indisciplina militar": resultado de uma estratégia assumida de forças subversivas mais ou menos filiadas ao movimento comunista internacional, ela se alimentaria igualmente do comportamento interesseiro de "políticos" e de uma "colusão de civis" que dividia o Exército. Esse memorando indica com clareza a imbricação de dois fenômenos considerados nefastos por Castelo Branco: a infiltração comunista no Exército, mas igualmente sua politização, pela qual os civis são responsabilizados. Essa dupla condenação torna-se o *leitmotiv* dos discursos do futuro general presidente destinados à oficialidade mais jovem. Nos

Conspirações: 1961-1964 39

primeiros meses de 1964, Castelo Branco multiplica as declarações nas escolas e unidades militares em torno de um tema único: a politização da instituição. "O oficial deve pairar acima dos conflitos partidários, sobretudo de suas injunções e compromissos",[54] ele declara a alunos oficiais da EsAO em janeiro de 1964. "Não estamos obrigados a tomar partido, quer no setor do governo, quer no da oposição." A preservação da legalidade e a luta contra o inimigo comunista devem ser empreendidas, segundo Castelo Branco, sem engajamento partidário, mas pela participação na luta ideológica, pela informação e pela preparação para o fato de que "os comunistas querem a quebra da coesão das Forças Armadas e a subversão da organização militar do país". Eis um curioso discurso legalista que utiliza o mesmo repertório político dos golpistas militantes, condenando a desestabilização "de esquerda" da hierarquia militar.

A divisão do corpo militar em razão da intromissão civil, partidária ou comunista, corolário da indisciplina e da inversão hierárquicas, tem nas declarações de Castelo Branco um valor negativo próprio, distinto do anticomunismo. A ameaça que pesa sobre a instituição e que o golpe de Estado viria barrar é, certamente, para muitos oficiais, sua invasão por agentes comunistas, mas também pela "política partidária". O mesmo processo está em curso no Exército argentino de meados dos anos 1960: a adesão ao golpe de Estado de 1966 dos oficiais considerados "legalistas" é motivada pela rejeição – por mais paradoxal que pareça – de uma "politização" de seus corpos pela qual civis (não obrigatoriamente comunistas) são responsabilizados.

De fato, reina, nas fileiras da esquerda militar dos anos 1960 (sobretudo em seus setores subalternos), uma aceitação indubitavelmente mais relevante da intromissão dos militares nas questões políticas e da colaboração com grupos civis, com o objetivo de uma luta coletiva contra a "reação". Esse discurso tende a apoiar-se na ideia de que a elite militar está a serviço da burguesia e tenta reduzir ao silêncio os praças que manifestam suas reivindicações de dominados. Em contrapartida, para os defensores da "pirâmide hierárquica", as classes são uma invenção, seja da subversão, a fim de dividir a sociedade e o Exército, seja de políticos profissionais, que, com isso, dissimulam seus interesses particulares: a participação e a mobilização políticas de militares não são então alternativas de funcionamento interno, mas uma perturbação externa introduzida por elementos estranhos e minoritários num corpo unido e coeso por definição.

Essas duas concepções da hierarquia e da participação política dos militares, no entanto, não são assumidas explicitamente pelas facções em conflito: em primeiro lugar, porque o estrito respeito ao regulamento e à cadeia de comando é apresentado como um dever pela esmagadora maioria dos atores, apesar das práticas às vezes contraditórias. Os dois lados acusam-se reciprocamente de conspiradores e facciosos, ao mesmo tempo em que consideram que os atentados à legalidade e ao profissionalismo militar são apanágio do adversário. Além disso, no próprio seio da oficialidade conservadora, as exigências de apolitismo e disciplina são desigualmente sacralizadas: todos as consideram absolutas quando aplicadas aos praças e generais do povo, mas, a respeito de si mesmos e de seus pares, as declarações dos oficiais são mais divergentes, embora o reconhecimento e a valorização da indisciplina pessoal sejam fatos raros.

As parcelas respectivas de temores, amplamente imbricados, de uma revolução comunista e de uma desagregação de sua instituição na adesão dos oficiais do Exército à conspiração e, depois, ao golpe são difíceis de estimar. O ponto comum da utilização dessas duas temáticas na propaganda intramilitar é atiçar os sentimentos conservadores da oficialidade: não apenas contra as políticas do governo trabalhista e as reivindicações das classes populares brasileiras – civis e militares –, mas igualmente em defesa de valores como a hierarquia e a disciplina interna às Forças Armadas, bem como a impermeabilidade da fronteira que as separa dos civis. Esse discurso forja então a adesão coletiva a uma *revolução conservadora*, que restabeleceria o Brasil em seu estado essencial de país "democrático" (o termo tem, na época, um sentido bastante específico), cristão, alheio às ideologias "exóticas" como o marxismo, organizado e submetido a uma autoridade forte e esclarecida. Trata-se da base da argumentação de legitimação do golpe, que, todavia, não a resume: a ofensiva midiática final dos conspiradores sugere igualmente a ideia de uma *legalidade* e uma *constitucionalidade* do golpe – argumento evidentemente falacioso de um ponto de vista jurídico, mas que permite compreender a adesão da massa dos oficiais, historicamente considerada "legalista".

O corpo dos oficiais e o golpe de Estado

No Brasil, como no Chile nove anos mais tarde, a eclosão do golpe de Estado surpreende grande parte da opinião pública, encontrando a esquerda desprepa-

Conspirações: 1961-1964

rada para resistir, principalmente em virtude do clichê associado aos exércitos desses dois países: o de instituições que respeitam os poderes constituídos, a supremacia civil e a lei. Aliás, o sentimento de superioridade dos militares brasileiros sobre a maioria de seus vizinhos hispano-americanos, argentinos em primeiro lugar, é frequentemente associado ao legalismo e ao civilismo histórico das Forças Armadas brasileiras, essencializados e reconstruídos. Castelo Branco é autor de um dos textos emblemáticos dessa concepção da instituição, pronunciado na Escola Superior de Guerra em setembro de 1955 e considerado uma das provas de seu legalismo. Após ter defendido a "mentalidade dos exércitos profissionais" contra a "mentalidade miliciana" alimentada pela "versatilidade do espírito político, sempre agitado entre a conquista do poder e a sua conservação", e condenado os oficiais que conjugam carreiras política e militar, rejeita formalmente a entrada na ilegalidade, que se traduziria pela criação no Brasil de uma "republiqueta latino-americana" de "totalitarismo ditatorial". "Se adotarmos esse regime, o que entrar pela força só se manterá pela força e dela só sairá pela força. Que finalidade retardatária e reacional! Assim, não haverá recuperações."[55] Do ponto de vista de Castelo Branco, ao tomar o poder, as Forças Armadas, longe de trabalhar pelo soerguimento do país, fariam o jogo dos civis e das facções.

Até 1963, quando a derrubada do poder estabelecido ainda parecia distante, a direita arroga-se o monopólio da legalidade e da constitucionalidade: ilegalidade, golpismo e ambições "revolucionárias" são exclusivos do lado rival. A iminência do golpe faz aparecer uma nova forma de argumentação, destinada aos oficiais ainda indecisos: a prosa jurídica sobre o emprego da força. A finalidade é justificar o projeto do golpe, sem renunciar ao discurso anterior sobre a proteção da ordem legal e da Constituição. Castelo Branco, chefe do EME, é o artífice de tais chicanas. Em março de 1964, por exemplo, seus discursos são marcados por uma obsessão da análise constitucional, com o objetivo cada vez menos implícito de defender uma intervenção militar. A mais célebre é a "circular reservada" que Castelo Branco envia a todos os generais em comando de tropa, em 20 de março de 1964, que é considerada o sinal de sua passagem para o campo dos amotinados; de fato, a partir dessa data ele multiplica os contatos com as redes conspiradoras. Sua argumentação funda-se na necessidade de um "contragolpe" a fim de obstar a convocação de uma Constituinte pelo poder, que seria um "objetivo revolucionário" ilegítimo e ilegal. Para Castelo

Branco, as Forças Armadas "destinam-se a garantir os poderes constitucionais" e devem permanecer "dentro dos limites da lei".[56]

Paralelamente, circula um panfleto apócrifo intitulado "Lealdade ao Exército", ou LEEX,[57] que, por sua vez, defende não apenas a constitucionalidade de uma intervenção armada, já que "o próprio texto da Constituição consubstancia as medidas que em tais circunstâncias devem ser postas em prática", como afirma igualmente que "não é nosso intuito tramar a destituição do atual governo, nem substituí-lo por um regime de força extraconstitucional": o objetivo é que "os atuais dirigentes cheguem ao termo do mandato sem a conspurcação do regime democrático representativo". "Propugnamos, como é de nosso dever, pelo respeito ao livre exercício dos poderes constitucionais que compõem a estrutura do regime, sem quebra das atribuições, deveres e prerrogativas que lhe são inerentes"[58] – uma passagem cuja amarga ironia será constatada *a posteriori*.

No mesmo dia em que Castelo Branco divulgava a nota secreta pela qual comunicava à alta hierarquia do Exército sua aquiescência a um golpe de Estado que ele até então não havia senão indiretamente contribuído para preparar, o general Augusto César Moniz de Aragão[59] encetava no jornal carioca *O Globo* uma série de crônicas sob o título "Mensagem aos militares jovens". Sete delas são publicadas até maio de 1964. Moniz de Aragão, à época comandante da Brigada Paraquedista da Vila Militar, disputa igualmente a presidência do Clube Militar, cuja eleição está prevista para o fim de maio. A justificação jurídica do golpe é objeto de uma crônica publicada dez dias após sua eclosão:

> A violação da lei, a perturbação da harmonia social e o exercício do arbítrio eliminam o dever de obedecer.
> As Forças Armadas têm na tradição e na Constituição as fontes de sua legitimidade. Por isso não devem subordinação aos agentes do poder público que têm iniciativas nocivas aos interesses da pátria e ferem a lei, incitam à desordem e querem a subversão. Impõe-se às Forças Armadas não só a desobediência, mas, particularmente, o pronunciamento explícito ou o golpe de Estado.[60]

Não satisfeito em fazer da "legalidade" o motivo de um golpe de Estado, o general Aragão defende, além disso, uma forma de respeito hierárquico na insurreição militar: em seus textos dos dias 20 e 26 de março, ele insiste, por

Conspirações: 1961-1964

exemplo, na necessidade de deixar a iniciativa do golpe a cargo dos mais graduados a fim de evitar que ele atente contra a própria instituição. Moniz de Aragão
e Castelo Branco realizam então a espantosa façanha retórica e intelectual de
utilizar os pilares identitários do Exército ("profissional e apolítico") para justificar a instauração de um regime militar. O mais espantoso, talvez, é que não
se trata de um discurso oportunista e passageiro: ele persiste depois do golpe e
alimenta a política do primeiro governo militar com relação ao Exército, onde
os mais chegados a Castelo Branco se acham em posição de força.

Após a deflagração do golpe, notam-se poucas resistências legalistas no seio da
oficialidade. Por outro lado, a "operação limpeza" após o golpe, que afeta também
políticos e intelectuais ligados ao governo derrubado, tem como alvo principal
a esfera militar: mais de 1.014 oficiais e graduados são atingidos pelo primeiro
"ato revolucionário" do regime (mais precisamente seu artigo 7, que suspende as
garantias de estabilidade profissional dos funcionários civis e militares), ou seja,
mais de dois terços das 1.498 vítimas militares dos 21 anos de ditadura.[61] Trata-
se de uma cifra elevada na escala da repressão promovida pelo regime, mas que
concerne apenas a 4% (255) dos cerca de 6.200 oficiais do Exército em 1964 – o
que não significa que os 96% dos oficiais restantes tenham apoiado ou acolhido
favoravelmente o golpe, mas sugere uma tênue resistência e a submissão de muitos.

Sem surpresa, o tema da "intervenção constitucional" invade a propaganda
golpista no exato momento em que generais que o poder estimava leais aderem
ao golpe de Estado. Em contrapartida, essa última estratégia discursiva permite
esperar convencer um corpo de oficiais que todos supõem fundamentalmente
"legalista", logo, sensível a tal argumentação. Trata-se, porém, apenas de uma
imagem, à qual se opõe a de uma juventude "impetuosa" e impaciente, coração
do descontentamento, que teria arrastado atrás de si uma elite militar apática e
negligente. Para o general Cordeiro de Farias, "os generais, com raras exceções,
viviam de cabeça baixa. Todos eram contrários ao governo, mas não tinham
coragem de manifestar suas posições". Em contrapartida, diz ele,

> o número de oficiais superiores – tenentes-coronéis e coronéis – já era bem maior.
> A grande massa, no entanto, era de oficialidade jovem – tenentes, capitães e majo-
> res. A diferença de comportamento era óbvia. Enquanto os oficiais-generais e os
> oficiais superiores eram relutantes, a oficialidade jovem era impetuosa, ardente,
> determinada a entregar-se à luta.[62]

44 *A política nos quartéis*

Outros depoimentos insistem no oposto no que se refere ao respeito às regras hierárquicas no âmago de uma conspiração organizada em torno de líderes altamente graduados: ilhas de "conspiração em arquipélago" seriam assim formadas por generais "revolucionários". Em 1965, o tenente-coronel da Aeronáutica João Paulo Moreira Burnier indica que

> não houve nenhum comando geral. Até o fim. Não havia reuniões conjuntas para resolver isto ou aquilo sobre a derrubada do governo. Quem disser o contrário estará mentindo. Não houve reuniões das três armas para aprovar isto ou aquilo. Houve, no máximo, encontros sempre bilaterais: gente do Exército com gente da Aeronáutica, elementos da Aeronáutica com outros da Marinha. E outras vezes com pessoas do Exército. Até o fim.[63]

O deflagrar da conspiração e a ausência de comando centralizado teriam mantido uma certa organização hierárquica em torno dos chefes militares envolvidos, geralmente ciosos de discrição.

Paradoxalmente, a conspiração e o golpe foram, de fato, organizados segundo o princípio hierárquico e impulsionados por uma juventude militar ardorosa e impaciente. A grande maioria dos depoimentos e fontes confirma um assentimento generalizado dos oficiais subalternos ao golpe; "o entusiasmo" e o "ardor", contudo, são associados à proximidade dos centros urbanos, que facilitam as comunicações internas entre o círculo militar e o acesso à propaganda anticomunista das mídias civis. O Rio de Janeiro ocupa um lugar especial, uma vez que o Clube Militar, de um lado, e as escolas militares (EsAO e Eceme), de outro, são espaços tolerados de expressão política dos jovens oficiais.[64] Essa "efervescência" da oficialidade inferior, traduzida em reuniões frequentes, protestos mais ou menos públicos e refregas com os representantes do lado oposto, constitui uma contestação ilícita e uma forma local de conspiração em seu aspecto propagandístico – dentro do respeito às regras hierárquicas, segundo o depoimento de Cyro Guedes Etchegoyen, jovem major e aluno da Eceme em março de 1964:

> – O senhor se articulava com pessoas da sua patente ou só com patentes mais altas?
> – No nível em que a gente estava, de capitão, a gente cumpria muita missão. "Faz isso, ouve não sei quem, fala com não sei quem, leva isso pra não sei quem." Mas,

Conspirações: 1961-1964

normalmente, quando você conspira, trabalha no seu nível. Apesar dos pesares, mesmo conspirando, a hierarquia é respeitada no Exército. Eu não vou "ganhar" um major ou um coronel, sendo capitão. Posso no máximo sondar. Mas não vou chegar e doutrinar o cara, "ganhar" o cara pra ser nosso. Agora, de capitão pra baixo, a gente trabalhava.[65]

A regra hierárquica acha-se então constantemente presente no espírito dos oficiais, que não só esperam a derrubada de Goulart, como contribuem para isso com uma autonomia inversamente proporcional ao grau da patente. O coronel Osnelli Martinelli, professor no Colégio Militar do Rio de Janeiro em 1964, conta que as reuniões conspiratórias não eram regidas pela regra hierárquica, mas que esta reapareceu quando, após a deflagração do golpe, cogitou-se uma ação militar:

> Eu tinha uns quatro ou cinco generais no meu grupo. Quando fizemos a última reunião, disse: "Bom. Nós agora vamos partir, vamos pro palácio Guanabara, pra defesa do palácio, que é o último reduto da democracia aqui no Brasil. De modo que eu agora quero saber quem é o mais antigo pra assumir o comando do grupo." Não aceitaram! "Você que coordenou, que organizou até agora, o comandante do grupo é você." Então isso é uma exceção.[66]

Apesar da radicalização direitista da jovem oficialidade brasileira no início dos anos 1960, a "revolução" de 1964 não é um novo tenentismo, cujo advento nem os tenentes ou capitães, nem seus chefes imediatos ou distantes desejam. Nessa nebulosa conspiratória estilhaçada, os oficiais de patente superior, tenentes-coronéis e coronéis, ocupam um lugar especial. Enquanto os oficiais subalternos se agitam, alguns de seus veteranos se organizam: um Movimento Renovador Nacional, por exemplo, teria sido criado por membros dessa geração intermediária.[67] Os coronéis, na posição de comandantes das unidades já importantes que são os regimentos, dispõem de certa margem para organizar e preparar regionalmente as tropas para a eventualidade de um golpe. Contudo, a passagem ao ato e a instauração de um novo governo não são visadas sem a aprovação e até mesmo o comando de um general prestigioso. Segundo as declarações do general Leônidas Pires Gonçalves, tenente-coronel em 1964:

A revolução de 64 foi trabalhada muito tempo por tenentes-coronéis, coronéis, entre os quais eu. Mas nós – é também uma opinião muito pessoal – estávamos à procura de um líder. Porque o Exército tem restrições a tenentismos, que é a subversão da hierarquia. Na nossa instituição, a disciplina e a hierarquia são as pedras fundamentais. Por que é que o Castelo só tomou o barco no final? Por que nós estávamos esperando um Castelo Branco para dirigir as coisas? Porque se quebrássemos a hierarquia tínhamos certeza que a revolução não seria estruturada, nem institucionalizada, e tampouco poderia surgir um ideário que a justificasse.[68]

Os oficiais subalternos e superiores manifestam suas preocupações políticas, mas também sua recusa de assumir a direção de um movimento. Esperam um líder que tome a frente do movimento e permita que uma forma de hierarquia seja respeitada. Em virtude de sua posição de chefe do EME e das qualidades intelectuais cujo crédito desfruta junto aos oficiais, a escolha do general Castelo Branco como sucessor de João Goulart forma um consenso. Entretanto, prova da força do imaginário hierárquico em todos os escalões da oficialidade, essa designação desagrada ao general Artur da Costa e Silva, cuja classificação, na saída da Escola Militar – quarenta anos antes –, melhor que a de Castelo Branco, deveria ser condição suficiente para seu acesso ao poder. Este tenta um golpe de força, autoproclamando-se, em 2 de abril de 1964, "comandante em chefe do Exército Nacional", a título de sua condição de general mais antigo do Alto-Comando do Exército (ACE); mas a pressão política por ele exercida garantiu-lhe apenas o posto de ministro da Guerra no governo a ser formado. Essa rivalidade, bem como a subterrânea contestação que o general Costa e Silva manifesta sob o mandato de Castelo Branco (1964-67), fez com que a conspiração fosse vista, *a posteriori*, como organizada em torno desses dois únicos homens: o primeiro congregando a juventude radical; o segundo, os "intelectuais" com maior trânsito junto aos grupos políticos civis – um esquema simplificador para uma nebulosa conspiratória muito mais esfacelada.

A oposição a João Goulart, radicalizada com sua deposição, é então um fenômeno transgeracional na oficialidade brasileira. Os antigos tenentes e os oficiais superiores formados sob o Estado Novo, depois no ódio à sua memória, bem como os oficiais subalternos amamentados no seio do anticomunismo da Guerra Fria, comungam na "Revolução democrática redentora" de 31 de março. Essa união, soldada pela ausência coletiva de questionamento do princípio

Conspirações: 1961-1964

hierárquico, dissimula um esfacelamento das redes militares, mas igualmente uma grande diversidade das expectativas e dos projetos políticos.

EMBORA O CONSENSO em torno da pessoa de Castelo Branco seja amplo e a transmissão do poder na alta hierarquia militar normalmente aceita, diversos atores julgam-se parcialmente responsáveis pelo "movimento civil-militar" de 31 de março. Como aponta o general Adyr Fiúza de Castro, tenente-coronel de 1964, mais tarde fortemente envolvido nas atividades de repressão da ditadura, independentemente da "contrarrevolução" à qual todos aderem – a reação a uma revolta comunista permanece como o fator mais mobilizador na adesão ao *putsch* –, inicia-se uma "revolução" muito pouco explícita que todos carregam de significações.[69]

O preâmbulo do Ato Institucional de 9 de abril de 1964 tenta, efetivamente, definir a natureza do processo revolucionário como uma tradução do "interesse e da vontade da Nação", investida pelo "Poder Constituinte". Confirma com essas palavras o parentesco entre a "revolução de 31 de março" e *pronunciamientos* do século XIX hispano-americano; trata-se de uma retomada da soberania originária do povo, de legitimidade igual às eleições (cuja realização, por sinal, os militares no poder jamais suspenderão, apesar do controle e da cassação de direitos políticos de oponentes). Os generais golpistas são, decerto, bem diferentes dos caudilhos do século anterior, mas o emprego que fazem da palavra "revolução" herda, em parte, algo do século XIX: distante da significação de ruptura radical com a ordem antiga que as "revoluções atlânticas" (americana, francesa, hispânicas) dos anos 1770-1820 tinham contribuído para lhe conferir, "a revolução" tinha, para seus atores, o sentido fraco de derrubada de um dirigente ou de um governo iníquo ou nefasto ao bem comum. A Revolução Mexicana e o eco da Revolução Russa conferem novo sentido à ideia de revolução, sem com isso eliminar os vestígios do *pronunciamiento*.

De acordo com o AI-1 de abril de 1964, os representantes do povo são doravante os "chefes da revolução vitoriosa": um título de fato, atribuído em função de uma posição hierárquica, de um prestígio político e intelectual e de um crédito "revolucionário". Inúmeros elementos de um equilíbrio instável que abre amplamente o leque de atores políticos, civis e militares, aptos a reivindicar o poder – o que eles fazem sem demora.

2. Continuar a "revolução": 1964-1965

> Revolução é uma coisa muito séria. É uma ruptura de um sistema de hierarquia de comando. E feita a revolução, essa ruptura não cessa na hora que alguém assume. Porque todos aqueles que participaram ativamente da revolução acham que têm direitos. Acham que têm direito de opinar, de orientar, de ser ouvidos. Aí começa o conflito do chefe da revolução com os grupos revolucionários.
>
> General Carlos de Meira Mattos[1]

A instalação do regime militar desenrola-se numa atmosfera de aparente consenso midiático, político e militar. A posição hierárquica dominante do general Castelo Branco e sua reputação de oficial intelectual e legalista o tornam um candidato à Presidência relativamente natural para os militares – embora o general Costa e Silva tenha seus defensores – e sobretudo tranquilizador para a maioria da classe política. Cioso da preservação de cacos do sistema democrático, Castelo Branco faz questão de que o Congresso Nacional o eleja oficialmente – o que é realizado em 11 de abril de 1964, por esmagadora maioria. Entretanto, a unanimidade e a tranquilidade do golpe não deixam de ser, em parte, de fachada. Se os enfrentamentos foram efetivamente de amplitude restrita – a "revolução incruenta", conforme disse Carlos Lacerda algumas semanas após o golpe,[2] e bem-organizada não existiu –, vários depoimentos assinalam que, no âmbito dos quartéis, atos de resistência isolados custaram a vida a seus autores. Mas é principalmente a repressão que sucede ao golpe, saciando ódios acumulados há mais de uma década, que desmente o mito da revolução pacífica, em conformidade com a História Pátria e com a famosa "essência brasileira" de cordialidade e não violência. No início, o expurgo é voraz: milhares de oponentes, civis e militares, são perseguidos, presos, humilhados em público, torturados, frequentemente sem processo legal, apesar da abertura de centenas de Inquéritos Policial-Militares (IPMs), supervisionados a partir de 27 de abril por uma Comissão Geral de Investigações (CGI) presidida por um marechal.

Continuar a "revolução": 1964-1965

Por outro lado, a expulsão de centenas de oficiais suscita uma corrida aos postos de comando e às funções ministeriais, onde se enfrentam os clãs militares e onde todos reivindicam a paternidade da "revolução". Ocupações de prédios públicos, na sequência dos movimentos de tropa dos primeiros dias de abril, resultam às vezes no exercício efetivo de funções dentro do aparelho de Estado. É o que fazem os coronéis ativistas Antônio Carlos de Andrada Serpa e Francisco Boaventura Cavalcanti Júnior e os majores Juércio e Natalino Brito, ao instalarem um "gabinete militar" em Brasília que desempenha na nova capital o papel de sucursal do Comando Supremo da Revolução (este no Rio de Janeiro): por esse viés, conseguem temporariamente dominar a Casa Militar da Presidência, após a "eleição" de Castelo Branco. Apenas o coronel Boaventura permanece ali por algumas semanas, até que uma declaração pública e violenta contra o chefão da imprensa, Roberto Marinho (proprietário do jornal carioca *O Globo*), em maio de 1964, dá pretexto à sua demissão por infração ao regulamento disciplinar.[3] A ruptura na cadeia de comando, o expurgo, a colocação em marcha da máquina repressiva, que se seguem às responsabilidades assumidas por ocasião da conspiração, constituem assim não apenas fatores de indisciplina militar, mas também de reivindicações políticas.

A instalação de Castelo Branco no palácio da Alvorada, em meados de abril, não interrompe essas lutas de poder dentro das Forças Armadas. No entanto, a desordem generalizada é substituída por um confronto binário entre, de um lado, o poder castelista diluído nas instituições democráticas anteriores e sua base militar; de outro, "grupos revolucionários" diversos e esparsos, mais ou menos integrados no aparelho de Estado e federados atrás da bandeira de uma "linha dura". O conflito atinge o clímax em outubro de 1965, quando uma decisão controversa do governo – a aceitação de resultados eleitorais desfavoráveis ao novo regime – suscita uma reação agressiva de militares, que ameaçam derrubar o general presidente Castelo Branco. Dessa crise nasce o Ato Institucional n.2, considerado uma vitória da "linha dura", que permite a retomada dos processos de cassação, modifica profundamente o sistema político e estabelece as bases para uma perenização do regime. O AI-2 abre, assim, além da perspectiva de um *regime militar* na esteira de uma *intervenção militar*, o caminho para a sucessão de Castelo Branco no âmbito do Exército e da "revolução". O ato anuncia igualmente o fim de uma abordagem mais "moderada" do poder, inaugurando um longo período durante o qual a extrema direita militar influencia ou determina, conforme as circunstâncias, as principais escolhas políticas do regime.

Os anos 1964 e 1965 são geralmente considerados o período de incubação de uma "linha dura" que se tornará imutável ao longo do regime, contestando e depois se apropriando do poder central. Contudo, a "linha dura", categoria nativa oriunda do vocabulário dos próprios atores, não tem, a princípio, o sentido de grupo ou facção para os oficiais que a reivindicam, mas de linha política de contornos imprecisos, de um "estado de espírito" e de certa interpretação da "revolução" de 31 de março de 1964. São jornalistas e analistas políticos que, na mesma época, transformam em grupo – dotados de chefes, representantes, logo, de certa coesão interna – o que não passa então de uma expressão de identificação.[4] Os militares só se apropriam dessa categoria mais tarde. Em primeiro lugar, o poder estabelecido, que designa, assim, um de seus adversários políticos: em setembro de 1964, um *Impresso Geral* do Serviço Nacional de Informações (SNI) identifica a "chamada linha dura" como um dos três grupos de "oponentes revolucionários" ao governo.[5] Numa segunda fase, os oficiais, igualmente contestadores, apoderam-se dela, num manifesto distribuído à Câmara em abril de 1965, segundo o qual "a linha dura, guardiã da Revolução, transmite a todos seus membros civis e militares a diretriz que deverá orientar a ação comum no sentido de salvaguardar os ideais revolucionários".[6]

A princípio, portanto, a "linha dura" não passa de uma maneira de exprimir certa oposição ao governo Castelo Branco: é uma inclinação política e não um partido. Sua transformação em facção, no vocabulário dos atores, é um instrumento de luta política. Para o poder, ela delimita as fronteiras de um adversário; para os contestadores, constrói a imagem de uma força organizada cujo monopólio ou direção qualquer oficial pode reivindicar. A "linha dura" mantém, em seguida, uma grande diversidade interna. Nos dois anos seguintes ao golpe se constrói uma certa *imagem* da vida política intramilitar, articulada em torno da dicotomia duros/moderados. Essa imagem foi ingenuamente abraçada pela esmagadora maioria dos trabalhos acadêmicos, na esteira da análise sugerida por Alfred Stepan em 1971 em seu livro *The Military in Politics*. Nele, o autor praticamente não se detém sobre essa malfadada "linha dura", presente sobretudo como retrato em espelho da facção castelista.[7] Essa dicotomia terminou por impregnar profundamente o imaginário e a memória militares.

Continuar a "revolução": 1964-1965									51

Os oficiais que se consideram de "linha dura" emitem um discurso de extrema direita, nacionalista e, de certa forma, reformista. Não defendem programa coerente, mas apresentam duas exigências. A primeira é um expurgo radical, sem consideração pelos procedimentos aplicados nem pela conformidade com a lei: imediatamente após o golpe, os oficiais de "linha dura" são os principais advogados da violência de Estado e da repressão política. A segunda é um conjunto de medidas economicamente nacionalistas. Até 1964, contudo, o nacionalismo econômico era uma exclusividade da esquerda; de agora em diante é brandido por esses oficiais turbulentos como uma arma contra um governo que eles julgam entreguista. Um certo antiamericanismo é às vezes associado a ele, ao som de "nem Washington nem Moscou", numa referência complexa à situação geopolítica da Guerra Fria e ao passado nacional, em especial à era Vargas.

Essa posição dupla (radicalismo repressivo e nacionalismo) rompe com os hipócritas pudores democráticos do poder castelista e com a política de abertura ao capital estrangeiro adotada pelo ministro do Planejamento e da Coordenação Econômica, Roberto de Oliveira Campos, e pelo ministro da Fazenda, Octávio Gouvêa de Bulhões. Por outro lado, essas discordâncias entre o poder e os "duros" não atestam apenas divergências políticas, resultando igualmente de uma estratégia de oposição dos oficiais contestadores e de uma afirmação de seu papel político no novo regime. Eles então constroem sua argumentação e suas invectivas parcialmente em função de certa imagem do governo – "civilista", frouxo, internacionalista e negociador – e da ideia de uma usurpação do poder.

No segundo plano do protesto militar reina, portanto, determinada concepção da "revolução brasileira" e, sobretudo, dos "revolucionários" legítimos a exercer o poder. Esse poder deve ser, para os contestadores, *militar* e *revolucionário*. Militar, pois, para parte da oficialidade, o Exército está no poder: não um "cidadão oriundo de suas fileiras" ou um "antigo militar", como não se cansa de repetir o general presidente Castelo Branco.[8] Conforme diz o coronel Cyro Etchegoyen, major em 1964,

> A oficialidade do meio ... se sentiu responsável pelo Brasil. Houve um fenômeno histórico. O Exército nunca tomara conta do poder. Quando se conspirava, todas as vezes que nós fizemos e deixamos para eles, eles fizeram besteira. "Nós alguma vez temos que fazer e tomar conta, para ver se a gente conserta." Essa era a tese.[9]

Uma particularidade do imediato pós-golpe é que a sucessão presidencial não é uma questão central na vida política intramilitar, ao contrário do que acontecerá nas duas décadas seguintes:[10] o segundo presidente do regime militar, o general Costa e Silva, só vem a se consolidar como candidato dentro da instituição no fim de 1965, em pleno clímax da crise militar que desestabiliza a Presidência. Em 1964 e 1965, a rotina política do regime militar, em particular as modalidades de designação dos generais presidentes, ainda não está consolidada. Em virtude disso, as mobilizações militares não se articulam exclusivamente em função dos potenciais candidatos, isto é, dos líderes militares que congregam oficiais subalternos, superiores e generais. Logo, os escalões inferiores da oficialidade dispõem de importante autonomia política, bem como de ampla visibilidade midiática. A imprensa, ainda não muito censurada, noticia as mobilizações intramilitares, toleradas por autoridades centrais ainda pouco inclinadas a punir os perturbadores.

Essa margem concedida aos militares contestadores deve-se essencialmente ao atributo de revolucionários com os quais eles se travestem, invocando seu passado de conspiradores: ele os insere simbolicamente num poder que, por sua vez, se autodefine da mesma forma. Alguns autores afirmam que o regime militar permaneceu prisioneiro de sua retórica "democrática" inicial, alavancada por seu primeiro presidente, o que, na sequência, teria compelido os sucessivos governos à manutenção de uma fachada democrática.[11] Poderíamos acrescentar que o presidente Castelo Branco é, da mesma forma, prisioneiro da palavra "revolução", usada para se referir ao golpe. Essa designação permite não apenas contestar as orientações políticas adotadas sob a alegação de que se afastariam dos "ideais do 31 de março" – que cada um pretende conhecer e defender com exclusividade –, como delega uma parcela de soberania a todos os "revolucionários".

Perfis da "primeira linha dura"

O primeiro governo do regime militar atraiu particularmente a atenção dos historiadores e cientistas políticos, em virtude do aparente paradoxo que lhe subjaz: a "Sorbonne militar" da qual se originou é considerada a autora moral da conspiração, tanto em função da Doutrina de Segurança Nacional produzida nos bancos da Escola Superior de Guerra (ESG) quanto de sua íntima colaboração com os meios civis golpistas que permitiu o sucesso do golpe. No entanto, o grupo castelista é igualmente apresentado como um reduto de semi-legalismo dentro da direita militar brasileira, artífice involuntário da ditadura, vítima de "golpes dentro do golpe" sucessivos que o impediram de levar a cabo seu projeto de intervenção pontual lastreado pelas regras do direito.[12]

Alfred Stepan, a partir de um trabalho sobre os perfis e trajetórias profissionais dos generais da "Sorbonne militar", propôs uma interpretação célebre das posições do governo Castelo Branco: a abertura diplomática e econômica ao estrangeiro, o regime de semiliberdade concedido às empresas privadas, a confiança na democracia e a opção por tutelá-la provisoriamente.[13] Quatro aspectos principais ressaltam, distinguindo os generais castelistas em sua geração (a de 1900): são em geral primeiros de turma (na Escola Militar de Realengo, local de formação inicial dos oficiais antes da criação, em 1944, da Academia Militar das Agulhas Negras – Aman, na Escola de Aperfeiçoamento de Oficiais – EsAO e na Escola de Comando e Estado-Maior do Exército – Eceme), combateram na Força Expedicionária Brasileira (FEB) durante a Segunda Guerra Mundial, fazem parte do corpo permanente da ESG e fizeram cursos no exterior – muitos nos Estados Unidos. Essas experiências, aos olhos de Stepan, reforçam o sentimento de pertencimento às democracias ocidentais, a confiança no sistema capitalista e na aliança (econômica, diplomática e militar) com os Estados Unidos, a hostilidade ao "nacionalismo excessivo" e "a profunda aversão aos apelos emocionais".[14] O perfil político-profissional dos demais membros do generalato reflete em espelho a análise do castelismo: privados das experiências singulares e das capacidades intelectuais que fizeram do punhado de castelistas "ditadores à revelia", o resto da alta oficialidade golpista é condenado a um autoritarismo e frequentemente a um nacionalismo que, não merecendo explicação particular, são implicitamente considerados como originários.[15]

Esses militares que se dizem, no imediato pós-golpe, de "linha dura" (especialmente os oficiais superiores, tenentes-coronéis e coronéis dessa rede contestatária) foram totalmente ocultados pela historiografia e permanecem pouco conhecidos. Sua mobilização não é uniforme ao longo dos dois anos que se seguem ao golpe: a insatisfação aumenta por patamares entre julho de 1964 e novembro de 1965. Os primeiros contestadores são oficias da reserva R/1, cuja manifestação pública não infringe o Regulamento Disciplinar do Exército desde que o Decreto n.54.062, promulgado em 28 de julho de 1964 sob os auspícios de Castelo Branco, passou a isentá-los disso. São acompanhados por militares da reserva e da ativa que não ocupam postos em contato com a tropa, mas são encarregados das centenas de IPMs instaurados após o golpe. Enfim, o auge da oposição militar ao governo é atingido quando, no fim de 1965, no Rio de Janeiro, o próprio quartel protesta.

A "linha dura", tal como é definida *a posteriori* pelos protagonistas dos acontecimentos, corresponde a um "grupo", no sentido de grupo de identificação, não necessariamente constituído, mais amplo que o dos contestadores públicos. O estabelecimento de uma lista de nomes, quase sistemática nas memórias e nos depoimentos, depende das reconstruções memoriais, dos pontos de vista dentro da instituição e dos eventuais ajustes de conta. Ela nunca é historicizada, a memória tendendo a valorizar as permanências em detrimento das flutuações. Além disso, os oficiais que, por sua vez, se consideram de "linha dura" tendem a descrever um grupo restrito, o deles, ao passo que os militares fora dessa esfera ressaltam o mais das vezes um "perfil" radical atribuído a um número maior de atores. Nossa abordagem privilegia os oponentes manifestos, reinseridos nas redes subterrâneas da nebulosa radical com a ajuda dos arquivos oficiais (principalmente os boletins e relatórios do Serviço Nacional de Informações) e de depoimentos.[16]

Alguns oficiais da reserva são contumazes do manifesto público: trata-se de profissionais da conspiração há décadas presentes na cena política e no assédio permanente ao poder. Esses "revolucionários históricos" julgam-se rapidamente "marginalizados" por esse poder, segundo a interpretação proposta num relatório do SNI, em julho de 1965.[17] O mais visível e turbulento é o almirante Sílvio de Azevedo Heck, que, em julho de 1964, divulga na Associação Brasileira de Imprensa (ABI), no Rio de Janeiro, um manifesto denunciando "a infiltração de inimigos da Revolução no Governo Castelo Branco". Ele se apresenta como "revolucionário autêntico", representando "amplos setores civis e militares, inquietos com a condução do processo revolucionário" e se diz "depositário das esperanças da juventude das Forças Armadas, dos trabalhadores rurais e das cidades, da classe média e das forças produtivas que precisam florescer".[18] Nascido em 1905, um pouco mais jovem apenas que os ex-tenentes integrados aos círculos do poder,[19] só ingressou na cena política nos anos 1950, deixando

Continuar a "revolução": 1964-1965

muito tempo com o pai (o vice-almirante Conrado Heck, ministro da Marinha de dezembro de 1930 a junho de 1931) o título de revolucionário da família. Após uma carreira tradicional, sem envolvimento político explícito, Sílvio Heck entra na história em novembro de 1955, quando, capitão de mar e guerra no comando do cruzador *Tamandaré*, planeja a fuga do presidente interino Carlos Luz para fora da capital.[20] A iniciativa, visando transferir o governo para Santos (São Paulo), fracassa, e Heck vê-se limitado à posição de crítico acerbo do governo de Juscelino Kubitschek. Suas declarações políticas retardam sua carreira e são objeto de diversas punições.

Indiretamente ligado ao movimento de Aragarças, suas veleidades de conspirador desabrocham sob o governo João Goulart, após ter tentado, a partir do posto de ministro da Marinha, que exerce de janeiro a setembro de 1961, impedir sua posse. Autor de um manifesto em tom de golpe de Estado junto com o general Odílio Denis e o brigadeiro Gabriel Grün Moss, divulgado em 30 de agosto de 1961, mantém com o primeiro desses oficiais, que o descreve como "o revolucionário n.1", uma relação privilegiada.[21] Denis, bem mais discreto que seu colega da Marinha, é considerado pelos serviços da Presidência um dos conspiradores históricos suscetíveis de atiçar os descontentamentos.[22] Entre 1961 e 1964, Heck conspira em todas as frentes: segundo um relatório do adido militar francês, o almirante "fez parte de todos os complôs, e, por suas declarações intempestivas fustigando a política presidencial, despertou a fúria do poder (nove vezes preso desde o fim de 1961, totaliza 85 dias de reclusão)".[23] Em contato com o meio empresarial carioca e paulistano, o Instituto de Pesquisas e Estudos Sociais (Ipes), organizações civis anticomunistas e redes de oficiais conspiradores, sobretudo por intermédio de Odílio Denis, Heck tem como grande obra a criação, em janeiro de 1963, da Frente Patriótica Civil-Militar. Trata-se de uma rede de tropas paramilitares constituída essencialmente de milícias rurais formadas por grandes fazendeiros e militares (oficiais e praças) da Marinha. Segundo as informações do adido militar francês, a Frente teria compreendido até 4 mil homens, a maioria de Minas Gerais e São Paulo. Ainda de acordo com o relatório do adido militar francês:

> No momento da revolução, Heck considera que o papel da Frente Patriótica Civil e Militar ainda não terminou. Ao contrário, tem a intenção de levar seus efetivos a um total de 8 mil homens, dos quais cerca de 1.200 seriam encarregados da ação

anticomunista visível e da provocação, o resto sendo encarregado da infiltração e da destruição das células.

De fato, a estrutura da Frente é em parte conservada pelos contestadores do pós-golpe: um de seus chefes, o general R/1[24] José Alberto Bittencourt, é também o primeiro dirigente da Liga Democrática Radical (Lider), que, a partir de setembro de 1964 e a princípio apoiada por Sílvio Heck, procura organizar a oposição radical à Presidência. Heck é ligado aos generais José Lopes Bragança, Olímpio de Mourão Filho e Carlos Luís Guedes e a boa parte da extrema direita militar de Minas Gerais.

Já reformados ou em fim de carreira, esses oficiais não têm mais o recurso dos comandos de tropa para exercerem sua influência política, e alimentam uma mágoa ainda maior a respeito do governo do qual são então excluídos, ao passo que pertencem à mesma geração da quase totalidade de seus ministros. Em 1965, um jornalista do superconservador *O Estado de S. Paulo*, José Stacchini Júnior, publica um livro intitulado *Março de 64: Mobilização da audácia*, que fornece um instantâneo dessa frustração da velha guarda revolucionária. Mourão Filho, no prefácio, desenvolve a tese de um "desvio da revolução"; o autor a repisa, assinalando que a "rebelião Mourão-Denis" (o golpe) resultou na "vitória dos simpatizantes" da revolução (a "Sorbonne militar").[25]

Olímpio Júlio de Oliveira Mourão Filho – cujo movimento de tropas, a partir de Juiz de Fora, desencadeou o golpe, para surpresa geral – é outro dissidente de primeira hora. Mais à margem do que o almirante Heck, perseguido por uma reputação de excêntrico, até mesmo de perturbado, faz igualmente parte da geração tenentista de 1900 – mas o tenente Mourão Filho, em 1924, permanece ao lado do poder e reprime os revoltosos. Imbuído de um profundo anticomunismo desde seu ingresso, em 1932, na Ação Integralista Brasileira, participa da FEB como tenente-coronel, comandando a 1ª Divisão de Infantaria. No pós-guerra, seus comprometimentos políticos não recobrem estritamente o exercício do poder por homens da UDN: ele trabalha, por exemplo, no Ministério dos Transportes no governo Kubitschek e se vê demitido pouco após a chegada de Jânio Quadros ao poder, em fevereiro de 1961. Na gestão de João Goulart, envolve-se quase abertamente na conspiração em Minas, onde exerce o comando da 4ª Região Militar. Em agosto de 1964, Mourão Filho começa por trilhar os passos de Sílvio Heck, reivindicando uma "linha duríssima" por

Continuar a "revolução": 1964-1965

ocasião de sua posse à frente do IV Exército (Nordeste). Nessa oportunidade convida, e em grande pompa, Sílvio Heck. O tom de suas declarações logo faz com que se torne um estorvo para o poder, que, um mês mais tarde, passa-o para a reserva e o nomeia ministro no Superior Tribunal Militar. Sua reforma compulsória proporciona-lhe maior liberdade de expressão, tornando visível sua espetacular reviravolta, uma vez que o militante de uma repressão firme, hostil à concessão de *habeas corpus* e defensor de reformas políticas ultraconservadoras, filia-se, em janeiro de 1966, com grande estrépito, ao recém-criado partido de oposição; na revista *Manchete*, pronuncia-se, junto com o general Peri Bevilaqua, outro ministro do STM, que de mais longa data defendia o respeito ao estado de direito e denunciava a deriva autoritária, em favor da anistia política e do restabelecimento de eleições diretas para todos os cargos.[26]

Essas manifestações públicas resultam do hábito das declarações e da provocação políticas, mas também de uma frustração e de um sentimento de injustiça por parte desses oficiais: o afastamento do poder é sentido como uma traição, após uma "vida" de conspiração. O radicalismo não é apanágio desses poucos contestadores, mas o fato de pertencerem à ativa torna outras vozes mais discretas – assim, o extremo conservadorismo da alta oficialidade da Marinha, apesar de notório, não aparece na cena pública. Nesse meio, destacam-se cinco almirantes apelidados de "Dionnes" (numa alusão às gêmeas Dionne, nascidas nos Estados Unidos em 1934 e primeiro caso conhecido de quíntuplas a sobreviver): Ernesto de Mello Batista (ministro da Marinha até fevereiro de 1965), Augusto Hamann Rademaker Grünewald, Levi Pena Aarão Reis, Mario Cavalcanti de Albuquerque e Saldanha da Gama. No Exército, a definição de uma elite radical da ativa é menos consensual. No depoimento que prestou a pesquisadores do CPDoc, o coronel Gustavo Moraes Rego fala de onze generais de "linha dura", dois dos quais ocupariam um espaço singular durante os primeiros tempos da oposição a Castelo Branco: João Dutra de Castilho, comandante do Núcleo da Divisão Aeroterrestre da Vila Militar, e sobretudo Afonso de Albuquerque Lima, que em 1º de outubro de 1965 torna-se chefe do Estado-Maior do I Exército.[27] Coronéis no momento do golpe, são ambos promovidos a generais de brigada em julho de 1964 e, sob muitos aspectos, fazem uma ponte entre a geração dos revolucionários históricos de 1900 e a dos "coronéis de linha dura".

A composição hierárquica da rede contestadora depende de experiências comuns, que estabelecem laços políticos transgeracionais. As revoltas de Jacareacanga (uma primeira revolta de oficiais da Aeronáutica contra Kubitschek, logo após sua posse em janeiro de 1956) e de Aragarças (1959), muito especialmente, selaram amizades e solidariedades políticas entre oficiais do Exército e da Força Aérea. Assim como Heck, Albuquerque Lima não se acha senão indiretamente envolvido e não figura nas listas dos 35 réus do processo que Jânio Quadros mandou arquivar em junho de 1961,[28] mas cultiva amizades e apoios entre os veteranos das duas revoltas. A partir de setembro de 1964, esses dois oficiais teriam conspirado para derrubar Castelo Branco, na companhia de numerosos coronéis e tenentes-coronéis que, desde agosto de 1964, formam o grosso da rebelião contra o poder.

ESSES OFICIAIS SUPERIORES ficaram na história como os "coronéis dos IPMs", em razão dos inquéritos dos quais alguns eram encarregados. De sua geração, estes são os oponentes mais visíveis e os primeiros a exprimir seu descontentamento, antes que os comandantes de unidades se juntassem ao campo do repúdio durante a crise de 1965. Entre os 28 coronéis de "linha dura" citados por Moraes Rego,[29] dois "grupos" que gravitam em torno de figuras mais proeminentes despertam nosso interesse.

O primeiro é ligado ao tenente-coronel Francisco Boaventura Cavalcanti Júnior, oficial de artilharia, paraquedista, que volta à tropa em maio de 1964 após sua exoneração da Casa Militar. Seu perfil desmente a imagem tradicional dos homens da "linha dura" como um negativo dos "generais castelistas" – tão "homens de tropa" solidamente enraizados nos quartéis, encerrados num nacionalismo obtuso, quanto os outros seriam intelectuais, primeiros de turma nas escolas militares e bons conhecedores dos exércitos estrangeiros. Nascido em 1919 no Ceará, foi primeiro de sua turma na Escola Militar de Realengo em 1943, integrando-se à FEB como tenente; em poucos anos obtém sua Medalha Marechal Hermes de três louros, isto é, o título de "tríplice coroado", primeiro colocado que foi, igualmente, na classificação final da EsAO e da Eceme. Envolve-se nos acalorados debates que dividem o Exército brasileiro do início dos anos 1950, a princípio no campo nacionalista, mas rompe com essa facção ao se demitir do conselho deliberativo do Clube Militar, quando, em julho de 1950, um artigo da *Revista do Clube Militar* critica a intervenção norte-americana na Coreia.[30] Coberto de condecorações (a Ordem do Mérito

Continuar a "revolução": 1964-1965

Militar e as Medalhas de Campanha, Militar, de Guerra, do Pacificador e de Caxias), cumpre diversas missões no exterior e ocupa, no fim dos anos 1950, um posto de conselheiro na ONU especialista em América Latina. De volta ao país, faz em 1962 o curso do Estado-Maior e Comando na ESG ao mesmo tempo em que conspira ativamente contra o governo Goulart. Boaventura, vinte anos mais moço que os homens no poder, exibe no fim das contas um perfil profissional muito próximo daquele, ideal-típico, dos generais castelistas descritos por Alfred Stepan.

Ídolo de uma parte de sua geração, considerado um brilhante intelectual, Boaventura, porém, não é uma imagem marginal no seio da jovem "linha dura". Entre seus colegas mais próximos, os veteranos febianos são legião: Amerino Raposo Filho, oficial de artilharia nascido em 1922, alistou-se igualmente como segundo-tenente e também cambaleia sob medalhas, recebidas por façanhas em combate. Por vários anos instrutor na Eceme, publica diversos artigos de estratégia militar no *Mensário de Cultura Militar* e, em 1960, um livro intitulado *A manobra na guerra: Síntese filosófica*. Relegado a uma guarnição remota no Rio Grande do Sul sob o governo Goulart, reintegra as altas esferas do poder a partir do golpe, trabalhando a serviço do general Golbery do Couto e Silva, chefe da Casa Civil, e na criação do Serviço Nacional de Informações. Faz um estágio no Colégio Interamericano de Defesa em 1968, depois o curso de guerra da ESG, em 1973.

No gabinete de Golbery, Amerino Raposo trabalha sob as ordens do coronel Hélio Duarte Pereira de Lemos, também identificado com uma "linha dura" de oficiais cujas carreiras parecem até então, segundo critérios internos da instituição, particularmente brilhantes. Ligeiramente mais velho (nasceu em 1914), também é veterano da Segunda Guerra Mundial, tendo passado pela ESG mais tardiamente, características que divide com o coronel Sebastião Ferreira Chaves. Por fim, o coronel Dickson Melges Grael, que só vem a se manifestar na cena política intramilitar no fim dos anos 1960, é outro desses oficiais de artilharia nascidos em torno de 1920, paraquedista como Boaventura, não febiano – deixa a Escola Militar apenas no fim de 1944 –, mas com várias condecorações, e formado nas "técnicas de informação para oficiais superiores estrangeiros" nos Estados Unidos.

Essa "primeira linha dura" tem uma forte coesão geracional: seus membros viveram juntos experiências bastante valorizadas profissionalmente (a guerra) e politicamente (a conspiração em comum, para muitos, nos bancos da Eceme). Eles remetem à instituição a mesma imagem de oficiais brilhantes, e até 1961 estão pouco envolvidos em iniciativas conspiratórias ou insurrecionais, embora claramente identificados politicamente. Eles se conhecem antes do golpe, valorizam seus pares e geralmente reconhecem uma autoridade moral no coronel Boaventura.

Tarcísio Célio Carvalho Nunes Ferreira está ligado, já na época da conspiração, a esse grupo de coronéis. Igualmente lacerdista, a ponto de batizar o primeiro filho de Carlos, paraquedista a fim de seguir os passos de seu mentor, o general Moniz de Aragão, mais jovem (nascido em 1930), integrou-se ao cenáculo dos contestadores aureolado por sua participação no movimento de Aragarças. Em entrevista concedida em 2007, ele conta:

> – Eu e os meus colegas da minha geração, nós trocávamos ideias. Hoje somos todos coronéis, alguns generais. Hélio Lemos, Hélio Mendes, Boaventura, o Grael, posso dar um bando de gente.
> – São todos da sua geração?
> – Um pouquinho mais velhos. O Hélio Lemos um pouco mais velho. Mas eu tinha uma coisa, como eu fui revolucionário muito precocemente, eu passei de geração. Eu fiquei na geração acima da minha imediatamente, sem largar a minha propriamente dita, mas fiquei muito ligado à geração logo acima da minha. Tramei com esse pessoal, já em 63. Quando eu voltei do exílio, em 61, depois da renúncia do Jânio, nós começamos a preparar a revolução de 64.[31]

Citemos, por fim, Kurt Pessek, ainda mais moço (nasceu em 1934), também paraquedista, apresentado no grupo como capitão por Dickson Grael, de quem havia sido subordinado. Grael e Tarcísio Nunes Ferreira têm a particularidade, no interior do grupo, de carregar a herança política de diversas empreitadas audaciosas realizadas desde os anos 1950: primeiro, a tentativa de golpe de Estado contra a posse de Kubitschek em 1955, quando se encontrava presente no cruzador *Tamandaré*; depois, Aragarças, que põe lado a lado oficiais do Exército e sobretudo da FAB, mais tarde célebres por suas práticas de violência política (Alberto Fortunato e João Paulo Moreira Burnier). O pertencimento à tropa de "elite" dos paraquedistas, com frequência envolvidos em agitações políticas tanto no Brasil como em outras partes do mundo, cria igualmente redes

Continuar a "revolução": 1964-1965 61

e fidelidades específicas; o general Moniz de Aragão, próximo do presidente Castelo Branco e comandante no pós-golpe da única unidade paraquedista do Brasil (o Núcleo da Divisão Aeroterrestre da Vila Militar), é, assim, um personagem central nos relatos desses oficiais.

A experiência conspiratória e golpista caracteriza melhor o outro grupo de "linha dura", de menor coerência geracional e profissional, agregado em torno do coronel Osnelli Martinelli. Oficial da reserva e professor de geografia no Colégio Militar do Rio de Janeiro, não dispõe nem da aura, nem da autoridade, nem do prestígio de Boaventura. Da mesma geração (nasceu em 1922), filho de um oficial da Marinha, opta por essa força antes de ingressar na Escola Militar de Realengo e no Exército. Alistado na FEB como tenente, luta na Itália por dez meses. Serve em seguida por cinco anos no Regimento Escola de Infantaria da Vila Militar, demora a fazer o curso de aperfeiçoamento e desiste do comando da tropa para se dedicar ao ensino como capitão, em 1955; leciona no Colégio Militar até 1973. Lacerdista fervoroso e anticomunista feroz, torna-se, em 1965, líder do Movimento Anticomunista, o MAC, fundado quando Goulart restabeleceu as relações diplomáticas com a União Soviética e especializado em atos de violência política e atentados. Segundo seus próprios termos, ele é um profissional da conspiração, sem, no entanto, participar dos principais movimentos dos anos 1950: ele "quase [foi] pra Aragarças", diz, "não fui porque na hora a *galera* não me chamou. Porque estava sempre metido nessas coisas".[32]

Martinelli insiste em sua grande diversidade de contatos dentro das Forças Armadas e dos círculos conspiradores, decorrente, segundo ele, de sua trajetória original – "Eu fiz a Escola Naval. Depois, em 41, fui pro Exército. Em 41 foi criado o Ministério da Aeronáutica. E muita gente da minha turma da Marinha, e muita gente dessa turma do Exército, foi pra Aeronáutica. Então fui conhecendo muita gente em todas as armas" – e porque, diz ele:

> Como era uma pessoa sempre definida, nunca ninguém precisou perguntar de que lado eu estava. Todo mundo sempre soube do meu lado. Por isso, sempre estava metido nessas coisas, todo mundo tinha confiança em mim. Eu estava com coronéis, com tenentes, com sargentos, com generais, tratava com todo mundo.

Martinelli considera que, antes do golpe, estava à frente de um grupo de cerca de sessenta pessoas – civis e militares, da ativa e da reserva. O grupelho é inicialmente organizado a partir do Colégio Militar do Rio de Janeiro, em torno de alunos, uns vinte no momento do golpe, e professores, como o coronel Gérson de Pina. Mais de quarenta anos depois dos fatos, Martinelli faz alusão, em seu depoimento, à "defesa do palácio Guanabara", sede do governo do estado, onde se encontrava Carlos Lacerda, que ele tentou realizar com alguns colegas e alunos. A mesma ideia ocorreu a um grupo de oficiais extremistas da Aeronáutica, alguns deles também envolvidos nos movimentos de Aragarças e Jacareacanga, principalmente João Paulo Moreira Burnier, Márcio César Leal Coqueiro de Jesus e Júlio Valente. A essa lista cumpre acrescentar Roberto Brandini, nascido em 1922, febiano que passou precocemente para a reserva em 1960 a fim de integrar a administração do então estado da Guanabara, pouco depois da eleição de Lacerda, e encarregado de IPM em 1964; Carlos Affonso Dellamora; e, sobretudo, Roberto Hipólito da Costa, colega de promoção e amigo íntimo de Burnier, sobrinho do general Castelo Branco, que forja com Burnier suas armas de torturador nos anos 1950 antes de exercitá-las logo nos primeiros dias do regime.

No palácio Guanabara, na manhã de 1º de abril, encontra-se, por fim, um grupo ligado ao coronel da reserva da Aeronáutica Gustavo Eugênio de Oliveira Borges, secretário de Segurança do estado da Guanabara quando Lacerda é governador (1960-65), lacerdista de primeira hora, ele também participante de Aragarças. Em 1964, essa rede de radicais é essencialmente unida por essas revoltas comuns e pelo vínculo com o célebre governador, que, no entanto, traíra os sediciosos de 1959 revelando ao poder uma iniciativa na qual ele não acreditara. Predomina ali a geração dos anos 1920; alguns conviveram nos bancos da Escola Militar de Realengo antes de optarem pela força aérea ou terrestre.

O coronel Ferdinando de Carvalho também faz parte dessa constelação radical. Seu perfil profissional (salvo a falta de especialização paraquedista) lembra muito o de Boaventura: nascido em 1918, artilheiro, febiano, abundantemente condecorado, realiza uma trajetória escolar brilhante e rápida que o leva a fazer cursos de Comando e Estado-Maior nos Estados Unidos (1953) e depois na ESG – aliás, na mesma turma de Boaventura (1962). Está entre os tradutores mais atuantes de artigos franceses sobre "guerra revolucionária" no início dos anos 1960. Sua obsessão anticomunista, que a chefia do IPM contra o Partido Comunista Brasileiro enraíza definitivamente em setembro de 1964, manifesta-se por uma abundante produção editorial ao longo de todos os anos de 1970.[33]

Continuar a "revolução": 1964-1965   63

A OPOSIÇÃO FRONTAL entre a "linha dura" e a "Sorbonne militar", nos primeiros tempos do regime, levantou a hipótese de uma dessemelhança de perfis dos atores: uma vez que a moderação política e o internacionalismo dos generais castelistas pareciam provir de uma trajetória original e brilhante, o "nacionalismo ditatorial" de seus detratores supostamente emanou de uma mediocridade profissional e da tradição autoritária das Forças Armadas brasileiras. Ora, a maior parte dos coronéis de "linha dura" tem, ao contrário, com vinte anos a menos, um perfil de carreira muito similar ao dos homens da "Sorbonne militar" instalados no governo. Mais genericamente, quer se trate de um passado de "veterano da revolução", da excelência profissional ou da prova de fogo da Segunda Guerra Mundial, a nebulosa radical de 1964-65 é composta por oficiais dotados de um certo prestígio no seio da instituição militar que reforça um sentimento de legitimidade política. O monolitismo geracional do governo – a quase totalidade dos ministros nasceu entre 1900 e 1910 – não parece justificado diante das garantias profissionais e revolucionárias desses oficiais, pouco numerosos e frustrados com sua parca presença no aparelho de Estado.

O prestígio pessoal, fonte de legitimidade política, constitui o principal ponto comum entre os oficiais contestadores, independentemente das diferenças de arma, geração e carreira; ele explica o sentimento de injustiça e, por conseguinte, a reivindicação de um papel político. Em contrapartida, seus perfis não explicam suas orientações políticas, em especial o radicalismo repressivo, o frouxo comprometimento com as normas democráticas e o nacionalismo econômico exacerbado. Observemos um elemento surpreendente nos depoimentos de parte dos oficiais nascidos em torno de 1920: a ambiguidade da memória de Getulio Vargas e do Estado Novo. Claro, em primeiro lugar eles associam a era Vargas a uma ditadura pura e simples, a qual opõem às suas supostas convicções "democráticas e antitotalitárias". O segundo governo de Getulio Vargas, de 1951 a 1954, é estigmatizado como um episódio caricatural de corrupção em massa – um "mar de lama", segundo o livro homônimo de Gustavo Borges – e desgoverno; para muitos, é o ponto de partida do engajamento político. Tarcísio Nunes Ferreira lembra:

> [Em 1952] Eu fui servir no primeiro batalhão de caçadores em Petrópolis, que era o batalhão presidencial, porque o presidente passava um quarto do ano em Petrópolis no verão. E eu pude estar lá, como tenente, eu fazia guarda no palácio

Rio Negro, e conheci de perto a República na sua intimidade, na sua cúpula. ... Eu curti uma decepção com o que vi na intimidade do poder. Provocou uma reação no sentido contrário. Ou seja, eu comecei a reagir [contra] a falta de ética do governo, da coisa pública.[34]

Para outros membros dessa geração, porém, a denúncia da "ditadura" de Vargas e da corrupção de seu grupo é acompanhada de certa nostalgia da grandeza da nação, da ordem e da autoridade que prevaleciam na época de sua adolescência. É provável que o doutrinamento nos estabelecimentos escolares e a propaganda de Estado entre 1930 e 1945 tenham impregnado fortemente essa geração militar. Como lembra o coronel José Eduardo de Castro Portela Soares:

No tempo de Getulio havia uma coisa que não há mais. Havia uma certa propaganda e essa propaganda estimulava o patriotismo e o entusiasmo da juventude. Ah, outra coisa: eu estudava no Colégio Militar, tinha disciplina, eu gostava disso, achava isso certo. Quando [Getulio] foi demitido, já não achava mais que era bem assim, mas...[35]

O ano de 1930 constitui, assim, uma referência revolucionária, e a era Vargas um exemplo de nacionalismo autoritário, decerto maldigeridos para essas gerações, não obstante demasiado jovens para terem participado daquele regime.

Cronologia e instrumentos do protesto

O protesto militar, entre abril de 1964 e novembro de 1965, articula-se em torno de questões recorrentes. A primeira refere-se às condições de sucesso dos IPMs, instaurados em sua maioria nas semanas seguintes ao golpe. Sua proliferação é decorrente do artigo 8 do Ato Institucional n.1, segundo o qual os crimes contra "o Estado ou seu patrimônio e a ordem política ou social" ou "atos de guerra revolucionária" podiam doravante ser elucidados por intermédio desse instrumento. Da mesma forma, o AI-1 confere ao Poder Executivo autoridade temporária para demitir oponentes de cargos públicos ou cassar seus direitos políticos. A segunda questão que mobiliza os oficiais contestadores é a cassação de personalidades centrais do pessedismo e do petebismo; e o restabelecimento

Continuar a *"revolução": 1964-1965*

de instrumentos legislativos "revolucionários" para expandir tais medidas. A essas questões puramente repressivas acrescenta-se a da prorrogação do mandato de Castelo Branco. O presidente não parece desejá-la, ao contrário dos radicais, que, num primeiro momento, veem nela um meio de postergar as temidas eleições. Em seguida, porém, eles se retratam e denunciam essa mesma prorrogação como prova do "continuísmo" do poder. Este, por fim, é desestabilizado por um conflito anterior ao regime militar, que opõe as oficialidades da Marinha e da Aeronáutica quanto ao pertencimento de uma "aviação embarcada" em um porta-aviões comprado em 1956, o *Minas Gerais* (devia pertencer à Marinha, por estar embarcada, ou à Aeronáutica, por ser aviação?).

Esses assuntos voltam constantemente em meio à contestação militar, que se expande por etapas a partir de junho de 1964. No dia 8 desse mês, o governo decide cassar os direitos políticos de Juscelino Kubitschek, sob pressão da Comissão Geral de Investigações, órgão que controla os IPMs – apesar de o ex-presidente ter consentido, meio a contragosto, com o golpe de Estado. Algumas semanas mais tarde, é igualmente sob coerção que Castelo Branco integra numa emenda constitucional a prorrogação de seu mandato até março de 1967.[36] Até novembro de 1964, o protesto permanece abafado e esparso – os manifestos emanam de personalidades isoladas – e pouco preocupante para o poder. Em setembro, um relatório do SNI considera que

> o grupo da linha dura, por mais que dificulte o governo em sua tarefa administrativa e em seus declarados propósitos de normalização da vida nacional, não tem possibilidades – nem a isso se propõe, no momento – de abalar o governo, podendo, no máximo, exercer pressões em favor de certas substituições de pessoas, na área militar principalmente. Aliás, é sensível o afrouxamento dessas pressões e a lassitude que invade as áreas da linha dura.[37]

Mas os oficiais radicais começam então a se organizar. Revelam sua força política e midiática por ocasião da "crise de Goiás", em novembro de 1964: o coronel da reserva Mauro Borges Teixeira, governador do estado e suspeito pela oficialidade local de simpatia com a esquerda, beneficia-se de um *habeas corpus* concedido por unanimidade pelo Supremo Tribunal Federal (STF), que permite o fim de sua prisão temporária. O clamor à direita obriga Castelo a desautorizar o tribunal em uma "Nota à nação" e decidir por uma intervenção federal no estado, no fim de novembro, na pessoa do general Meira Mattos.

Um novo *habeas corpus* do STF, em abril de 1965, acende a pólvora e abre a segunda fase do protesto militar. As Forças Armadas acham-se escaldadas pela "crise da aviação embarcada", que, desde dezembro, paralisa as forças militares marítima e aérea. Além disso, o poder é fragilizado pelo ressurgimento de uma oposição no Congresso, até então inteiramente submisso às suas veleidades, mas cuja dissidência é estimulada pela suspensão das cassações e pelas primeiras deserções de "revolucionários" civis. A reação da extrema direita militar é tanto mais intensa na medida em que o beneficiário do *habeas corpus* é uma personalidade execrada por ela, o ex-governador de Pernambuco Miguel Arraes de Alencar. Preso há um ano na ilha Fernando de Noronha, sua libertação por intermédio de um *habeas corpus* é impedida à força pelo comandante do I Exército, general Otacílio Ururahy, e pelo coronel Ferdinando de Carvalho, encarregado do IPM do PCB. Uma intervenção pessoal de Castelo Branco é necessária para garantir a soltura de Arraes, que pede imediatamente asilo na embaixada da Argélia antes de partir para o exílio. Entre abril e outubro, o protesto se expande e, sobretudo, se aglutina. Um "clima de exaltação", segundo o coronel Jayme Portella,[38] reina nos quartéis no mês de setembro de 1965, antes mesmo que as eleições estaduais, um mês mais tarde, sirvam de pretexto para a mais grave crise político-militar do governo castelista. Este vê dois atores imiscuírem-se no cara a cara entre o governo e a nebulosa radical: a ameaça dos quartéis, em especial o da Vila Militar; e o ministro da Guerra, Costa e Silva, que assegura a perenidade do governo ao mesmo tempo em que abre, para si próprio, uma avenida para a Presidência.

AO LONGO DE TODO ESSE PERÍODO, os contestadores mobilizam-se sob as mesmas bandeiras; são suas formas de organização e suas práticas que evoluem até ameaçar derrubar o poder. Os oficiais de "linha dura" utilizam dois instrumentos principais para exercer pressão política: sua inserção no aparelho repressivo e a criação de um movimento civil-militar de extrema direita, a Liga Democrática Radical (Lider).

O primeiro é criado pelo próprio governo: trata-se dos 763 Inquéritos Policial-Militares instaurados nas semanas seguintes ao golpe, que necessitam de um estafe numeroso entre os militares "revolucionários", isolados numa função repressiva nova e bastante investida politicamente. A CGI, promotora desses inquéritos, é dirigida até meados de julho de 1964 por um oficial também radical, o marechal Estevão Taurino de Rezende.[39] O forte expurgo do generalato torna necessário um recurso maciço a oficiais superiores, da ativa e da reserva, inclusive para os IPMs mais importantes; muitos frequentam a Eceme, onde supostamente receberam uma sólida instrução de "guerra revolucionária". Em um ano de inquéritos, 50 mil oponentes, ou seja, 10 mil réus e 40 mil testemunhas teriam sido afetados por essa caça às bruxas da qual teriam participado mais de 3 mil oficiais.[40] Receber o encargo de um IPM constituía uma retribuição por serviços prestados à "revolução", sob a forma de um complemento salarial, de uma tarefa importante e prestigiosa – a de perseguir "o inimigo interno" – e de um poder policial novo. A reivindicação de uma repressão mais acirrada por intermédio de IPMs, sem entraves judiciários como a atribuição de *habeas corpus* nos dois supremos tribunais, se torna então uma maneira de conservar um poder específico, fonte de valorização social no âmbito da instituição.

A criação de centenas de IPMs retira inúmeros oficiais, selecionados por seu fervor "revolucionário", das estruturas hierárquicas e do ambiente profissional habituais. Em contrapartida, essa nova situação estimula suas ambições repressivas, tanto mais que a ausência de formação jurídica ou policial incita-os a desenvolver seus inquéritos como cruzados, não raro bastante propensos à violência. A falta de formação dos encarregados de IPMs e o envolvimento em massa da oficialidade em sua implementação são tamanhos que o *Noticiário do Exército*, órgão oficial do Ministério da Guerra, publica, a partir de maio de 1964, um manual destinado aos encarregados de IPMs, a fim de comunicar seus princípios e regras ao maior número possível de oficiais.[41] O uso da violência, o desprezo pelas regras legais e regulamentares e o radicalismo ideológico dos oficiais acham-se interligados: na escala de valores "revolucionários", a eliminação em massa dos oponentes e a revelação da suposta infiltração generalizada de comunistas na sociedade brasileira prevalecem sobre o respeito à Justiça, sobre os prazos de prisão preventiva e sobre os direitos humanos. Além disso, as manifestações de autonomia e indisciplina no exercício de suas funções policiais não deixam de ser sinais políticos que os responsáveis pelos IPMs enviam ao poder.

Entre agosto de 1964 e janeiro de 1965, multiplicam-se os atos de indisciplina de oficiais investidos de funções policiais: desrespeito ao *habeas corpus*, como o do governador de Pernambuco, Seixas Dórias, em agosto de 1964, ou do escritor, velho e doente, Astrojildo Pereira, em novembro do mesmo ano; ameaças de demissões coletivas; contestações sistemáticas das decisões da Justiça, o que obriga Castelo Branco, em diversas ocasiões, a garantir que "os inquéritos teriam encaminhamento normal à Justiça", que seria, com essa finalidade, "cercada de todo o respeito e garantia que se juntam à confiança da Nação numa ação justa, livre de injunções, pressões e conluios".[42] Trata-se, em primeiro lugar, de questões regionais, até que, em novembro, o caso do governador de Goiás, Mauro Borges, ganha dimensão nacional: o *habeas corpus* deferido pelo STF provoca uma revolta geral dos oficiais radicais, que pedem uma audiência ao ministro da Guerra, Costa e Silva. Durante esse período, os atos de oposição geralmente são coletivos e, na imprensa, anônimos, sem generalização de palavras de ordem nem contestação violenta ao governo. Referem-se aos inquéritos em curso, refletindo o ponto de vista comum de que o poder teria criado o instrumento artificial dos IPMs sem realmente desejar sua consumação.

Quando os "coronéis dos IPMs" reaparecem na cena política intramilitar, em abril de 1965, já não passam de um punhado, num contexto e organização bem diferentes. Dos 763 IPMs abertos nos meses que se seguiram ao golpe, apenas nove ainda estão em curso, em virtude da reticência de seus encarregados em concluir a fase de expurgo revolucionário. Trata-se do tenente-coronel Celso Meyer, do IPM do Ministério da Educação; do coronel Ferdinando de Carvalho, do IPM do PCB; do major Cléber Bonecker, do IPM da imprensa comunista; do coronel Gérson de Pina, do IPM do Instituto Superior de Estudos Brasileiros (Iseb); do coronel Osnelli Martinelli, do IPM do Grupo dos 11, organização miliciana popular lançada por Brizola em 1963 a fim de resistir às forças golpistas; do tenente-coronel Andrada Serpa, do IPM do sindicato Comando Geral dos Trabalhadores; do coronel Albino Manuel da Costa, do IPM da Superintendência de Política Agrária; do coronel Noé Montezuma, do IPM da Faculdade Nacional de Filosofia do Rio de Janeiro; e do general Vasco Kroeff, do IPM da União Nacional dos Estudantes (UNE). O movimento de protesto desses oficiais, batizado pela imprensa como "crise dos coronéis dos IPMs", vai de abril a junho de 1965, a partir do *habeas corpus* concedido a Miguel Arraes. Essa oposição não é mais, como no fim de 1964, um "radicalismo corporativo", coletivo, anônimo e espalhado regionalmente. Os "coronéis dos

Continuar a "revolução": 1964-1965

IPMs" passam a ser as figuras de proa de uma oposição militar ao presidente Castelo Branco, organizada, que anseia há vários meses por uma alternativa revolucionária.

Na retaguarda, está a Liga Democrática Radical (Lider), fundada em setembro de 1964, que encarna rapidamente o essencial da oposição militar e pública ao governo. Ela retoma as reivindicações precoces dos encarregados de IPMs – liberdade dos inquéritos, restrição dos poderes do Judiciário, prorrogação dos artigos de expurgo do Ato Institucional – ao mesmo tempo em que sugere, desde seus primeiros manifestos, uma plataforma política muito mais ampla de "políticas revolucionárias", sobretudo do ponto de vista econômico. A Lider coloca-se em parte na linha política do almirante Sílvio Heck: nacionalismo econômico e "autenticidade" de uma revolução radical. As primeiras aparições da Liga na imprensa e nos arquivos dos serviços de informação (brasileiro e estrangeiro) datam de setembro-outubro de 1964. Ela então não preocupa o SNI, que não lhe atribui "apreciável capacidade de mobilização, embora se deva ter presente a agitação que estará em condições de promover, a qualquer momento e desde já".[43]

Uma nota presente nos arquivos do Exército de Terra francês é mais explícita:

> A Liga democracia radical (*sic*) foi fundada no RIO DE JANEIRO na noite de 23 de setembro de 1964 por elementos civis e militares, com uma predominância destes últimos. Todos eles pertencem a diversos organismos ligados entre si por um mesmo ideal: a defesa intransigente do espírito que animou a revolução de 31 de março. ...
> A Liga não é a união de <u>todas</u> as forças da "linha dura"; é uma das alas extremistas, descontente com o estado atual das coisas, que se organiza.[44]

Diversas tradições e grupos políticos intramilitares estão representados na Lider. Por trás do almirante Sílvio Heck estão suas redes de conservadores mineiros e paulistanos, bem como o Grupo de Ação Patriótica (GAP), anticomunista. O GAP, fundado em Minas Gerais, seria uma organização paramilitar reunindo civis e militares da reserva.[45] Heck e seu braço direito, o general R/1 José Alberto Bittencourt, ex-dirigente da Frente Patriótica Civil-Militar, destacam-se como homens fortes da Lider até serem sucedidos, no início de 1965, pelo triunvirato composto pelo coronel Osnelli Martinelli, o advogado Luis Mendes de Moraes Neto e o coronel Joaquim Pessoa Igrejas Lopes. Martinelli e Gérson de Pina personificam o lacerdismo anticomunista carioca, ligado ao grupelho terrorista MAC e incumbido dos IPMs. Luis Mendes de Moraes é um veterano de Aragarças (redigiu seu manifesto oficial).[46] Seus pares, assim como os de Jacareacanga, são numerosos na Lider: Tarcísio Nunes Ferreira, Alberto Fortunato, João Paulo Moreira Burnier e o civil Charles Herba, todos participantes de uma das duas revoltas, são citados pelo documento francês como membros ativos da Liga.

A Lider tem sua sede no Rio de Janeiro; é dirigida por um Conselho dos Líderes formado por cinquenta membros, entre os quais 25 são eleitos de modo vitalício pela assembleia geral e nomeiam os outros 25, periodicamente renovados. A palavra "líder", que designa ao mesmo tempo a organização e seus dirigentes, é central. Recorrente e bastante valorizada no vocabulário militar, é associada ao carisma, à autoridade natural e ao voluntarismo militar e político. Os oficiais ativistas a utilizam para denegrir seus rivais, integrar-se simbolicamente num grupo – que quase sempre tem um líder – ou descrever sua própria ação sem empregar a depreciada palavra "político". Osnelli Martinelli, por exemplo, considera que Carlos Lacerda "não era para nós um político, era um líder. E numa certa época havia muitos líderes, inclusive na Marinha e na Aeronáutica... hoje não existe. Hoje, infelizmente, não há lideranças".[47] Com indisfarçável orgulho, ele conta que um dia o general Costa e Silva apresentou-os, a ele e ao general Gérson de Pina, nestes termos: "São nossos líderes." Um qualificativo que lhe recusa o coronel Amerino Raposo Filho, um "duro" não pertencente à Liga que considera, *a posteriori*, que Martinelli "tinha as características da liderança", mas "que exagerava um pouco o exercício".[48] Entre esses dois grupos da "primeira linha dura" (a Lider e o círculo de Boaventura), a despeito de uma clara cumplicidade política, existe efetivamente um fosso que se aprofunda com o passar do tempo. Os primeiros acusam os últimos de inconsequência (segundo Martinelli, Boaventura foi punido em 1969 – como veremos adiante – por ter "cutucado a onça com vara curta") e se veem frequentemente qualificados como sectários. Esse menosprezo recíproco é explicado pela disparidade dos perfis – a Liga é uma reunião díspar de ativistas de extrema direita, civis e militares; já a rede de Boaventura e Amerino Raposo é constituída por oficiais da ativa de brilhante trajetória profissional – e pelas divergências políticas posteriores.

Continuar a "revolução": 1964-1965   71

Difícil calcular precisamente o número de membros da Lider: em sua fundação, ela reivindica 2 mil oficiais; em janeiro de 1965, a imprensa fala em 3.700 oficiais, ao passo que, dias depois, na boca de Sílvio Heck, são 5 mil os oficiais (ativa e reserva) que se agrupariam por trás de sua bandeira. As autoridades, ao contrário, falam em algumas dezenas de indivíduos: em junho de 1965, a ofensiva punitiva que a hierarquia militar lança contra a Liga é precedida por declarações quanto a seu caráter "ultraminoritário" nas Forças Armadas, com quarenta membros que sequer permitem a formação de um "conselho dos líderes". Outros documentos, que dão menos margem a suspeita, falam de duzentos a trezentos oficiais presentes nas reuniões no Rio, mas não dão informações sobre a Liga em outros estados, nem sobre militância ativa.

A Lider exprime-se por manifestos, distribuídos nos quartéis, e depois por comunicados à imprensa. Entre setembro de 1964 e novembro de 1965, data na qual é interditada pelo ministro da Justiça, Juracy Magalhães, são divulgados três textos, em fevereiro, junho e novembro de 1965. Eles traduzem as diversas tendências da organização, em torno de dois polos que são o radicalismo repressivo e o nacionalismo econômico. Existe uma relativa especialização interna, em torno de "seções" (Divulgação e Propaganda, Setor Feminino, Setor Profissional, Trabalhos Especiais etc.) e orientações dos membros. Martinelli, por exemplo, confessa seu pouco interesse pelas questões econômicas, nas quais Sílvio Heck ou Igrejas Lopes achavam-se particularmente envolvidos.[49]

A despeito dos grupelhos ativistas nela representados, a Lider não pratica atos violentos e não se faz notar nas manifestações de rua. A única ação desse tipo, noticiada na imprensa carioca e presente no depoimento de Martinelli, coincidentes, desenrola-se no fim de março de 1965 no largo de São Francisco, em frente ao prédio da Universidade Federal do Rio de Janeiro. Militantes da Liga e da Camde (Campanha da Mulher pela Democracia), acompanhados por agentes do Departamento de Ordem Política e Social (Dops) também membros da Lider, enfrentam fisicamente os signatários de um "Manifesto de Intelectuais" reunidos no local, que acabam detidos pela polícia. O episódio tem grande repercussão e sensibiliza alguns ministros do STM, como o general Peri Bevilaqua, que, cada vez mais crítico aos excessos repressivos do regime (em 1964 ele começa a propor uma anistia política), enfrenta o general Mourão Filho em torno do tema dentro do tribunal.[50] A rixa assinala igualmente a inserção da Lider numa rede civil-militar de grupelhos de direita. Com a Camde, seus vínculos são particularmente estreitos, em virtude de afinidades políticas e pessoais: em outubro de 1965, duzentas dissidentes da organização feminina, incentivadas por Elizabeth Martinelli (esposa de Osnelli), rompem para aderir à Liga.[51] Esta última, por fim, conta com representantes no Congresso, onde alguns deputados se fazem arautos do radicalismo repressivo, sobretudo o coronel da reserva José Costa Cavalcanti, irmão de Francisco Boaventura; ou Nina Ribeiro, que em maio de 1965 leva a questão do *habeas corpus* de Miguel Arraes perante a Assembleia Legislativa da Guanabara, acompanhado e aplaudido por duzentos oficiais de "linha dura".

A partir de dezembro de 1964, a Lider ocupa o essencial do espaço político de oposição militar a Castelo Branco. Seus porta-vozes são militantes da reserva, menos vulneráveis às punições disciplinares do que os seus colegas da ativa. A crise dos "coronéis dos IPMs", de abril a junho de 1965, deve ser compreendida no contexto de um apogeu da Liga: as declarações dos encarregados de inquéritos decerto permanecem pautadas por questões de expurgo e repressão, nunca por questões econômicas, mas doravante opõem um projeto político ao de Castelo Branco. Assim, os nove encarregados de IPMs lançam, em 13 de maio de 1965, um ultimato ao governo, ameaçando renunciar, caso o STF não seja reformado e o Ato Institucional renovado. Essas duas reivindicações serão efetivamente aceitas com a promulgação, em 27 de outubro de 1965, do AI-2. Tendo por enquanto suas reivindicações negadas, Osnelli Martinelli, Gérson de Pina, Cléber Bonecker e Ferdinando de Carvalho exoneram-se sucessivamente de seus IPMs no fim de junho. Os dois primeiros são presos por proclamações contrárias ao governo, bem como o tenente-coronel Júlio Valente, um veterano de Aragarças, e o almirante Rademaker, que prestam solidariedade aos coronéis de IPMs e os visitam na prisão. Instala-se, aliás, a tradição das "visitas aos presos" como marcas de uma frente da recusa.

Por trás dos cabeças do protesto militar, que são a Lider e os "coronéis dos IPMs", está a oficialidade dos quartéis e das escolas, consideravelmente mais discreta, uma vez que submetida a um regulamento disciplinar mais rigoroso. É na massa dos oficiais e na elite militar da ativa que reside o verdadeiro risco político para o poder. É igualmente para elas que os coronéis de "linha dura" voltam seu olhar, uma vez que a opinião pública dos quartéis e a voz dos chefes são fontes essenciais de legitimidade e força política. Esses coronéis estão efetivamente impregnados pelo duplo imaginário da hierarquia e da liderança. O

Continuar a "revolução": 1964-1965

primeiro invalida, de fato, a indicação de uma personalidade oriunda de suas fileiras como possível adversária política dos generais no poder, já que os define como subordinados cujas opiniões devem percorrer toda a hierarquia militar para serem ouvidas pelos chefes. A liderança, por um lado, é produto de uma forte valorização do carisma e da autoridade política de um "homem forte", civil ou militar; por outro, de uma organização do espaço político intramilitar em torno de generais de prestígio. Os coronéis contestadores olham então para cima. Ora, líderes políticos e militares implausíveis, eles extraem parte da própria legitimidade da massa dos oficiais dos quais pretendem ser porta-vozes, segundo uma lógica numérica que, em 1964, não obstante, os golpistas declaravam querer erradicar de sua instituição.

"O Exército no poder": oficialidade e líderes militares

Durante 21 anos, os detentores do poder negaram a natureza militar do regime, alegando o apoio popular à "revolução", a manutenção do Legislativo e da Justiça civil, bem como a presença de numerosos tecnocratas nos arcanos do governo. Essa mistificação, segundo a qual a política é e sempre foi, no Brasil, assunto de civis, terminou por constituir a base da memória militar – todas as facções e orientações políticas misturadas – sobre o regime. A política adotada pelo primeiro governo militar, visando despolitizar e disciplinar a massa da oficialidade, ao mesmo tempo salvando as aparências de uma normalidade democrática, contribuiu amplamente para a elaboração desse discurso. No entanto, os oficiais de "linha dura" que se opõem ao general Castelo Branco nos tempos que se seguem ao golpe, alegam a responsabilidade do governo perante as Forças Armadas, doravante expurgadas dos elementos hostis à nova ordem, bem como a mobilização em massa destas no arroubo revolucionário. O confronto político entre o governo e sua oposição radical assume, assim, a forma de uma discordância sobre a base e a legitimidade políticas do regime. Colocar em prática esses dois discursos antagônicos é uma tarefa cheia de ambiguidades: os oficiais contestadores reivindicam uma soberania militar de massa, mas continuam em busca de um líder que constituiria uma saída política, ao passo que o governo, a pretexto de despolitizar as Forças Armadas, prepara a instalação de um regime de generais duradouro.

74   *A política nos quartéis*

Em dezembro de 1964, diante de uma plateia de oficiais alunos da Eceme, o general Castelo Branco declara: "há necessidade de se fazer uma revolução dentro das Forças Armadas, dando-lhes uma concepção militar democratizada, sem quebra da hierarquia."[52] Essas palavras ambivalentes correspondem à agitação recorrente de oficiais em posto de comando de tropa em certos quartéis e escolas militares. A efervescência dos quartéis, difícil de avaliar, é a princípio limitada. Os documentos do SNI, que fornecem um panorama regular da situação geral do país de agosto de 1964 a julho de 1965, dão a imagem de um isolamento das redes ativistas dentro da oficialidade.[53] "A inquietação das Forças Armadas" a respeito da "política econômico-financeira do governo e decisões do STM" é mencionada num primeiro momento.[54] Rapidamente, os boletins identificam com maior precisão os contestadores, ao mesmo tempo em que relativizam sua influência sobre os oficiais: em novembro de 1964, em pleno conflito em torno do caso Mauro Borges, o "campo militar" é considerado calmo.[55] Em abril de 1965, por ocasião da eclosão da crise dos "coronéis dos IPMs" decorrente do *habeas corpus* de Miguel Arraes, o agente do SNI considera que

> as Forças Armadas ... viriam trabalhadas por esses agentes desagregadores, embora em menor grau por certo, dada a couraça de que a disciplina e o sentimento do dever militar as revestem. Mas nunca permaneceriam de todo indenes. E, pois, a ameaça as atinge.[56]

Por fim, em julho de 1965, após as demissões bombásticas de alguns dos encarregados de IPMs e quando a Lider parece em seu apogeu, um último documento considera que suas "tentativas de agitação não parecem mais impressionar a área militar".[57]

As fontes disponíveis permitem supor a existência de certos núcleos de agitação militar nesse período, localizados na Vila Militar, no subúrbio do Rio de Janeiro. O primeiro é a Escola de Aperfeiçoamento de Oficiais, núcleo de conspiração sob o governo Goulart. Após o golpe, os indícios de uma insatisfação por parte dos capitães que ali moram e estudam são indiretos: é lá, em particular, que são pronunciados os principais discursos do chefe de Estado e do ministro da Guerra conclamando à calma e ao restabelecimento da disciplina. Por ocasião do término das aulas, em julho de 1964, Castelo Branco

Continuar a "revolução": 1964-1965 75

apresenta um panorama, de uma franqueza inaudita, da insatisfação dos jovens oficiais, os quais ele conclama ao respeito do "dever militar". Os motivos do descontentamento evocados por Castelo (o expurgo insuficiente e as supostas tergiversações negociadoras do poder) estão em perfeita consonância com as futuras declarações da "linha dura".[58] Um ano mais tarde, durante a mesma cerimônia, é a vez de o ministro da Guerra, Costa e Silva, lembrar a exigência disciplinar, tendo os coronéis na linha de mira:

> Hoje, mais do que nunca, é preciso que a juventude, este cerne, este miolo do Exército, tenha também as suas faces, os seus pensamentos, as suas aspirações, voltadas para os chefes. Neles confiando, prestigiando-os com a confiança ...
>
> Assim como o Capitão não se deixa ultrapassar pelo Tenente, nem o Tenente pelo Sargento e o Sargento pelo Cabo, também os Generais de hoje não se deixam ultrapassar pelos subordinados, quaisquer que sejam seus postos ou graduações.[59]

Esse discurso constitui, além de um indício do espírito exaltado dentro da escola, um testemunho da complexa estratégia do ministro da Guerra com relação à insatisfação militar. Desde os dias que sucedem ao golpe até o clímax da crise militar de outubro de 1965, ele não cessa de chamar ao respeito da disciplina e da hierarquia. Seu primeiro discurso como ministro da Guerra, em abril de 1964, consiste, assim, em declarar que "é chegada a hora de a tropa recolher aos quartéis e conservar a disciplina".[60] Não obstante, a referência à disciplina militar, *leitmotiv* de suas declarações, é ambígua sob dois pontos de vista. Em primeiro lugar, Costa e Silva, por sua posição hierárquica, apresenta-se como arauto das insatisfações militares. Receptivo às reivindicações da base, torna-se seu porta-voz hierarquicamente legítimo, concedendo de modo progressivo cada vez mais espaço em seus discursos às temáticas caras aos contestadores radicais. Esse comportamento dúbio está no âmago da crise dos coronéis dos IPMs, em abril de 1965, quando ele pronuncia dois discursos sucessivos, defendendo, para um, "dez anos de governo revolucionário ... com ou sem ... Castelo Branco", antes de, no dia seguinte, fazer elogios ditirâmbicos ao chefe de Estado.[61] Além disso, os apelos sempiternos de Costa e Silva à disciplina e à calma das casernas o transformam num protetor destas últimas junto ao poder e, por conseguinte, num "homem forte" dotado de uma autoridade incontestável sobre a oficialidade. Trata-se exatamente da posição que o ministro da

Guerra adota em outubro de 1965, quando as eleições de Francisco Negrão de Lima ao cargo de governador da Guanabara e de Israel Pinheiro ao de Minas Gerais, ambos pelo PSD, fazem dos protestos de "linha dura" uma ameaça de golpe de Estado. Costa e Silva pronuncia então, no 1º Regimento de Infantaria da Vila Militar, um discurso que se tornou célebre, no qual faz suas várias fórmulas radicais, ao mesmo tempo em que desarticulava o motim:

> Quero afirmar-lhes, e é com orgulho que o faço, que este espírito revolucionário prevalece hoje mais do que nunca. Temos uma revolução *sui generis*, uma revolução que um ano após sua implantação só tem problemas para conter aqueles que são por demais revolucionários (*Palmas*). Não tememos contrarrevoluções... (*Palmas*), preocupa-nos, sim, o entusiasmo, o ardor desta mocidade que quer mais revolução. Mas eu lhes garanto, meus jovens comandados, que nós sabemos onde pisamos. Os Chefes atuais, como eu disse ontem e repito hoje, são tão revolucionários quanto os jovens revolucionários (*Palmas*). Eu lhes garanto que não retornarão os afastados. (*Ovação*) ... Eles não tomarão jamais conta deste país.[62]

A ameaça que pesa sobre o poder estabelecido deve-se ao descontentamento generalizado dos oficiais da Vila Militar diante do resultado eleitoral e, mais profundamente, do respeito a certas regras democráticas no país. No coração da Vila Militar, a brigada paraquedista constitui outro núcleo de ativismo comprovado desde o fim de 1964. O general Ulhôa Cintra atesta isso numa carta dirigida ao general Otacílio Terra Ururahy (comandante do I Exército), em julho de 1965, em que menciona um "mal-estar que ainda perdura da convivência [com a] força de paraquedistas", fruto de uma "defeituosa mentalidade de super-homens, o que os leva a subestimar os camaradas das demais corporações" e a adotar "atitudes inconvenientes".[63]

Aliás, alguns oficiais da brigada paraquedista (ou Núcleo Aeroterrestre), sobretudo seu chefe de Estado-Maior, o famoso tenente-coronel Francisco Boaventura Cavalcanti, estão envolvidos na conspiração urdida pelo chefe do Estado-Maior do I Exército, Afonso de Albuquerque Lima, e o almirante Sílvio Heck, para derrubar o presidente. Sobre esta última, nossas informações são fragmentárias: no fim de novembro, a imprensa menciona uma "Junta de Humaitá", nome do bairro do Rio de Janeiro onde os conspiradores se encontram, incluindo, em especial, Heck e os coronéis Heitor Caracas Linhares e Plínio

Continuar a "revolução": 1964-1965

Pitaluga. Paralelamente, os oficiais ligados a Boaventura teriam se reunido no calor dos acontecimentos para organizar a derrubada de Castelo Branco, numa paródia de rebelião rapidamente abortada. O coronel Kurt Pessek relata como um punhado de oficiais havia então se aglomerado na Praça XV, no Centro do Rio de Janeiro, pouco coordenados, despreparados, e como Boaventura dissuadiu-os a tentar marchar contra o palácio.[64] As condições de possibilidade desse "golpe de força da Vila" permanecem, assim, sujeitas a caução: Ernesto Geisel, chefe da Casa Militar, e, ademais, satisfeito com a radicalização política simbolizada pelo AI-2, considera, por exemplo, que a rebelião era um simples blefe.[65]

EM OUTUBRO DE 1965, o ministro da Guerra, Costa e Silva, conquista o posto de líder do protesto militar: liderança atribuída pela tropa, enquanto o ativismo visível (nos arquivos e, em parte, para o poder) dos oficiais, desde o golpe de Estado, achava-se essencialmente concentrado numa nebulosa de "linha dura" mantida distante dos quartéis por meio de inquéritos policiais ou passagens à reserva. Costa e Silva conquista essa liderança, igualmente, contra o líder histórico dos contestadores, o governador da Guanabara até outubro de 1965, Carlos Lacerda. Este alimenta ambições presidenciais, tanto mais sólidas na medida em que, em novembro de 1964, fora nomeado candidato oficial às eleições presidenciais de outubro de 1966 pelo partido de apoio ao governo, a UDN. Contudo, o Ato Institucional n.2, de 27 de outubro de 1965, que instaura o bipartidarismo, extingue a UDN e, com ela, o caminho traçado por Lacerda, que se envolve pouco depois na formação de uma Frente Ampla de oposição ao governo, o que lhe valerá o desagrado dos oficiais radicais.

A partir de julho de 1964, Lacerda faz um jogo de vaivém com o governo, com o objetivo de se afirmar como sucessor inevitável de Castelo Branco, ao mesmo tempo em que tenta conservar sua base política no seio da oficialidade radical. A tarefa não é fácil, uma vez que seu projeto de candidatura às eleições presidenciais seguintes induz a posições frequentemente contraditórias com as opções políticas defendidas pelos radicais: assim, opõe-se à prorrogação do mandato de Castelo Branco; troca a virulência golpista por reivindicações democráticas mais aptas a garantir seu acesso ao poder; opõe-se ao adiamento das eleições para governador em outubro de 1965.[66] Sua ambição eleitoral, na verdade, sofreria com a instalação de um regime militar e autoritário. Por outro lado, no entanto, esses apoios no seio da oficialidade constituem sua melhor chance de pesar nas relações de forças internas dentro do palácio e da caserna. Homem de muitas contradições, Lacerda presta solidariedade em julho de 1965 aos coronéis de "linha dura" em luta por um aprofundamento do expurgo. Visita Martinelli na prisão, seguindo o "grupo azul e branco" que havia "defendido" o palácio Guanabara no momento do golpe. Mesmo comportamento oportunista durante a crise de outubro de 1965, quando, após ter defendido a realização de eleições, acusa o governo pela derrota, declara renunciar à sua candidatura à Presidência da República e afirma que a revolução terminou. Enquanto a perspectiva de um levante da Vila Militar parece temporariamente afastada com a intervenção do ministro da Guerra, as redes lacerdistas continuam a se agitar: em 15 de outubro, uma manifestação em frente ao Clube Militar reúne vários membros da Lider e da Camde aos gritos de "as portas do Clube Militar estão fechadas, as do palácio Guanabara estão abertas", "Lacerda, Lacerda", "São revolucionários do 1º de abril e não do 31 de março".[67]

As intervenções do ministro da Guerra e a promulgação, em 27 de outubro de 1965, do AI-2 não sufocam inteiramente a agitação dos oficiais: alguns dos artífices do levante abortado do início do mês reaparecem no proscênio ao longo dos meses de novembro e dezembro, tentando impedir a posse do novo governador da Guanabara, Negrão de Lima: o coronel Ferdinando de Carvalho pede a cassação de seus direitos políticos, enquanto o chefe de Estado-Maior da Brigada Paraquedista, Francisco Boaventura, divulga com a mesma finalidade o primeiro manifesto político de um coronel da ativa desde o golpe. Após um discurso de Castelo Branco na cidade de Alagoinhas (BA), onde este coloca todo o seu peso na balança para garantir a posse dos eleitos, Boaventura divulga uma carta aberta, em nome da "linha dura", na qual nega "a existência de um movimento insurrecional no Brasil", ao mesmo tempo em que agita seu espectro. Punido e preso, recebe uma visita de Martinelli. O coronel Hélio Lemos, que lhe prestara solidariedade, também recebe voz de prisão. Sob a bandeira da não posse do governador, a nebulosa radical nunca esteve tão unida. Em sua grande diversidade, tem como ponto comum o lacerdismo e não

Continuar a *"revolução": 1964-1965* 79

a confiança em Costa e Silva. É o que aponta Jayme Portella de Mello em suas memórias: "O grupo de oficiais ligados ao sr. Carlos Lacerda procurava jogar a última cartada."[68] Aliás, é Costa e Silva quem os penaliza com transferências para fora do Rio de Janeiro: Boaventura é mandado para Campo Grande (hoje MS), Hélio Lemos para Bagé (RS), Martinelli para o Colégio Militar de Salvador (BA). Negrão de Lima e Israel Pinheiro tomam posse em 5 de dezembro de 1965.

A multifacetada "primeira linha dura", parte visível da politização militar, ajudou involuntariamente a candidatura à Presidência do ministro da Guerra. Embora alguns dos oficiais mais jovens tenham convivido com o círculo de Costa e Silva antes de 1964, este não fazia parte, ao contrário de Lacerda, das redes desses incansáveis conspiradores. Mas a habilidosa guinada à direita de seu discurso e, sobretudo, o descontentamento na oficialidade carioca da ativa valorizam em Costa e Silva a posição de "comandante", único em condições de evitar a insubmissão generalizada dos subordinados, e sua legitimidade hierárquica. No último discurso que pronuncia antes da promulgação do AI-2, perante oficiais do II Exército reunidos em Itapeva (SP), essa posição é claramente assumida. Ele começa atacando de frente o presidente do Supremo Tribunal Federal, Álvaro Ribeiro da Costa, que recentemente se pronunciara contra o aumento do número de juízes da instituição, e fala em "ditadura judiciária" conservada por "misticismo civilista", e, arrebatado, conclui: "disseram alhures que o presidente da República estava fraco politicamente. Não nos importa! Se ele estiver fraco politicamente, está forte militarmente."[69] O discurso é improvisado na presença do general Castelo Branco, depois de o presidente da República se manifestar, contrariando a ordem de precedência naquelas circunstâncias.

Com seu futuro político cada vez mais comprometido, Lacerda perde ao mesmo tempo a maioria de seus seguidores, que se recusam a endossar sua condenação do AI-2. Apenas Gustavo Borges lhe permanece fiel e, acompanhado de algumas mulheres da Camde e de Martinelli, órfão de uma Lider fechada no fim de novembro, é um dos únicos a gritar, no início de dezembro, "viva Lacerda" em uma manifestação improvisada. São muitos os oficiais superiores a aceitarem rapidamente, numa certa expectativa, o novo horizonte político representado pela candidatura do general Costa e Silva. Essa candidatura é prenhe de significações acerca da natureza do regime: ela indica que a legitimidade do poder provém doravante diretamente dos quartéis, onde a agitação requer um líder político (caracterizado como "durão" e impregnado da "ideia revolucionária") que seja também um comandante militar. Segundo os oficiais de "linha dura", os quartéis são então soberanos. Ou seja, são as "forças armadas revolucionárias" que constituem "a assembleia permanente" perante a qual seria responsável o governo,[70] como assinala o segundo manifesto da Lider, publicado na imprensa em 23 de junho de 1965: "o Chefe do Governo nada mais é do que um Delegado do Comando Supremo da Revolução e, consequentemente, não pode agir em nenhuma hipótese contrariamente aos ideais revolucionários que se sobrepujaram à própria Constituição."[71] Essa frase não apenas enfatiza a soberania revolucionária: faz do Comando Supremo da Revolução, cujo homem forte era justamente Costa e Silva, o detentor originário do poder. Mas a soberania dos "revolucionários" constitui um problema, em virtude da indefinição desse grupo, após uma conspiração multipolar e um golpe cuja iniciativa todos reivindicam. A posição do poder castelista é completamente divergente: impregnado da exigência de um Exército profissional, defende e aplica medidas de despolitização e de controle da instituição militar – a soberania permanecendo, teoricamente, com o povo depurado de seus elementos antinacionais, "subversivos e corruptos". Uma política que, por outro lado, contribui para a construção de um "regime de generais".

Restabelecer a ordem

Os clamores pelo respeito à hierarquia e à disciplina militares não são exclusividade de nenhuma facção política: eles constituem a base quase sistemática dos discursos de generais antes e depois de 1964. Entretanto, desde os primeiros meses do regime militar, Castelo Branco acrescenta-lhes uma exigência: os quartéis devem manter-se afastados do debate político e submeter-se às autoridades constituídas sem incensar nem criticar suas decisões. Em julho de 1964, diante dos capitães da Escola de Aperfeiçoamento de Oficiais, declara:

> Agora, parece que me é permitido vos falar e mesmo vos perguntar qual é a vossa posição. Será a de solidariedade ao governo? Não. Porque o Exército não é um partido político para apresentar solidariedade ao governo ou a qualquer que seja. Quem tem o direito de apresentar solidariedade tem o direito de apresentar tam-

Continuar a "revolução": 1964-1965

bém desaprovação. O governo espera vosso apoio? Não. O Exército Nacional não é uma associação para manifestar, aqui, ali e acolá, o seu apoio a este ou aquele elemento, porque também terá o direito de desapoiar.[72]

A rejeição à política fora dos quartéis – que, antes do golpe, alimentou um certo legalismo – também fazia parte da argumentação dos golpistas, para quem as mobilizações de sargentos, as tomadas de posição dos generais do povo e, mais genericamente, o apoio militar ao governo Goulart constituíam ameaças à integridade da instituição. Castelo Branco recupera essas referências do legalismo constitucional, bem como a mais do que golpista proibição da "intromissão política" nos quartéis e de toda democracia interna, para lutar contra o ativismo dos militares contestadores. Como sempre, os civis são estigmatizados como responsáveis pela politização militar – essas "vivandeiras alvoroçadas [que, desde 1930], vêm aos bivaques bulir com os granadeiros e provocar extravagâncias do Poder Militar",[73] onde reconhecemos os chefes civis da "revolução", Lacerda em primeiro lugar, mas também o governador de Minas Gerais, Magalhães Pinto.

Nessa exigência de apatia política, alguns espaços (o próprio quartel, onde convivem oficiais e praças nos exercícios de preparação para o combate) e patentes (os oficiais subalternos e superiores) são ainda mais sagrados. O novo poder não se limita a declarações encantatórias: uma nova legislação é adotada, visando distinguir a participação política dos militares como indivíduos, obrigatoriamente mantidos a distância do serviço ativo, e a carreira das armas. Em julho de 1964, um decreto autoriza a atividade política para os militares da reserva, uma vez que, "no regime democrático", "restrições aos militares quanto à livre manifestação do pensamento e ao exercício de atividades político-partidárias ... têm sua justificativa fundamental nas peculiaridades inerentes ao exercício do cargo ou função de que se acha investido o militar quando no serviço ativo ... Tais restrições não têm cabimento quando o militar passa para a inatividade." Então "se integra na plenitude dos direitos de cidadão". Logo, eles não são mais submetidos ao Regulamento Disciplinar do Exército.[74] Esse texto – que pega todos de surpresa num momento em que se dá uma escalada da insatisfação antigovernamental justamente nas fileiras de oficiais reservistas ou reformados – corresponde à vontade de impedir o surgimento de líderes militares da ativa todo-poderosos na cena política e criadores de facções, em conluio com as "vivandeiras" civis, desagregadoras da coesão institucional. A medida central desse projeto é a lei adotada em dezembro de 1965, limitando a quatro anos o tempo de permanência na patente de general de exército e obrigando, em caso de exercício de cargos eletivos, a passagem à reserva após dois anos de um afastamento compulsório e temporário da ativa, chamado agregação.[75]

O poder, no entanto, não adota senão tardiamente uma política punitiva a respeito dos oficiais ativistas. A Lider, por exemplo, embora ameaçada desde janeiro de 1965, só é banida em novembro, como "entidade subversiva" e em consequência de seu terceiro manifesto. As primeiras prisões disciplinares – limitadas a trinta dias, sem afastamento posterior das funções a não ser por uma decisão contrária do Conselho de Justificação, instância disciplinar suprema das Forças Armadas brasileiras, ou do STM – datam da crise dos "coronéis dos IPMs" de junho de 1965, e a iniciativa sistemática de dispersão da "linha dura", do mês de dezembro. Os oficiais que se reconhecem nesta última, como Sílvio Heck e Osnelli Martinelli, passam a emitir, no início de 1965, declarações picantes sobre a "repressão" que os ameaça, acusando o poder de utilizar os "métodos da Gestapo" ou apontando o SNI como instrumento ditatorial.

A revolução: a ideia do século

As dinâmicas políticas dos primeiros anos do regime militar articulam-se em torno de oposições aparentemente binárias: na escala de princípios soberanos, a "revolução" ou a "legalidade constitucional"; e na de participantes legítimos do processo político, o governo ou os "revolucionários". Essa divisão é na verdade simplista, uma vez que todos os atores se definem como revolucionários, e vários deles como legalistas compelidos ao golpe em virtude de uma situação dramática. Por outro lado, a definição da "ideia revolucionária" e dos atores que a encarnam são os *leitmotiven* do protesto militar.

Certos documentos divulgados pelos oficiais ativistas depois do golpe o apresentam como a busca e consumação de uma tentativa secular: "a" revolução brasileira. No entanto, embora muitos membros do governo de 1964 sejam veteranos da Revolta de 1922 e da Revolução de 1930, o novo poder não elabora um discurso oficial sobre a herança desses movimentos, ao contrário,

Continuar a "revolução": 1964-1965 83

por exemplo, do paralelo recorrente entre a vitória contra a Intentona de 1935 e o golpe de 1964. O fato de no seio do generalato e do poder de Estado conviverem ex-tenentes e oficiais que contribuíram para reprimir o tenentismo, ao passo que muitos apoiaram o regime oriundo da Revolução de 1930 ao mesmo tempo em que agora rejeitam a figura de Vargas, torna difícil a construção de uma leitura oficial do passado. Aliás, não existe consenso memorial nesse particular.

Em contrapartida, a inserção do golpe de Estado numa tradição revolucionária é um recurso retórico frequente dos oficiais contestadores, em especial dos membros da Liga Democrática Radical; ela serve para justificar a supressão da "velha classe política civil", algumas escolhas econômicas e sua própria mobilização política. O almirante Sílvio Heck é um fervoroso adepto das referências a essa tradição revolucionária brasileira, da qual se autoproclama o representante, ao passo que só veio a se tornar um agitador político nos anos 1950. Seu acólito Odílio Denis, bem mais envolvido nas revoltas do século XX, e que assume publicamente sua oposição ao governo Castelo Branco por ocasião da crise de outubro de 1965, dá uma interpretação próxima dessa tradição revolucionária: 1922 teria sido o início da "grande luta [pela] democracia" que triunfa em 1964.[76] No primeiro manifesto de Heck, divulgado em 21 de julho de 1964, ele a define como a recusa do "conluio das forças alienígenas com a corrupção e a politicagem", em seguida, como a construção de uma "Nova República, cristã e democrática". "Essa sempre foi a linha dura da revolução brasileira",[77] conclui. Sílvio Heck concentra seus ataques em dois alvos principais, "antinacionalistas", cada um à sua maneira: os que defendem interesses particulares, caso dos políticos sem ideais, complacentes e corruptos; e os que servem ao estrangeiro, ao internacionalismo comunista ou ao imperialismo norte-americano. Esses dois conjuntos de atores não têm o mesmo status: o primeiro é um obstáculo à revolução brasileira – esse "poder civil corrupto ... que tem abastardado todas as revoluções, desde a de 1922, passando pela de 1930, e até nos dias de hoje", como aponta o primeiro manifesto da Lider, em janeiro de 1965 –,[78] ao passo que o segundo é seu inimigo. Nos manifestos da "primeira linha dura", as referências a esses acontecimentos passados soam como sortilégios. Elas dão uma legitimidade histórica a um vocabulário político (as oligarquias, a politicagem, a desnacionalização do Brasil), reciclado na condenação de um governo que traíra um projeto coletivo e nacional. Em fevereiro de 1965, o segundo manifesto da Lider faz do golpe de Estado o herdeiro das lutas tenentistas, que Castelo Branco trairia promovendo a "pessedização e a desnacionalização" do Brasil.[79]

Assim, numa representação maniqueísta da situação política, o inimigo da revolução, de múltiplas facetas, é basicamente um só: a corrupção da classe política promove a subversão, ao passo que o entreguismo, motivado por interesses pessoais inconfessáveis, afasta o Brasil da grandeza, enfraquecendo-o tanto diante de Washington quanto de Moscou. Diz Sílvio Heck em seu segundo manifesto, em outubro de 1964:

> [Os revolucionários não podem consentir] que influam sobre o destino do Brasil interesses espúrios da cupidez internacional, organizada em sistemas monopolistas que dessangram a economia nacional. Submete-se o povo a uma carga desumana, excessiva, brutal, insuportável, que o leva à beira da exaustão … .
>
> Quero estranhar o silêncio dos patriotas, num momento em que as forças reacionárias da corrupção, abrindo as portas do retorno da subversão, contundem, agridem, ferem moralmente os corajosos oficiais, que, cumprindo ordens, se dispuseram às mais árduas missões, talvez as únicas que, até agora, recomendaram a revolução ao julgamento do povo brasileiro.[80]

Essa construção simbólica, comum aos manifestos individuais de Sílvio Heck e aos comunicados da Liga Democrática Radical, vai de par com um nacionalismo econômico exacerbado. A política econômica do governo Castelo Branco é acusada de uma abertura exagerada aos capitais estrangeiros, particularmente norte-americanos, bem como de ambições intervencionistas excessivas por parte do Estado, contraditórias ao dogma da iniciativa privada. A oposição mais virulenta a essa política econômica vem a princípio do governador de Minas Gerais, Magalhães Pinto, e sobretudo do governador da Guanabara, Carlos Lacerda. Este último, entretanto, posara por muitos anos como porta-voz do antinacionalismo econômico. Suas posições econômicas são, na realidade, desde a Segunda Guerra Mundial, profundamente oportunistas: ele se opõe de modo sistemático às escolhas do poder estabelecido, sejam quais forem.[81] Essa atitude confirma-se no pós-1964, quando a manutenção de suas bases políticas mais valiosas – a classe média urbana e a jovem oficialidade radical – incita-o a criticar o custo de vida e a denunciar os símbolos

Continuar a "revolução": 1964-1965

de penetração do capital estrangeiro. Lacerda faz isso, como é seu costume, bombasticamente, e tendo como alvo principal Roberto Campos (apelidado Bob Fields, assecla do imperialismo norte-americano, por seus detratores), por quem cultiva uma animosidade de longa data. Seus ataques, que começam em julho de 1964, envenenam-se em novembro de 1964, quando o governo entrega a concessão de uma jazida à Hanna Mining Company, em detrimento das empresas estatais Companhia Vale do Rio Doce e Companhia Siderúrgica da Guanabara. Ele, então, dirige uma série de cartas ao presidente Castelo Branco, nas quais acusa os tecnocratas do governo de orquestrarem uma "desnacionalização da indústria e das grandes propriedades"[82] e, assim, perverter a revolução. A guinada de Lacerda, que passa de posições antinacionalistas, agrárias e antiindustriais a um nacionalismo industrialista econômico muito mais popular junto a praticamente toda a "primeira linha dura", corresponde a uma tentativa de recuperação da insatisfação militar; a cronologia de seus ataques (julho de 1964, novembro de 1964 e abril-julho de 1965), calcada nos momentos de mais intensa mobilização militar, mostra isso de maneira eloquente.

Até fevereiro de 1965, sob a influência de Sílvio Heck, essas teses nacionalistas são centrais nas proclamações da Lider, antes de se apagarem progressivamente, após o acesso do grupo de Martinelli à direção do grupo, diante da obsessão de uma retomada do expurgo. Assim, nas reportagens diárias, publicadas pelo *Jornal do Brasil* em janeiro e fevereiro de 1965, membros anônimos da Lider definem seu grupo como "marcadamente nacionalista, sobretudo no que toca à defesa das riquezas econômicas vitais para o desenvolvimento e para a segurança estratégica do país".[83] A genealogia desse nacionalismo militar, bastante arraigado na geração dos coronéis ativistas, não tem nada de evidente: apesar da nostalgia ambígua de que alguns dão provas a respeito da "grandeza" da era Vargas, a maioria esteve ativamente engajada no lado "antinacionalista" nos anos 1950 e no início dos anos 1960. Além disso, raros são aqueles que manifestam uma hostilidade radical pelos Estados Unidos, onde declaram orgulhosamente terem feito parte de sua instrução militar. Por fim, embora Lacerda se faça o principal arauto do nacionalismo econômico na cena política pós-golpe, o lacerdismo desses oficiais foi motivado pelo moralismo anticorrupção, o anticomunismo virulento e por aquilo que eles viam como uma grande capacidade de liderança política, e não por seu nacionalismo econômico, que na verdade não passava de uma atitude de última hora.

Os PRIMEIROS MESES que se seguem ao golpe veem então desenhar-se uma concepção peculiar do poder, produto direto do "maniqueísmo revolucionário" dos oficiais contestadores. Uma vez que os eternos inimigos da revolução são a velha política oligárquica, os interesses estrangeiros e a subversão da esquerda, o adversário imediato da "nebulosa radical" – o governo – deverá assumir seus traços. Em primeiro lugar, pela infiltração desses elementos na equipe governante: os ministros do Planejamento e da Fazenda são designados emblemas do imperialismo estrangeiro e o presidente está cercado por nocivos profissionais da política. Castelo Branco é apresentado como vítima de viciados no jogo político e seu poder como demasiado "civilista", o que acarreta falta de retidão moral e propensão ao comprometimento e à defesa de interesses particulares. Essa acusação transparece em julho de 1964, no discurso do próprio presidente na Escola de Aperfeiçoamento de Oficiais. Este responde às críticas segundo as quais

> [seriam] deixados de lado os problemas cruciantes. Não. O governo não foge a esta missão. Não se entrega a almoços, a churrascos, a festas e sensacionalismo. Cumpre, de maneira ordenada e com unidade de pensamento e ação, a sua dura missão de reajustar a vida brasileira. ... Finalmente, que o governo se entrega[ria] a cambalachos e a conluios políticos. Isto não é uma injustiça, é um agravo.[84]

Castelo Branco, perante uma plateia de capitães, joga a cartada do "militar veterano", incumbido de uma missão e caracterizado por seu ascetismo e retidão moral. Mas é sobretudo seu chefe da Casa Civil, Golbery do Couto e Silva, que é frequentemente caricaturado como um político civil pelos radicais, para os quais já era a ovelha negra. Apenas Heck, cujos manifestos são de rara violência verbal, acusa o próprio presidente de ser um "novo mágico da política, embriagado de poder, que não aumenta os salários de necessitados mas recebe os seus próprios vencimentos em correção monetária, pois é revolucionário apenas quando seus interesses coincidem com a permanência no poder". E prossegue:

> Apoiando-se nos remanescentes das oligarquias responsáveis por tantos desmandos, marginalizou a maioria dos autênticos líderes do movimento, freou, dolorosamente, a dinâmica revolucionária; [renunciou à] punição efetiva dos gatunos engravatados, deixando inclusive de confiscar os bens ilicitamente adquiridos.[85]

Continuar a "revolução": 1964-1965

Segundo seus detratores radicais, o governo castelista é então intrinsecamente não revolucionário: sua composição e o próprio caráter de alguns de seus membros seriam inaptos à concretização dos "ideais de 31 de março". Três elementos estão ligados a essa concepção do poder: em primeiro lugar, os termos "usurpação" e "revolução traída" tornam-se sistemáticos no protesto militar. No âmbito das eternas discussões sobre o homem a dar o primeiro passo golpista, os contestadores veem o clã castelista como "simpatizante" da revolução e participante de última hora. Em segundo lugar, se o conteúdo da revolução que os "duros" defendem não é muito preciso, eles têm uma visão muito clara de si mesmos como "revolucionários autênticos". Sem surpresa, todos eles têm os traços negados aos "gatunos engravatados", "velhas raposas" da política ou tecnocratas, que colonizaram ou contaminaram o poder estabelecido: são combatentes, idealistas, homens de ação. Osnelli Martinelli comunica, assim, ao comandante do I Exército (o general Otacílio Ururahy, simpático à causa dos coronéis) sua renúncia do IPM do "Grupo dos 11":

> Somos acusados de atuar com interesse político, quando a nossa ação é tipicamente revolucionária, indiferente a nomes e partidos. ... De arma política que não sabemos manejar, os inquéritos transformaram-se à nossa revelia em novas armas da revolução, na certeza [de] que a próxima será feita pelos que foram poupados por essa, e de que não sendo incruenta como a de 1º de abril, revelará, esta sim, os verdadeiros líderes democráticos e revolucionários, forjados nas lutas de ruas ou nos combates de campo e nunca emergidos dos refúgios de apartamentos e gabinetes ou bastidores de politicagem.[86]

Desse flagelo que é a "pequena política", a "revolução" fará "tábula rasa".

Fazer tábula rasa

O golpe de 31 de março de 1964 tem todos os traços de uma reação contra a dupla ameaça de uma revolução comunista e de uma quebra da hierarquia militar; são as motivações principais da adesão dos oficiais e os *leitmotiven* dos conspiradores. A obsessão anticomunista continua a caracterizar, após o golpe, os discursos do poder e de sua cada vez maior oposição militar. Esta, entretanto, alarga o espectro do inimigo estigmatizando como subversivos amplos setores da sociedade civil e da classe política, o que lhes permite o AI-1, muito impreciso acerca dos indivíduos passíveis de "punição revolucionária". Os oficiais ativistas desempenham frequentemente o duplo papel de atores do expurgo, por seu envolvimento nos IPMs, e de críticos acerbos das condições políticas, legislativas e judiciárias dessa limpeza. Existe, assim, uma confusão entre uma reivindicação "profissional" (levar a cabo a missão que lhes foi atribuída, como militares, por seus superiores hierárquicos) e o discurso autoritário de "guardiões da revolução". Afora as objeções quanto à política econômica e financeira do governo, os oficiais de "linha dura" têm três assuntos prediletos.

Em primeiro lugar, a retomada das cassações, permitidas até 9 de julho de 1964 pelo artigo 10º do AI-1. Nas semanas seguintes ao golpe de Estado, o estabelecimento de listas de cassados é objeto de ásperas negociações na alta hierarquia militar. Pressões populares se manifestam para que o ex-presidente Juscelino Kubitschek tenha esse destino, em 8 de junho de 1964. Um general próximo de Castelo Branco, Moniz de Aragão, faz-se então porta-voz dessa demanda. Ele acaba de ser eleito presidente do Clube Militar e nomeado comandante da Brigada Paraquedista da Vila, uma posição dúbia que reforça a considerável ascendência de que dispõe sobre certos setores da oficialidade da ativa e que provavelmente contribui para radicalizar seu discurso. Alguns meses mais tarde, ele defende a prorrogação do Ato Institucional, mais especialmente seu artigo 10º, exprimindo-se em consonância com o marechal Taurino de Rezende, chefe da Comissão Geral de Investigações. A indiferença que opõe o governo a esse pedido silencia o generalato. Em contrapartida, a "reedição do Ato Institucional", e até do Comando Supremo da Revolução que lhe é associado, vira um slogan sistemático dos coronéis contestadores.

A segunda reivindicação desses militares é o desfecho dos IPMs. A quase ausência de sentenças judiciais dos inquéritos e o fim das cassações e, depois, em outubro de 1964, das exonerações do funcionalismo público são uma fonte de frustração considerável para os oficiais que comandam os inquéritos, confiscados de uma participação na "revolução" que julgam central. Seu principal obstáculo no desenrolar dos inquéritos é a Justiça, civil e militar, cujos supremos tribunais (STF e, mais raramente, STM) concedem regularmente *habeas corpus* aos réus que permanecem presos além do prazo legal da prisão preventiva. Sua concessão a personagens emblemáticos da esquerda brasileira, simples

Continuar a "revolução": 1964-1965 89

aplicação da lei, é ensejo para as mais violentas alterações de humor da "linha dura". O primeiro escândalo é o caso do almirante Aragão, almirante do povo mais odiado pelos golpistas, cuja libertação, em agosto de 1964, permite-lhe o exílio imediato. Sucede-lhe Mauro Borges, governador derrubado de Goiás, em novembro de 1964, o que suscita um comunicado da Lider condenando a "doença já diagnosticada no presidente Castelo Branco", a "pressa de normalizar a situação", e incitando a "rever o problema do Congresso e do Supremo Tribunal Federal", sem mais comentários.[87] O *habeas corpus* do ex-governador de Pernambuco Miguel Arraes, em abril de 1965, desencadeia a crise dos "coronéis dos IPMs" e a guerra verbal que a extrema direita militar trava oito meses a fio contra o Supremo Tribunal Federal.

Essa crise leva à elaboração conceitual do "estado de exceção", ou revolucionário, pela "linha dura". Em 13 de maio de 1965, coronéis encarregados de IPMs na Guanabara tornam público um texto que expõe sua visão do expurgo revolucionário. Nele, enunciam determinadas interpretações da legislação: "a Constituição de 1946 está subordinada ao AI e não este àquela, como sustenta em seus últimos julgados o STF"; "os encarregados de IPMs continuam investidos da autoridade que lhes confere o Art. 8º do AI para promover todos os tipos de diligências que parecerem indispensáveis ao processamento dos inquéritos, inclusive a prisão de quaisquer indiciados, não cabendo a estes alegar as garantias constitucionais"; por fim, "concedendo *habeas corpus* em IPMs, o STF coloca-se fora da lei, cumprindo corrigir urgentemente essa distorção da ordem revolucionária, devidamente institucionalizada".[88]

A mística revolucionária dos oficiais contestadores ganha progressivamente a forma de uma alternativa política. Esse "revolucionarismo extremo" oculta toda separação dos poderes, uma vez que apenas o Executivo é oriundo de 31 de março. Logo, a reivindicação de um expurgo da classe política não concerne apenas aos adversários históricos do udenismo (PTB e PSD): o profundo desprezo que os radicais dispensam ao conjunto da classe política leva à depreciação sistemática dos eleitos e dos partidos, estimulando a exigência de fechar o Congresso, suprimir os partidos e controlar as eleições.

A perspectiva dos escrutínios estaduais em onze estados da federação, em outubro de 1965, e do presidencial, um ano mais tarde, é o último objeto de mobilização dos radicais. Seus cavalos de batalha são "a inelegibilidade" dos indesejáveis, o adiamento das eleições de 1965 e o voto indireto em todos os níveis do Estado. O assunto é posto na mesa pela Lider em janeiro de 1965, quando a suposta impopularidade do governo torna impossível, segundo os membros da Liga, a realização de eleições, que favoreceriam "a volta de elementos depurados". Em seguida, reaparece de maneira recorrente até que, em abril de 1965, a "linha dura dita normas para seus adeptos seguirem nas eleições de outubro" num manifesto distribuído no recinto do Congresso pelo deputado Costa Cavalcanti. A urgência justifica essa tomada de posição: "o recurso às urnas pelas eleições estaduais avizinha-se" e "o inimigo astucioso e pertinaz procura ludibriar a boa-fé do eleitor para tentar restabelecer o *statu quo* antirrevolução". Na realidade, a "linha dura" não enuncia senão uma diretriz: impedir a inclusão nas listas eleitorais de "candidatos comunistas, subversivos de qualquer jaez, corruptos ou seus prepostos". "A ação oportuna e enérgica dos militares da linha dura, dentro da diretriz traçada, é imperiosa, pois qualquer transigência poderia causar risco à obra revolucionária."[89]

O regime que os oficiais de "linha dura" exigem é, em suma, um modelo de ditadura militar: um Executivo todo-poderoso sem Congresso nem Justiça independente; uma repressão policial livre de coerções jurídicas no que se refere aos direitos individuais; a supressão dos partidos políticos; a limitação conveniente dos mecanismos eleitorais. A versão mais desabrida desses *desiderata* emana mais uma vez do coronel Martinelli, numa declaração à imprensa datada de 20 de outubro de 1965:

> Não aceitamos o que está aí. Somos pelo fechamento do Congresso, medida que deveria ter sido tomada no primeiro dia da Revolução. Não queremos acabar com ele, claro, mas a intenção é a de, primeiro, limpar tudo, deixar a área clara e, então, convocar eleições e tudo o mais. Agimos como verdadeiros revolucionários que somos.
>
> Enquanto perdurar este estado de coisas, seremos contrários. Repetimos que é necessário, antes de tudo, fazer uma limpeza no que está aí. Acabar com a politicagem, que pode levar o marechal Castelo Branco para outro lado, como pretende o PSD. Seremos contra qualquer antirrevolucionário, seja ele de que partido for. Entendemos mesmo que se devia acabar com todos os partidos existentes, modificar a lei eleitoral e formarem-se novos, até com outras siglas para não ficar o ranço dos atuais. Depois disso feito, sim, aceitaremos qualquer candidato a qualquer cargo.[90]

Continuar a "revolução": 1964-1965 91

As principais disposições do AI-2 correspondem palavra por palavra às reivindicações desse manifesto. Este suprime os partidos existentes, torna indireta a eleição à Presidência, submete à Justiça Militar os civis que tivessem atentado "contra a segurança nacional ou as instituições militares", retoma o processo de cassações de mandatos e de direitos políticos, aumenta as possibilidades de intervenção federal nos estados e aumenta o número de juízes do Supremo Tribunal Federal (de onze para dezesseis), a fim de tomar seu controle. O Ato é então resultado direto das mobilizações da "linha dura", face visível do protesto militar; mais que isso, é um consentimento meticuloso e sistemático a todas as suas reivindicações, no plano político e não econômico, formuladas desde agosto de 1964.

Os MILITARES QUE SE AGLUTINAM por trás da bandeira da "linha dura" não têm como ideal inicial um regime militar, menos ainda um "regime de generais", mas antes uma ditadura na qual pudessem desempenhar um papel central. São ativistas de extrema direita, anticomunistas, antigetulistas e muitas vezes lacerdistas fanáticos. Entretanto, contribuem amplamente para o advento dessa "versão hierárquica" do regime militar e, portanto, para a continuidade de sua própria subordinação política. Com efeito, o posicionamento no aparelho de Estado que a "revolução" lhes concede, frequentemente no primeiro plano da "operação de limpeza" que eles consideram inacabada, faz germinar reivindicações precisas, cujo produto direto é o AI-2. Nesse aspecto, não resta sombra de dúvida de que a "primeira linha dura" impôs essa guinada autoritária decisiva na história do regime, formulando, até mesmo martelando, seu projeto na cena pública a partir de meados de 1964. Mas o AI-2, que dá início ao processo de exclusão da classe política civil do poder, reforça ainda mais o peso da corporação militar, onde esses "jovens oficiais" estão longe de ter o trunfo da força política. A estrutura e o imaginário hierárquicos, que o governo Castelo Branco empenha-se em valorizar e preservar, tendem a reduzir a cena política ao generalato. Além disso, e sobretudo, o protesto militar atiçou o radicalismo dos quartéis e ampliou sua ameaça, suscitando, num efeito de balança, o surgimento da figura ambígua de Costa e Silva, ao mesmo tempo baluarte contra a "subversão hierárquica" e candidato da oficialidade mobilizada.

Os oficiais contestadores, para quem o luto político de Lacerda verifica-se gradativo e difícil, pretendem, no entanto, aproveitar-se dessa nova perspectiva para expandir seu espaço político. Se Costa e Silva pode ser um novo líder, por que eles mesmos não fariam parte de seu círculo? Além disso, a militarização do jogo político valoriza em sua pessoa, por trás do ativista de direita, o oficial ilustre – todos eles fazem uma elevadíssima ideia de si próprios nesse plano, alegando medalhas e títulos de glória – cuja legitimidade política, num "regime militar", parece-lhes evidente. O fracasso da "primeira linha dura" em chegar ao poder, que só fica patente alguns anos mais tarde, tem então como momento-chave sua vitória de Pirro de outubro de 1965, que fez de sua "revolução contra a classe política" a condição para o advento de um "regime de generais".

3. ENDURECIMENTO E DIVERGÊNCIAS: 1966-1968

E, sempre que imprescindível, como agora, faremos novas revoluções dentro da revolução!

GENERAL COSTA E SILVA, presidente da República[1]

A EDIÇÃO DO ATO INSTITUCIONAL N.2, em 27 de outubro de 1965, contradiz a hipótese de uma revolução "cirúrgica" de curta duração. Os poderes ampliados que o Ato concede ao Executivo, pelos quais o regime afasta-se cada vez mais da democracia representativa, não permitem a Castelo Branco frear a irresistível ascensão à Presidência de seu ministro da Guerra, o general Costa e Silva. Cerca de três anos mais tarde, em 13 de dezembro de 1968, a história parece gaguejar: depois de uma crise política nascida no âmbito do Congresso e no contexto de uma forte mobilização popular hostil ao regime, um novo "Ato Revolucionário" é adotado pelo Conselho de Segurança Nacional, sob a pressão de uma suposta "efervescência dos quartéis". Esse novo "golpe dentro do golpe", como passou a ser conhecido o AI-5, consuma a evolução autoritária do regime e inaugura os anos de chumbo.

Como no caso do AI-2, os "quartéis" e a "linha dura" foram considerados responsáveis, pela historiografia, pela guinada autoritária do regime: embora o novo presidente, Costa e Silva, não fosse cingido pela aura em parte usurpada de moderação e legalismo de Castelo Branco, a maioria das testemunhas e dos protagonistas concorda quanto à coação exercida pela oficialidade de todos os escalões no sentido do fechamento do Congresso e da promulgação do AI-5. No entanto, as dinâmicas políticas dessa pressão militar permanecem na sombra: com efeito, a posse do general Costa e Silva, em 15 de março de 1967, afasta o lado "castelista" das principais posições de poder. Numa representação dicotômica do espaço político intramilitar, a partir dessa data não restaria então em cena senão uma "linha dura" indiferenciada e partidária de uma adoção cada vez mais radical de instrumentos de exceção.

Ora, a vida política intramilitar ao longo dos anos 1966, 1967 e 1968 é, na realidade, bem mais complexa. A partir do fim de 1965, o confronto binário entre, de um lado, um poder de cores fortemente civilistas por seu respeito a certas regras constitucionais e, de outro, uma "nebulosa contestadora", historicamente conspiradora, centrada nos escalões intermediários e protegida das punições por seu rótulo de "revolucionária", chega ao fim. As redes contestatárias se recompõem em função de novas circunstâncias: "seu" candidato, Costa e Silva, chega ao poder e, na opinião delas, "a revolução se repete". Muitos oficiais da "primeira linha dura" são integrados ao aparelho de Estado ou empossados em comandos centrais e prestigiosos, o que corresponde ao fato de se sentirem responsáveis pelo segundo governo da revolução, assim como se consideravam responsáveis pelo próprio golpe de Estado. Entretanto, paralelamente, sua legitimidade política se reduz: a desordem pós-golpe se afasta, e com isso a lembrança da importância desses oficiais na conspiração. Além do mais, a lógica estritamente militar do processo de sucessão termina por importar para o jogo político as regras e os preceitos típicos da instituição armada: hierarquia, disciplina, ordem de precedência. O esforço de despolitização da oficialidade intermediária, que Castelo Branco iniciou pautando-se por um ideal deturpado de civilismo, de legalismo e de "Exército profissional", é mantido pelo novo governo no contexto inédito de um regime explicitamente militar. Privada do intermédio que constituía a geração dos coronéis, a "opinião dos quartéis" torna-se paradoxalmente uma referência permanente e intangível, à qual todos os atores recorrem para justificar as próprias reivindicações.

A "linha dura" dos coronéis, contudo, não deixa seu lugar para uma "linha dura" de generais, afirmando, em alto e bom som, que está apoiada por uma "opinião castrense" radicalizada. Se a elite militar aumenta a sua visibilidade e o seu peso políticos, no pano de fundo hierárquico subsistem ou aparecem atores organizados que seguem agenda própria: a "primeira linha dura", os "órgãos de segurança", os grupos paramilitares e terroristas de direita e a geração dos capitães. A análise desse complexo jogo político, ofuscado na historiografia pela expressão uniformizante de uma única "linha dura", deve permitir compreender três fenômenos determinantes na evolução do regime: a construção de um consenso militar em torno da guinada autoritária; a persistência e as mutações de um "protesto castrense" que desestabiliza o poder em 1969, ao passo que, com a edição do AI-5, todas as reivindicações radicais parecem ter sido ouvidas; e a instalação definitiva de um "regime de generais".

Endurecimento e divergências: 1966-1968

Uma campanha civil-militar

Após os veementes protestos do fim de 1965, o ano de 1966 caracteriza-se por uma evidente pacificação intramilitar. Unidos em torno da candidatura de Costa e Silva, os contestadores de ontem calam-se e esperam sua hora. A princípio, os apoios do ministro da Guerra são estritamente militares. A resistência que Castelo Branco lhe opõe deve-se, aliás, essencialmente à mudança de base política que essa candidatura implicaria para o poder, mais do que à personalidade de seu ministro, um companheiro de longa data, ou às fracas prevenções liberais deste último. É o que o presidente sugere num documento destinado aos generais do Exército em janeiro de 1966, intitulado "Aspectos da sucessão presidencial". Nele, afirma que a candidatura de Costa e Silva é defendida por "alguns elementos radicais do Exército" ("uns se dizem da linha dura, outros dispostos à ditadura, alguns vinculados a setores políticos inconformados") que "desejam precipitar as operações da sucessão, mesmo com a divisão das Forças Armadas".[2] A fim de reafirmar sua autoridade presidencial junto aos generais do Exército, Castelo Branco dá a entender que a sucessão continua aberta, apesar das pressões que emanam dos quartéis, os quais, diz ele, "criam em mim a determinação de não ceder, não desanimar, de me tornar mais digno de meu cargo. Tudo farei para não ser um presidente submisso a exigências, venham de onde vierem". Nega novamente às Forças Armadas a legitimidade de um corpo eleitoral. Mas essa legitimidade não pertence mais ao "povo" ou à "nação", como ele afirmava nos primeiros meses do regime: doravante, o poder se baseia (e se legitima) em um partido majoritário – a Aliança Renovadora Nacional (Arena), criada pelo AI-2 – inserido num sistema eleitoral eminentemente favorável ao regime, devido às cassações dos direitos políticos e à suspensão dos mandatos, que dizimam a oposição, e à eleição indireta.

Por trás dessas nuances desenha-se uma inflexão do processo de institucionalização da "revolução", *leitmotiv* de Castelo Branco desde os primeiros tempos do regime. A manutenção no poder do grupo conservador vitorioso em abril de 1964 e a realização de sua "modernização autoritária" não poderiam passar, do ponto de vista do presidente, nem pelo emprego exclusivo de força e de instrumentos de exceção nem pela completa militarização do aparelho de Estado, mas sim pela construção de uma "democracia autoritária" cujos pilares seriam um Executivo dominante e um "partido revolucionário".

Para os oficiais partidários de Costa e Silva, o círculo presidencial castelista seria degradado por dois vícios à primeira vista contraditórios: de um lado, seria uma facção ambiciosa e sedenta por um poder potencialmente ditatorial; de outro, um amontoado de "pseudorrevolucionários" engessados por prevenções legalistas e civilistas. Essa concepção do poder, intrinsecamente usurpador em função de sua fidelidade a uma lógica pré-revolucionária (a "pequena política", com tudo que implica de fisiologismo, ambições pessoais e ausência de ideal aos olhos da extrema direita militar), aparece invertida na plataforma em que Costa e Silva decide instalar a própria candidatura: esta será autenticamente revolucionária e estabelecerá a plenitude democrática no país. Trata-se de deixar aberta a porta a todas as esperanças, civis e militares, e não suscitar uma guerra aberta com a Presidência. É em parte com esse desígnio que, do mesmo modo, o ministro da Guerra tenta disfarçar sua candidatura castrense como uma decisão do partido majoritário, a Arena.

A campanha civil de Costa e Silva, contudo, é discreta: ele não se dirige à opinião pública. Impedido até julho de 1966 de fazer declarações políticas devido à sua posição hierárquica e a seu pertencimento ao governo, sua candidatura já é, nessa época, aprovada pela maioria das Arenas estaduais. A necessidade de um apoio popular torna-se ainda menos urgente porque, nessa época, o Movimento Democrático Brasileiro (MDB) desiste de apresentar candidato ao escrutínio, bem como a quaisquer eleições indiretas, em razão de sua iniquidade e de seu caráter antidemocrático; o partido termina, aliás, apoiando a candidatura do ministro da Guerra, na esperança de ver cumpridas suas promessas de "humanização da revolução" e de "redemocratização".

Apresentando-se como o candidato da Arena, Costa e Silva se integra no dispositivo político institucionalizado pretendido por Castelo Branco; no entanto, sua manutenção tardia no posto de ministro da Guerra, bem como as condições de seu surgimento como candidato, identificam-no, evidentemente, como líder militar. O esforço presidencial de "institucionalização da revolução", conjugado com a imposição de um general por consenso das Forças Armadas, resulta, portanto, na instauração de um novo costume político: a seleção intramilitar dos candidatos à sucessão, segundo um equilíbrio oscilante entre liderança política e legitimidade hierárquica, consagrado por um simulacro de democracia apoiado num partido majoritário subordinado à boa vontade do palácio. Em seus discursos de campanha, aliás, Costa e Silva mostra-se um

Endurecimento e divergências: 1966-1968 97

prodígio de ambiguidade, buscando conciliar as aparências de continuidade democrática e as expectativas da oficialidade radical.[3] Mas seu discurso eleitoral e seu público-alvo são em si mesmos criadores de uma tradição política: a Arena torna-se logo uma peça central do dispositivo de legitimação de um poder, não obstante, essencialmente militar. O regime híbrido inaugurado pela eleição, não competitiva, de um chefe militar, legitimado por um consenso interno à instituição e segundo regras e imaginários típicos desta última, não corresponde a um projeto explícito, o qual, de toda forma, não é o de Castelo Branco.

Militarização do poder e indefinição política

A "campanha eleitoral" do general Costa e Silva tem como pano de fundo uma inflexão nas políticas implementadas por Castelo Branco. Longe de se mostrar reticente em face do surgimento de novos instrumentos autoritários pelos quais a oficialidade radical é considerada, na historiografia e na memória coletiva, a única responsável, o Executivo castelista serve-se deles para reprimir as dissidências e amordaçar o Congresso. Assim, faz uso, desde abril de 1966, das prerrogativas de cassação dos mandatos e direitos políticos concedidas pelo AI-2. Essa ofensiva gera, em outubro de 1966, resistência por parte da Câmara dos Deputados, quando seu presidente, Adauto Lúcio Cardoso (Arena), recusa-se a reconhecer a cassação de seis parlamentares. O Congresso então é posto em recesso e a tropa é enviada para cercá-lo, sob a férula do coronel Meira Mattos, a fim de evacuar os mais refratários. Paralelamente, a edição do AI-2 inaugura uma fase de ativismo legislativo sem precedentes, cujo apogeu é a promulgação, nos estertores do mandato castelista, da Lei de Imprensa (Lei n.5.250, de 9 de fevereiro de 1967), da Lei de Segurança Nacional (Decreto-Lei n.314, de 11 de março de 1967) e de uma nova Constituição. Essas reformas acentuam o matiz autoritário do sistema político e resultam no crescimento de uma oposição democrática ao presidente, enquanto a adoção de orientações econômico-financeiras de austeridade e de luta contra a inflação provoca o descontentamento de categorias sociais variadas. A classe política e as elites sociais que apoiaram o golpe estão longe de associar o presidente Castelo Branco, em 1967, à moderação legalista com que os historiadores o descreveram *a posteriori*.[4] A suspeição de ambições ditatoriais do "grupo palaciano", como virou hábito chamar a Presidência, vai muito além das advertências contra o "continuísmo" por parte da extrema direita militar. No início do mês de janeiro de 1967, pouco depois da votação da nova Constituição, é o ex-presidente João Goulart quem declara temer que, a despeito de sua eleição, o general Costa e Silva não tome posse e que Castelo Branco perpetre um golpe de força para se conservar no cargo.[5]

Costa e Silva é eleito pelo Congresso Nacional exclusivamente com o voto dos 294 parlamentares da Arena, uma vez que o MDB abandonou o plenário, em 3 de outubro de 1966. Nos meses que precedem sua posse na presidência, programada para 15 de março de 1967, o debate político articula-se em torno de lógicas bem diferentes do confronto entre uma presidência castelista, moderada e desejosa de restituir o poder aos civis, e uma "linha dura" militarista e autoritária, ligada a Costa e Silva. Na realidade, paira uma grande incerteza, que se estende ao longo de todo o ano de 1967, sobre as intenções do novo governo. Em fevereiro, o anúncio da composição da nova gestão dá um primeiro sinal para a frente díspar que cerca de esperanças contraditórias esse mandato. A equipe escolhida é majoritariamente militar: são oito oficiais da ativa, dois da reserva, seis técnicos civis e três políticos. Ou seja, dos dezenove ministros, dez são militares. À guisa de comparação, o governo Castelo Branco, no início, contava apenas com seis oficiais em dezesseis ministros. Nas palavras do jornalista Carlos Castello Branco, "o futuro governo, cuja implantação como que justifica em si mesma as esperanças civilistas inclusive dos grupos de oposição, arma-se contudo como se fosse um exército, cujas colunas se confiam ao comando de generais ou de coronéis graduados".[6]

Além de seu militarismo, o governo reúne figuras estabelecidas da "linha dura" militar, tenham manifestado ou não oposição a Castelo Branco. O almirante Augusto Rademaker, um dos cinco "Dionnes" radicais, punido por seu apoio aos coronéis dos IPMs em julho de 1965, é nomeado ministro da Marinha. Na Aeronáutica, outro oficial da ativa é identificado com a extrema direita militar, embora nunca tenha se manifestado publicamente: o marechal do ar Márcio de Souza e Mello. O general Jayme Portella de Mello, um dos assessores mais próximos do presidente e radical convicto, é nomeado chefe da Casa Militar, ao passo que o general Emílio Garrastazu Médici torna-se chefe do Serviço Nacional de Informações (SNI). Ao coronel da reserva José Costa Cavalcanti, irmão de Francisco Boaventura Cavalcanti Júnior, e porta-voz da

Endurecimento e divergências: 1966-1968

"primeira linha dura" no Congresso sob Castelo Branco, cabe o delicado posto de ministro das Minas e Energia, central nos debates econômicos relativos à propriedade do solo e subsolo nacionais.

A integração da "linha dura" contestadora nos arcanos do governo tem como principal símbolo o novo ministro do Interior, o general Afonso de Albuquerque Lima. Artífice da sedição abortada de outubro de 1965, frustrado em seus planos de conquista do Clube Militar em maio de 1966, obtém tanto os favores da "primeira linha dura" quanto de oficiais exclusivamente associados ao nacionalismo econômico, bem como de célebres ex-tenentes com os quais travou amizade nos anos 1930. Na cerimônia de sua posse estão presentes Sílvio Heck, Osnelli Martinelli e Rafael de Almeida Magalhães, outro arauto de posições radicais no Congresso; também estão lá o general Justino Alves Bastos, defensor histórico do nacionalismo econômico, e o marechal Juarez Távora, ilustre veterano do movimento tenentista e ex-ministro dos Transportes de Castelo Branco.[7] As redes de Albuquerque Lima resultam efetivamente de uma singular trajetória profissional e política: elas não se limitam à nebulosa conspiratória que se transformara na "primeira linha dura", em 1964. Nascido em 1909, de uma geração intermediária entre os tenentes (1900) e os coronéis de "linha dura" (1920), ingressa na Escola de Realengo em 1927, onde se torna, quando aluno, adepto do tenentismo e amigo de alguns de seus mentores. Ainda jovem tenente, filia-se ao Clube 3 de Outubro (o "gabinete negro" de Vargas, cujos membros, ex-tenentes, gozam no início de uma influência considerável) e participa, até o golpe de Estado de 1937, ao qual se opõe, da construção do Estado revolucionário. A continuação de seu percurso é bastante similar ao percurso "castelista": em 1944, faz um curso de instrução na Engineer School de Fort Belvoir, nos Estados Unidos; depois, como major, participa da Segunda Guerra Mundial. Hostil ao Estado Novo desde seus primórdios, apoia a derrubada de Vargas em 1945 e se opõe, em seguida, por meio de conspiração ou de manifesto – é um dos 82 signatários do "Memorial dos Coronéis", de agosto de 1954 –, ao "pai dos pobres". Apesar do anticomunismo e do antigetulismo virulentos que caracterizam sua facção militar, Albuquerque Lima defende, a partir dos anos 1950, posições nacionalistas em matéria econômica. Em 1960, dá uma série de cursos promovidos pela Comissão Econômica para a América Latina e o Caribe (Cepal) sobre os problemas do desenvolvimento econômico, além de participar da criação da Superintendência do Desenvolvimento do Nordeste (Sudene), sob o comando do economista Celso Furtado.

Paralelamente, o novo poder, com sua política de transferências, emite sinais de boa vontade para os coronéis mais jovens da "primeira linha dura". O coronel Francisco Boaventura, "exilado" no antigo estado de Mato Grosso em consequência de suas veleidades insurrecionais em outubro de 1965 e de seu manifesto público em novembro, obtém o prestigioso comando da Fortaleza de São João, no bairro da Urca, no coração do Rio de Janeiro. O coronel Florimar Campelo, ex-chefe da seção de informações do Estado-Maior do I Exército e reconhecido radical, assume a direção-geral do Departamento da Polícia Federal. O general Mourão Filho, por sua vez, apesar de membro do MDB, é nomeado presidente do Superior Tribunal Militar, o que aumenta sua autoridade nesse local de ostracismo honroso de dissidentes. Por outro lado, a distribuição de cargos importantes aos contestadores de primeira hora pode se revelar uma faca de dois gumes: o coronel Osnelli Martinelli, por exemplo, é incumbido, em abril de 1967, da luta contra o contrabando de café, que causou escândalo durante o governo Castelo Branco, nas entranhas do Instituto Brasileiro do Café (IBC). Martinelli regozija-se com essa nomeação, que estima da mais alta importância, e conta, numa entrevista, um breve encontro com o presidente, ansioso para ver "a linha dura funcionar" naquele setor. Contudo, a despeito das promessas reiteradas, Martinelli nunca foi efetivamente integrado ao IBC, o que ele interpretou como incapacidade do presidente, "bom e reto", de se impor perante as forças corruptas, hegemônicas na política brasileira.[8]

A composição do governo costista mostra, além disso, equilíbrios políticos mais complexos do que a mera integração de uma "linha dura". O ministro do Exército (ex-ministro da Guerra), general Aurélio de Lyra Tavares, é considerado um membro da "Sorbonne militar" – pelo menos é assim identificado em 1967. Entretanto, seu papel por ocasião do endurecimento do regime, no fim de 1968, depois durante a sucessão de Costa e Silva, em setembro de 1969, torna obscuro o que essa adesão castelista representou de moderação política. Muitos ministros, oficiais da reserva ou civis, não têm filiação facciosa nem simpatias políticas pela extrema direita: se uma forma de "nacionalismo autoritário" chega ao poder com Costa e Silva, ela não é nem hegemônica nem uniforme em suas relações com a "primeira linha dura" e o ativismo militar. Além disso, os grupos presentes no governo não ficam parados. Ao contrário, a incerteza sobre o futuro do regime e a grande confusão política que caracterizam o

Endurecimento e divergências: 1966-1968   101

intervalo que vai de março de 1967 a abril de 1968 têm como consequência recomposições constantes das facções de oficiais, que fazem desse período um verdadeiro laboratório de vida política no seio da instituição militar.

Da "linha dura" aos ortodoxos

Durante os primeiros meses do governo Costa e Silva, o conjunto dos atores políticos, civis e militares negocia seu apoio ao novo poder. Até maio de 1967, o MDB assegura que apoia o chefe de Estado para levar a cabo o processo de redemocratização. Em abril, é colocada em praça pública a questão de uma revisão das punições revolucionárias, quem sabe até de uma anistia política, medida apoiada pelo MDB, por raros oficiais dissidentes e parte da Arena. A Presidência mantém-se calada sobre o assunto, delegando ao ministro do Exército, Lyra Tavares, a tarefa de negar o boato diante dos comandos de tropa num boletim de serviço.[9] Outros generais lhe são solidários, desde Moniz de Aragão até Mourão Filho, ainda que este seja membro do MDB: a eventualidade de um "retorno dos cassados" traça então, na união nacional por trás de Costa e Silva, uma linha de fratura entre civis e militares.

Nesse período, os únicos oficiais visíveis na cena pública são generais: na primeira fila estão o comandante da 1ª Divisão de Infantaria da Vila Militar, Carvalho Lisboa, o comandante do I Exército, Siseno Sarmento, e o chefe do Departamento de Ensino do Exército, Moniz de Aragão. Os coronéis praticamente desapareceram da cena política. Em maio de 1967, algumas vozes anônimas indicam que os coronéis de "linha dura" esperam muito do governo, mas que não se acham representados nele.[10] As figuras mais célebres do protesto militar não tomam a palavra, num primeiro momento, senão para cobrir de elogios o novo poder. O coronel Boaventura, por exemplo, distribui à imprensa seu discurso de posse no comando da Fortaleza de São João, no fim de maio de 1967. Nele defende a retomada da revolução que o novo presidente deverá realizar e denuncia "as forças depostas do antigo regime e seus aliados, [que] acusam as Forças Armadas de usurpadoras do poder e, sob o pretexto de uma falsa redemocratização e pacificação, forçam ou insinuam o retorno ao cenário político nacional de fautores da desordem, da corrupção e da subversão" (após a eleição, circulam rumores sobre um iminente retorno dos ex-presidentes Juscelino Kubitschek e João Goulart do exílio). Numa evidente posição de apoio ao poder estabelecido, contesta, por fim, as acusações de militarismo do governo, alegando que isso seria contrário à "tradição democrática das Forças Armadas".[11] Boaventura fala como porta-voz da instituição militar, em cujo nome ele avaliza o poder. Suas declarações ganham ampla repercussão, inusitada para sua patente: o discurso é elogiado pelo Alto-Comando do Exército, reunido dias mais tarde, bem como por senadores da Arena.

TRATA-SE, PORÉM, da bonança que precede a tempestade: já no dia seguinte, coronéis de "linha dura" anônimos declaram apoio ao governo, mas querem que ele "comece". Consideram seu dever apoiar um governo que, do ponto de vista deles, ajudaram a instalar e levar a calma aos quartéis para permitir a implantação de sua política, mas temem que o "desarmamento dos espíritos" leve à rotina.[12] A partir dessa data, alguns dos coronéis radicais mais ligados a Boaventura lançam uma campanha de reivindicação do poder. Rui Castro é um dos mais visíveis: diretor da Biblioteca do Exército, o que lhe confere pouco peso militar porém maior liberdade para se expressar, contesta o próprio princípio do apolitismo militar: "o pensamento militar na posição de grande mudo é coisa do passado."[13] Esse coronel é o primeiro a assumir publicamente a dissidência da "linha dura" ao longo de julho de 1967. Suas tomadas de posição não são isoladas: no fim de junho de 1967, um mês apenas após ter dado pleno apoio ao governo, Boaventura pede uma audiência ao ministro do Exército, Lyra Tavares, para protestar contra os empecilhos à participação política da "linha dura". Ao fazê-lo, o oficial livra-se dos intermediários hierárquicos – reivindica, aliás, um canal direto de acesso ao presidente e acusa seus superiores diretos de trair seu pensamento – ao mesmo tempo em que reconhece a autoridade ministerial: trata-se de um embrião de dissidência e não de uma oposição aberta, como a prática do manifesto divulgado pela imprensa, habitual de Boaventura, significara anteriormente. O poder, contudo, reage rapidamente: no fim de julho de 1967, o Aviso n.212 proíbe o envio, por parte dos militares, de documentos individuais e coletivos a autoridades governamentais sem passar pelos canais hierárquicos. Boaventura, em nome dos "coronéis de linha dura" (e não mais das Forças Armadas em seu conjunto, como algumas semanas antes), contesta a submissão persistente de seus companheiros ao Regulamento Disciplinar do Exército, sinalizando que os coronéis

Endurecimento e divergências: 1966-1968

estavam prontos para assumir o poder e se consideravam responsáveis por ele.[14] Já sob o governo Castelo Branco, os contestadores de "linha dura" pretendiam-se responsáveis pela revolução e pelo poder dela oriundo. A especificidade geracional é doravante muito mais assumida do que antes: os coronéis posicionam-se exclusivamente com relação aos generais, detentores do poder; o universo dos atores políticos legítimos limita-se ao mundo militar.

O discurso dos membros da "primeira linha dura" dá, assim, uma guinada. Eles não se apresentam mais como *revolucionários* históricos e lacerdistas, mas como *oficiais* que detêm o direito, independentemente de suas patentes, de apoiar ou criticar as políticas de "um segundo governo da revolução" cada vez mais militarizado. O texto mais significativo dessa corrente de pensamento é um questionário distribuído vários meses mais tarde na Vila Militar, por iniciativa de oficiais de "linha dura" que permanecem anônimos. Não se trata provavelmente do grupo de Boaventura, que não emprega então a expressão "linha dura", substituída por "ortodoxos": segundo suas palavras, a expressão "linha dura" teria perdido o sentido após alguns militares que se diziam membros dela terem passado a ocupar cargos do governo. O documento interroga:

> Companheiro da Marinha, do Exército e da Aeronáutica, de todos os postos e graduações, servindo em todos os recantos do Brasil: Você já atentou bem para a responsabilidade incomensurável que pesa sobre cada um de nós, militares, em particular, e sobre as Forças Armadas, em geral, perante a opinião dos brasileiros, perante a História, no tocante ao sucesso ou insucesso do Segundo Governo da Revolução, que nós todos, por uma ação unida e coesa, alçamos ao Poder e a ele entregamos confiantes os destinos da Nação?
>
> Somos todos corresponsáveis, e se o barco afundar, não estará o prestígio das Forças Armadas irremediavelmente comprometido?[15]

A "responsabilidade" do corpo de oficiais é coletiva; é coisa de militares, e não de militantes revolucionários. O questionário instiga implicitamente seu leitor a formular uma crítica ao poder, ao mesmo tempo em que respeita a cadeia hierárquica, e a "encaminh[ar] seu pensamento aos seus superiores":

> Você está satisfeito com o 2º Governo da Revolução? Se não está, o que julga deficiente nele? (autoridade, moralidade, competência, dinamismo, imaginação etc.) ...

Companheiro, você deve estar participando do clima geral de apreensões que domina o povo. Não é lícito ficar de braços cruzados. Apresente, pois, a seus superiores, sua sincera e oportuna cooperação. Assim, se no futuro o barco tender a soçobrar, você estará desobrigado de ir ao fundo com ele.

Disfarçado de pesquisa de opinião, esse manifesto retoma algumas temáticas primordiais da oposição militar a Castelo Branco, depois a Costa e Silva: insinua que o círculo presidencial seria corrupto, acusação ainda discreta em 1967, mas que ganha peso ao longo dos dois anos seguintes; contesta, sem grande precisão todavia, as decisões econômicas do governo; e aponta o perigo de uma repressão branda, que deixaria a porta aberta a um retorno dos cassados, dispostos a tomar o poder. Quatro dias antes da divulgação do questionário à imprensa, os coronéis Gérson de Pina e Ferdinando de Carvalho, respectivamente encarregados em 1964-65 dos IPMs do Instituto Superior de Estudos Brasileiros (Iseb) e do Partido Comunista, tinham com efeito manifestado publicamente sua decepção com respeito aos resultados dos inquéritos, que não teriam permitido punir os verdadeiros culpados.

Dentre os objetos recorrentes da insatisfação radical, o insuficiente "nacionalismo econômico" do governo é o que mobiliza mais precocemente os coronéis ligados a Boaventura. Sua passagem à dissidência, em julho de 1967, é marcada pela bravata articulada por este último, por Amerino Raposo Filho e por Hélio Lemos no Ministério da Fazenda. Lá, eles brigam com o ministro Antônio Delfim Netto numa sabatina destinada a impor as posições de seu grupo, hostil à manutenção das orientações econômicas do governo anterior. Os contestadores são rapidamente desbaratados na prova de força: sob a orientação do general Jayme Portella, chefe da Casa Militar, o poder dá início a uma operação sistemática de dispersão e punição da "primeira linha dura" ressurgida das cinzas. Em setembro, a rede ligada a Boaventura acha-se de novo espalhada nos quatro cantos do país: ele próprio deve deixar o território, integrando uma delegação brasileira à ONU, enquanto Hélio Lemos também parte para o exterior, em "missão", deixando atrás de si o Estado-Maior da poderosa e prestigiosa Artilharia da Costa. Rui Castro abandona a Biblioteca do Exército, no Rio de Janeiro, para integrar uma unidade na fronteira sul do Brasil, na região das Missões, em Ijuí (RS). Amerino Raposo Filho é afastado do SNI, mas não obtém comando de tropas, tornando-se chefe de gabinete

Endurecimento e divergências: 1966-1968

do general Mamede no Departamento de Produção e Obras antes de ser nomeado, um ano mais tarde, no Colégio Interamericano de Defesa, em Washington. Luis Alencar Araripe é igualmente transferido para uma região remota do Paraná, enquanto Ferdinando de Carvalho, que continuava à frente do IPM do Partido Comunista, é definitivamente exonerado deste e assume o comando de um Centro de Preparação de Oficiais da Reserva (Cpor) em Curitiba, no Paraná.

Assim, entre julho de 1967 e março de 1968, o protesto militar da jovem geração de "linha dura" recomeça. Do grupo inicial, só permanecem visíveis os coronéis da ativa de currículo brilhante; sua proximidade da caserna, da qual se vangloriam nunca ter se afastado (o que não é verdade em todos os casos; os coronéis Amerino Raposo e Hélio Lemos, por exemplo, serviram no SNI), incita-os a invocar a legitimidade política coletiva da oficialidade na revolução e não mais, como era o caso no pós-golpe de Estado, a de conspiradores e golpistas históricos. Por muito tempo na periferia do poder costista, tiram proveito dessa situação de semidissidência e de sua identidade de militares "profissionais" em suas práticas contestadoras: o essencial de suas reivindicações passa então pela cadeia de comando e, sobre seu conteúdo dispomos apenas, de uma maneira geral, de ecos e rumores. Sendo assim, é difícil estabelecer qual era o seu projeto político. O elemento mais nítido deste é uma crítica acerca da ilegitimidade do governo estabelecido, formado por generais e técnicos civis "colaborando" com um Congresso reduzido à impotência, até mesmo consentâneo com a militarização do poder. Essa crítica decerto resulta do oportunismo dos coronéis contestadores, mas também de um "ideal" mal definido de renovação política total, associado a um anticivilismo radicalizado em consequência do afastamento de Lacerda. As reformas que alguns coronéis chegam a defender no início de 1968, quando sua marginalização política está consumada, atestam o entrelaçamento das ambições pessoais frustradas e da "mística revolucionária" em busca de homens novos. Assim, em março de 1968, Rui Castro afirma que nada se parece mais com o governo de João Goulart que o de Costa e Silva, com a diferença de que, no passado, eram os sargentos os indisciplinados, e hoje são os oficiais.[16] A inovação vem em seguida: o coronel Castro exige que seja designado, como candidato às eleições presidenciais de 1970, um militar de "linha dura" ou um civil com menos de 45 anos (o que excluiria Lacerda, nascido em 1914). Essa declaração, que vale ao oficial cinco dias de prisão disciplinar, é o primeiro passo de uma dissidência radical pela qual opta parte da "primeira linha dura".[17]

O fim do lacerdismo militar

O primeiro ano do mandato de Costa e Silva não corresponde, portanto, nem a uma chegada da "primeira linha dura" ao poder, nem a uma imposição das políticas desejadas por ela. O governo, ao contrário, sem revogar nenhuma das medidas autoritárias adotadas por Castelo Branco em 1966 e 1967, adota uma postura de expectativa e não mexe nas orientações de seu predecessor no campo econômico e financeiro. Os oficiais radicais mais velhos que ocupam cargos ministeriais não exprimem nenhuma solidariedade pública à jovem geração de ativistas, sistematicamente reprimida, pouco visível e, por enquanto, pouco temida pelo poder. A dissidência revolucionária mais incômoda para o governo Costa e Silva é a de Lacerda: loquaz e provocador, como de hábito, ocupa o espaço de um protesto cada vez mais "democrático", ao mesmo tempo em que conserva seu repertório político anterior, que divide com os jovens oficiais da "linha dura", por muito tempo seus discípulos.

A reorientação política do ex-governador da Guanabara afasta-o sem isolá-lo completa nem definitivamente da jovem oficialidade radical. Habilidoso ao instituir a agenda do debate político, é também um homem de redes que se empenha então em construir pontes entre setores que o governo desejaria antagônicos: no modelo da "frente anticastelista" de 1966 e do início de 1967, Lacerda passa a congregar todas as boas vontades em sua Frente Ampla, desde os políticos do MDB até generais dissidentes, passando pela jovem e hesitante "linha dura", a qual ele não deixa de invocar. Fazendo isso, contribui para embaralhar as pistas e fragilizar as fronteiras ideológicas; mas revela igualmente afinidades latentes em torno das temáticas nacionalistas e da denúncia de uma usurpação do poder, considerado em plena decadência moral.

A instauração do bipartidarismo pelo AI-2 prejudica as ambições eleitorais e políticas de Lacerda. O fim do partido União Democrática Nacional (UDN), em primeiro lugar, faz com que ele perca o posto de candidato às eleições presidenciais; a Arena, que integra ex-membros do Partido Social Democrático (PSD), escapa à sua influência. Desde os primeiros meses de 1966,

Endurecimento e divergências: 1966-1968

a Arena segue a suposta "opinião dos quartéis", aprovando em massa e com entusiasmo a candidatura do ministro da Guerra. Lacerda tenta fundar uma terceira agremiação, a despeito do AI-2, o Partido da Renovação Democrática (Parede), mas a iniciativa, sem apoio, malogra. Oponente incansável do poder estabelecido há quase duas décadas, ele não pretende, porém, integrar a Arena, cuja única linha de ação é o apoio ao governo: nela, perderia sua especificidade de oposicionista sistemático e se comprometeria com as "raposas pessedistas", tão depreciadas pelos jovens oficiais que seguem sua liderança desde o início dos anos 1950. A Frente Ampla, que ele começa a organizar a partir de meados de 1966, é, em primeiro lugar, uma ferramenta de sobrevivência política. Ela vem ao mundo em 28 de outubro de 1966, da lavra exclusiva de Lacerda, num manifesto reivindicando eleições livres e diretas, uma reforma dos partidos e das instituições, a retomada do desenvolvimento econômico e a adoção de uma política externa soberana. O texto é divulgado não muito depois da eleição de Costa e Silva à Presidência da República, por eleição indireta e como candidato único. O mês de outubro, além disso, foi marcado pelo recrudescimento das punições de parlamentares: as do início de outubro, aliás, que geraram uma crise com o Congresso, visavam a deputados envolvidos na formação da Frente Ampla.

O objetivo da Frente, para seus fundadores, é tornar-se o refúgio de figuras políticas nacionais afastadas do poder, suscetíveis de construir uma alternativa política de peso. Essa "reunião de lideranças" acha-se desde o início enraizada em uma lógica de oposição e em redes de oposição; a Frente ganha impulso com a Declaração de Lisboa, datada de 19 de novembro de 1966, que Lacerda assina junto com Juscelino Kubitschek, apesar de ter apoiado a cassação de seus direitos políticos um ano e meio antes. Em agosto de 1966, Lacerda apoiara dois generais dissidentes, Amaury Kruel e Taurino de Rezende, filiados ao MDB em protesto contra um desvio da "Revolução". Ele divulga então um manifesto no qual condena o militarismo do poder, não para defender a democracia civil, mas porque prejudicaria as próprias Forças Armadas, que foram "debandadas pelo governo Castelo Branco, governo militarista contra os militares à custa dos quais se instalou e a favor dos omissos e oportunistas à custa dos quais perdura".[18] Essa aparente rejeição de um poder militar afasta Lacerda do apoio a Costa e Silva, uma vez que, diz ele, "não creio que seja assim tão importante para o Brasil trocar de general". Nem por isso ele nega o "movimento de 31 de março": "Haveria que fazer uma oposição *a favor* da revolução que Castelo desviou de seus rumos, traída ou mal-interpretada por aqueles que, na velhice, renegaram os sacrifícios da mocidade."

A Declaração de Lisboa inaugura o divórcio entre o ex-governador da Guanabara e os militares; o general Mourão Filho, não obstante em plena trajetória dissidente, recusa aderir ao pacto. As tomadas de posição de Lacerda têm a característica de agitar de maneira cada vez mais clara a bandeira de um retorno à democracia civil, ao mesmo tempo em que acompanha o ritmo e as reivindicações da "primeira linha dura". Ele tenta construir uma alternativa política ao poder militar com cores suficientemente "democráticas" para cooptar o MDB e até os arenistas ressabiados diante da guinada autoritária, bem como as figuras importantes do "sistema deposto", dando a ilusão de que defende as reivindicações dos oficiais de "linha dura". Esse número de equilibrista não se furta a pronunciamentos nacionalistas, bastante populares entre a oficialidade radical.

No início do mandato de Costa e Silva, Lacerda adota a mesma atitude de expectativa que os coronéis – crítico, mas interessado em eventuais cargos governamentais –, à qual o novo general presidente, desde sua posse, não dá atenção. Aproveitando-se da indefinição política do poder e do ofuscamento provisório de temas como expurgo, repressão e evolução institucional do regime, Lacerda expande a crítica econômica e financeira do entreguismo persistente do poder, mas de maneira suficientemente vaga para que as contradições entre suas posições e os ideais industrialistas da maioria dos militares não venham à luz. Seu rompimento gradativo com o governo Costa e Silva se cristaliza em junho de 1967, paralelamente aos primeiros atos de dissidência dos coronéis de "linha dura". A Frente Ampla passa então a manifestar tão somente reivindicações nacionalistas, omitindo-se quanto à questão institucional (tanto no que se refere aos "instrumentos de exceção" quanto à militarização do poder).

A CRIAÇÃO DA FRENTE AMPLA afasta Lacerda de seus antigos partidários da oficialidade radical, e acontecimentos em agosto de 1967 precipitam o rompimento. Em 18 de julho de 1967, o marechal Castelo Branco morre em um acidente aéreo, em seu estado natal, o Ceará. No dia seguinte à sua morte, o jornalista Hélio Fernandes, próximo de Lacerda e diretor do jornal *Tribuna*

Endurecimento e divergências: 1966-1968

109

da Imprensa, no Rio de Janeiro, órgão oficial do lacerdismo, redige um editorial violentamente hostil à herança e à pessoa do primeiro general presidente, descrevendo-o como "um homem frio, impiedoso, vingativo, implacável, desumano, calculista, ressentido, cruel, frustrado, sem grandeza, sem nobreza, seco por dentro e por fora, com um coração que era um verdadeiro deserto do Saara".[19] Esse ataque à memória de Castelo Branco lhe vale a abertura de um IPM e uma prisão imediata na ilha Fernando de Noronha, além da indignação de todos os militares que se expressam publicamente. Contrário a João Goulart e partidário do golpe de Estado, Hélio Fernandes não demorara a manifestar uma grande desconfiança com relação ao regime. Não parara de denunciar, em seus artigos, a "desnacionalização" da economia brasileira orquestrada por Castelo Branco. O tom provocador de seus textos lhe custou, apenas nesse período, nada menos que 27 processos. Ao longo de 1966, aproximou-se do MDB e teve os direitos políticos cassados por dez anos em novembro daquele ano. Proibido de trabalhar na imprensa, continuou a escrever sob pseudônimo e prosseguiu, durante o mandato de Costa e Silva, com suas críticas, nas quais o tema do nacionalismo sempre ocupou o primeiro lugar.

Em julho de 1967, Carlos Lacerda toma o partido do colega, considerado "o paladino da defesa do nacionalismo" sob o governo Castelo Branco, que "caracterizou-se pela intromissão estrangeira na economia nacional". Declara que doravante "grupos internacionais liderados pelo ex-ministro Roberto Campos" tentam, por seu turno, cegar Costa e Silva e abafar a voz de Hélio Fernandes.[20] A prisão de Fernandes é interpretada por Lacerda como um ato antinacionalista, urdido por personalidades oriundas da equipe anterior e pelo qual as Forças Armadas não têm responsabilidade – tal leitura constitui para ele um meio de não perder o conjunto da "opinião militar". Ao fazer uma visita a Fernandes, dez dias após a prisão, ele declara que a oficialidade não partilha a raiva de uma "elite", mal-identificada, contra o jornalista: prova disso seriam as boas condições da prisão e a ausência de maus-tratos. A estratégia de Lacerda é tortuosa: ao mesmo tempo em que subentende a existência de torturas nas masmorras do regime, o que reforça seu enraizamento na esfera da oposição civil, nesse caso preciso isenta a oficialidade de qualquer responsabilidade, a fim de atrair suas boas graças. O general Moniz de Aragão é o primeiro a fustigar, em nome das Forças Armadas, a campanha de Lacerda em defesa do colega e, através dele, aqueles que Castelo Branco denunciara como as "vivandeiras dos quartéis":

"demagogos" e "jornalistas subversivos", "políticos" e "governantes frustrados", a quem repete a ordem dada na véspera do golpe, no mesmo jornal, de "tira[r] suas mãos das Forças Armadas".[21] Suas declarações prefiguram a invocação de um "erro" central dos civis, cujo desfecho seria o Ato Institucional n.5: o atentado à honra militar.

Nessa crise, Lacerda perde muito, sendo rotulado – por um general dotado, apesar de sua proximidade com Castelo, de grande prestígio entre a oficialidade radical – como uma caricatura de civil amoral e manipulador, inimigo das Forças Armadas. Alguns dias mais tarde, no mesmo jornal, o almirante Sílvio Heck desfere-lhe o golpe de misericórdia e manifesta a decepção de seus correligionários:

> Terá porventura o Brasil culpa de o ex-governador da Guanabara não conseguir convencer com seus malabarismos verbais e de, a cada dia que passa, afastar um número maior de admiradores que exaltadamente apreciavam pretéritas campanhas pela moralidade da vida pública e pela União das Forças Armadas?[22]

O mês de agosto de 1967, aliás, não é propício à estratégia lacerdista: a primeira conferência da Organização de Solidariedade Latino-Americana (Olas), em Havana, amplamente divulgada pela imprensa, reacende nos discursos militares a ameaça iminente do comunismo internacional e reduz o espaço político da Frente eclética, onde se incluiriam supostos "subversivos", que Lacerda pretende formar. Ao mesmo tempo, as primeiras ações armadas de grupos de esquerda são alardeadas por certos oficiais ávidos por detectar os sinais efetivos da guerra revolucionária: é o caso da guerrilha de Caparaó, na divisa entre o Espírito Santo e Minas Gerais, promovida pelo Movimento Nacionalista Revolucionário e desarticulada em abril de 1967 pela Polícia Militar. Nos meses seguintes, a iniciativa permite a certos militares, como Ferdinando de Carvalho, martelar publicamente que a luta armada comunista representa uma ameaça crescente ao Brasil.

NESSE CONTEXTO, "a união sagrada" das Forças Armadas em torno da morte de Castelo Branco e o caso Hélio Fernandes são oportunidades para uma encenação midiática de um fosso entre militares e civis, enquanto o retorno do "perigo subversivo" já ofusca as temáticas nacionalistas, dominantes desde o

Endurecimento e divergências: 1966-1968 111

início do mandato de Costa e Silva. O golpe de misericórdia que Carlos Lacerda autoperpetra, sacrificando sua popularidade no seio da oficialidade radical, vem com a assinatura, no fim de setembro de 1967, do Pacto de Montevidéu, junto com o ex-presidente João Goulart, exilado na capital uruguaia. Embora pretendido desde os primórdios da Frente Ampla pelo ex-governador da Guanabara, Jango, a princípio, opusera resistências compreensíveis ao acordo, visto que Lacerda contribuíra amplamente para a desestabilização midiática e política de seu governo. O Pacto de Montevidéu defende a redemocratização do país e faz dos trabalhadores as primeiras vítimas do regime de opressão. O retorno às eleições diretas, ponto de convergência entre Lacerda e a esquerda institucional desde 1965, é a principal reivindicação política, ao passo que a demanda por "salários mais justos" para permitir a expansão do mercado interno é o denominador comum no plano econômico e social.

A consequência imediata do acordo de Montevidéu é a franca rejeição de Lacerda por seus ex-discípulos na esfera das Forças Armadas. A princípio, alguns oficiais, declarando-se de "linha dura", esperam um recuo e uma redenção do político, reconhecendo que "a Revolução vem sendo ingrata para com o ex-governador". Mas "se Lacerda continuar firme e não modificar seu comportamento, ficará só. A linha dura não pode aceitar que ele se identifique com o passado. Temos uma filosofia e não modificaremos nossos princípios. Não comungaremos com o que foi repelido pela Revolução".[23] *A posteriori*, os oficiais da "primeira linha dura" consideram esse acordo o momento da desilusão definitiva, a partir do qual "Lacerda deixou de ser lacerdista". Vários anos mais tarde, Lacerda se lembraria, com amargura:

> No primeiro momento da Frente Ampla perdi quase todos os amigos e o apoio político. O primeiro momento foi uma coisa parecida como quando rompi com os comunistas, sobretudo os fanáticos. Quanto mais o sujeito era fanático por mim, mais ficou decepcionado. O sujeito que me apoiava conscientemente, por coincidência de pontos de vista, esse pelo menos fez um esforço para compreender. Esse, pelo menos, não pensou que eu tinha enlouquecido nem que eu tinha traído. Mas os chamados lacerdistas crônicos, exaltados, esses ficaram na maior indignação.[24]

Apesar da franca desaprovação de que lhe dão mostra os ativistas militares, Lacerda não desiste das tentativas de sedução e dos rasgos midiáticos que caracterizam sua prática política. Mas sua estratégia fracassa: mais que isso, os antigos aliados do ex-governador tornam-se seus mais virulentos detratores. Em fevereiro, membros da "primeira linha dura" recém-rebatizados como "ortodoxos", Francisco Boaventura e Hélio Lemos declaram publicamente que a supressão da Frente Ampla é um objetivo político prioritário. Entretanto, as críticas que Lacerda continua a dirigir ao poder (acusações de corrupção, de aliança com a oligarquia e de tendências "americanomaníacas") preservam cores que por muito tempo haviam aliciado a "linha dura" militar. Mas Lacerda define igualmente o regime como "militarista" ou "de prontidão", diz que a "força das baionetas" é o principal meio de proteção dos corruptos e acusa o conjunto das Forças Armadas de trair a revolução.[25]

Cada vez mais estigmatizado como inimigo dos militares e do regime, e não apenas do governo, Lacerda adota uma posição que termina por privá-lo de qualquer apoio castrense quando cresce a agitação estudantil. Em 28 de março de 1968, quando o jovem Edson Luís é assassinado pela Polícia Militar, ele se faz, por intermédio da imprensa, o arauto da explosão de raiva suscitada pela repressão policial na opinião pública. Em 3 de abril, é lido um manifesto da Frente Ampla na Assembleia Legislativa da Guanabara, transformada pelos estudantes, alguns dias antes, em capela ardente de Edson Luís. A sanção, adotada sob pressão dos mesmos "duros" que Lacerda contava entre seus mais fervorosos partidários, não se faz esperar: em 5 de abril de 1968, a Portaria n.117 do ministro da Justiça proíbe todas as atividades da Frente Ampla. Mas Lacerda só teria seus direitos políticos cassados muitos meses depois, após a promulgação do AI-5, ocorrida em 13 de dezembro daquele ano. Entre abril e dezembro, ele continua a organizar, na sombra, a oposição ao governo.

PARA OS CORONÉIS CONTESTADORES, afastar-se de seu líder histórico é doloroso: desde o início dos anos 1950, eles foram formados na escola lacerdista. Dessa formação, conservaram certa "ética do poder", construída por oposição a um sistema político considerado esclerosado, decadente e distante das preocupações do povo e dos interesses da nação – temáticas familiares aos movimentos antiparlamentares e antipartidários do Velho Continente. Diante de tais oligarquias, interesseiras e deliquescentes, esses oficiais e Lacerda têm como ponto comum considerar-se "puros" e idealistas e ver a ação política

Endurecimento e divergências: 1966-1968

como sacerdócio e manifestação de heroísmo pessoal. Os oficiais associam a isso, igualmente, o que imaginam definir sua identidade militar – plena de retidão, desinteresse e coragem. Por conseguinte, a rejeição do "sistema deposto", *leitmotiv* e pedra angular do discurso de "linha dura", advém tanto do anticomunismo quanto do desprezo pela política civil e pelo regime parlamentar, pluralista e, aos olhos dos oficiais, corrupto e oligárquico.

Após o golpe, a jovem oficialidade radical e o ex-governador da Guanabara põem-se novamente a denegrir o poder de maneira bastante similar. A "revolução" não teria atingido seus objetivos porque o novo poder reproduziria as práticas e preservaria os homens do "sistema deposto". Além disso, os generais que haviam assumido a chefia do Estado teriam se cercado de técnicos sem grandeza nem ideais, dispostos a "vender" o país às empresas multinacionais e norte-americanas. Lacerda e seus antigos adeptos militares não identificam exatamente da mesma maneira esse "sistema de poder" do grupo palaciano: para o primeiro, o golpe desembocou numa nova dominação política militarista, enquanto os coronéis de "linha dura" geralmente consideram que a Presidência peca por civilismo, isto é, por suas alianças com as oligarquias e os políticos do baixo clero, pilares da República há quase um século.

Divisões e dissidências

Enquanto os anos de chumbo verão o confronto, sem intermediário, de uma ditadura militar e uma oposição que lhe é radicalmente hostil, os anos 1966-68 revelam as ambiguidades das colaborações entre dissidentes, consentâneos e hesitantes, que ressurgirão no período da abertura política.

Em 1966 e 1967, o governo Costa e Silva deve administrar, além da agitação rediviva dos "coronéis de linha dura" e a oposição radicalizada de Carlos Lacerda, várias dissidências individuais de generais com perfis bastante distintos. Inicialmente partidários do golpe, alguns se aproximam, no início de 1966, do MDB e todos tentam resistir, segundo modalidades diversas, ao autoritarismo crescente do poder e à repressão política. O general Peri Constant Bevilaqua é quem manifesta a oposição mais precoce e mais franca à evolução do regime.[26] É ministro do Superior Tribunal Militar (STM) de março de 1965 a 16 de janeiro de 1969, quando é exonerado de suas funções e privado de suas condecorações militares pelo AI-5. Nos anos que precedem o golpe, Bevilaqua já escapava parcialmente à estruturação dicotômica do mundo militar. Anticomunista radical, hostil a greves e mobilizações populares, havia entretanto manifestado um firme legalismo (razão de seu apoio à posse de Goulart em setembro de 1961) e defendido uma política econômica nacionalista, então suspeita aos olhos de boa parte da direita militar: em maio de 1962, Bevilaqua representa, assim, a corrente nacionalista na eleição para a presidência do Clube Militar, que ele perde para o general Augusto da Cunha Maggessi, apoiado pela Cruzada Democrática. O aumento da tensão social e da indisciplina militar, em 1963, faz o general Bevilaqua aderir à ideia de um golpe de Estado, em cujos preparativos e desenrolar, todavia, não toma parte. A princípio benevolente a respeito do governo Castelo Branco, não demora a manifestar suas preocupações face ao expurgo político, em especial quanto à aplicação de instrumentos policiais (IPMs) e jurídico-militares a civis. Já membro do STM, em 1965, defende quase sistematicamente a concessão de *habeas corpus* aos réus e de anistia política para as vítimas de "punições revolucionárias".

Essas tomadas de posição o isolam no seio do STM, onde atrai para si, tão logo assume, a ira do general Mourão Filho, que o acusa de tolerância para com a subversão e o "sistema deposto". No início de 1966, entretanto, é em conjunto que os dois oficiais pedem anistia para os punidos pela "contrarrevolução de 31 de março" e eleições diretas em todos os níveis do Estado. O pensamento político do general Mourão Filho é de uma coerência duvidosa: faz tempo que ele se identifica com a "linha dura" militar, reivindica um autoritarismo político maior e apoia sua rejeição precoce do governo castelista sob argumentos rigorosamente idênticos aos mobilizados pelos coronéis radicais. Entretanto, a partir do AI-2, que em suas memórias ele considera o início de uma "fase irreversível de deterioração",[27] o general torna-se a ponta de lança de uma democratização política. Em janeiro de 1967, ele declara que a nova Constituição, a nova Lei de Imprensa e a Lei de Segurança Nacional (LSN), frutos do "castelismo autoritário", mergulham o Brasil numa "longa noite medieval". Em seguida, alimenta esperanças de que o novo presidente, Costa e Silva, facilite a anulação da LSN, "lei de escravidão" que assassina as liberdades individuais.[28] Por trás dessa reviravolta espetacular, vemos acima de tudo um inábil oportunismo político. Enquanto seus colegas da "primeira linha dura" esperam alcançar o poder intimidando e controlando os futuros "governos da revolução", Mourão

Endurecimento e divergências: 1966-1968　　　　　　　　　　　　　　115

opta pela contestação frontal: em maio de 1966, apoiando-se em um discurso nacionalista (denuncia uma política econômico-financeira "antinacional") e democrático, declara-se disposto a aceitar a candidatura pelo MDB nas próximas eleições presidenciais:

> Dois anos depois desse movimento, qual o quadro que se nos depara? Muitas injustiças, decorrentes de mandatos cassados, direitos políticos suspensos, demissões, expulsões, sem que os prejudicados, civis e militares, tivessem qualquer direito de defesa, fundamental nas democracias e universalmente consagrado pela Declaração dos Direitos do Homem. Através das malhas das sanções legais, necessárias a uma democracia, escaparam, entretanto, muitos dos principais culpados de corrupção. Inúmeras lideranças políticas de inequívoco sentido popular e democrático foram sacrificadas e marginalizadas.[29]

Na realidade, essas reivindicações liberais e civilistas (em março de 1968, como Lacerda, ele apoia o apelo do general Poppe de Figueiredo em favor de um candidato civil às eleições presidenciais de 1970) tardiamente sugeridas pelo general Mourão têm como pano de fundo uma concepção confusa do regime político adaptado ao Brasil, ora marcada por seu passado integralista, ora desconfiada com relação a um Executivo forte e a representantes do povo, mal selecionados por um sistema viciado.

No mesmo período, os generais Justino Alves Bastos e Amaury Kruel optam por ingressar no MDB como meio de exprimir suas divergências a respeito das novas orientações do poder castelista. Sua dissidência nasce de uma frustração: a impossibilidade, em virtude de uma exigência de domicílio eleitoral prevista pela "Lei de Inelegibilidades" de junho de 1965 (a Emenda Constitucional n.14), de participar das eleições estaduais de outubro de 1966. Seu descontentamento ganha rapidamente a forma de uma contestação do próprio regime, como atesta o manifesto divulgado pelo general Kruel em agosto de 1966, que acompanha sua filiação ao partido de oposição. Nele, acusa o governo de "revolucionários de gabinete":

> Desgraçadamente, [as fontes inspiradoras do 31 de março] já não estão presentes na memória daqueles que, donos do poder hoje, se julgam os únicos revolucionários autênticos, como se para ser revolucionário bastasse criticar o governo na intimi-

dade, beber uísque no conforto dos apartamentos, ficar dependurado ao telefone em sussurros conspiratórios, e aguardar a hora da vitória das forças empenhadas na luta para sair à rua e empreender a corrida aos postos-chave já abandonados.[30]

Os ataques de Kruel visam igualmente à repressão por parte do poder, julgada excessiva, e ele reivindica o retorno ao voto secreto e a uma democracia real. Continua Kruel:

Ainda não satisfeitos das fáceis conquistas, tripudiam sobre culpados e inocentes, com certo furor punitivo jamais assinalado na História dos nossos pronunciamentos armados. ... [Há] um sistema de coação em pleno funcionamento, mantido com os artifícios de um bipartidarismo que suprime o diálogo democrático, porquanto um dos interlocutores está de antemão condenado a permanecer em cena como simples figurante ou a ser dela expulso. Todo esse espetáculo de mistificação, imposta ao sofrido povo brasileiro, tem como justificativa a alegação de visar ao aprimoramento da "democracia".

Essas dissidências, em parte motivadas por ambições frustradas, um sentimento de ilegitimidade do poder e reais preocupações liberais, desenrolam-se, lembremos, num contexto de forte incerteza política: até o início de 1968, apesar da evidente militarização do regime, a redemocratização permanece um horizonte possível. O MDB, a princípio na expectativa, observa com um olho benevolente a candidatura, depois o início do mandato do general Costa e Silva. Por fim, o retraimento provisório no espaço público (até agosto de 1967, pelo menos) dos temas da repressão e da luta contra a subversão estimula a ênfase no nacionalismo econômico. Ora, é forçoso constatar que todos os dissidentes, apesar de suas divergências com relação a outros pontos, defendem de longa data uma guinada nacionalista no campo da política econômica e financeira. Essa reivindicação comum contribui para estabelecer pontes políticas, relegando a um relativo segundo plano profundas discordâncias. Em janeiro de 1966, por exemplo, o coronel Rui Castro encontra-se na Câmara dos Deputados com o líder do grupo do MDB, Vieira de Melo, a fim de decidir a respeito de uma eventual oposição comum à política econômico-financeira de Castelo Branco. No ano seguinte, já sob Costa e Silva, três deputados de oposição (Marino Beck e Henrique Henkin, muito ligados a Leonel Brizola;

Endurecimento e divergências: 1966-1968

e Raul Brunini, de obediência lacerdista) consumam essa aliança, criando o grupo Posição Brasil, aberto a "militares nacionalistas, idealistas e de boa-fé".[31] Sua proposta se dá alguns dias depois da sabatina patrocinada pelos coronéis de "linha dura" Francisco Boaventura, Amerino Raposo e Hélio Lemos no Ministério da Fazenda. Trata-se de uma clara tentativa de recuperação política.

Entretanto, essas iniciativas permanecem marginais no jogo político e não resultam em alianças sólidas: falta um consenso mínimo a essa frente de oposição, que as acrobacias de Lacerda não conseguem conciliar. Em particular, os "oficiais independentes" difíceis de se filiar a uma facção militar específica – Bevilaqua, Kruel, Alves Bastos, Mourão Filho, Poppe de Figueiredo, ou ainda Taurino de Rezende – divergem quanto à interpretação do processo político iniciado em 1964: enquanto se trata, para alguns, de uma simples trégua nas desordens sociais e militares em curso de agravamento sob o governo João Goulart, a maioria dos militares estima necessária uma renovação completa do sistema democrático anterior.

A PARTIR DE SETEMBRO DE 1967, as eleições presidenciais de 1970 impõem-se como a principal perspectiva política. Inesperadamente, parte do grupo da "primeira linha dura" aproxima-se de Lacerda ao longo de 1968, defende novamente sua candidatura e se apropria de algumas de suas teses "liberais". Mas essa posição está longe de formar consenso: muitos oficiais radicais, para os quais o presidente Costa e Silva peca em primeiro lugar por seus vínculos com a politicagem, não veem mais futuro político senão com o surgimento de um novo líder militar. O general Afonso de Albuquerque Lima, nacionalista reconhecido e dotado de sólida legitimidade radical em virtude de seu papel no "golpe de força" anticastelista de outubro de 1965, tenta desde o fim de 1967 ocupar esse espaço, com uma campanha exclusivamente militar – multiplica os discursos nacionalistas na Vila Militar – e numa linha de autoritarismo político. Desde sua chegada ao Ministério do Interior, seduz amplos setores da oficialidade com seu discurso voluntarista, desenvolvimentista e nacionalista. Além disso, sua declaração de posse sugere a ideia, muito popular entre os coronéis de "linha dura", do "cidadão fardado" dotado de uma verdadeira legitimidade política enquanto militar.

Conquanto não tenhamos recebido delegação dos nossos camaradas, mas sentindo que, muitos deles, acreditam possamos representar, na conjuntura atual da vida brasileira, um pensamento militar ... . A esses camaradas de farda dirigimo-nos, com especial afeto, para afirmar com plena convicção que não lhe faltaremos às esperanças no exercício das funções que nesse instante se iniciam, mesmo porque nelas saberemos reafirmar os princípios que nos aproximaram ontem, e hoje permanecem íntegros como expressão do nosso idealismo político e moral: o nacionalismo.[32]

Os objetivos que ele estabelece oficialmente para sua administração são a redução das desigualdades regionais, graças em particular ao desenvolvimento econômico da Amazônia e do Nordeste, bem como a luta contra a pobreza e pela justiça social. Nas declarações do general, numa estranha paródia de filosofia da história marxista, a "democracia" seria a última etapa da "revolução brasileira", "escamoteadora da luta de classes, agindo, junto com o nacionalismo, como fator aglutinante das forças nacionais". Por trás disso tudo, está o ideal do "Brasil grande", herdado do pensamento autoritário dos anos 1930 e encenado pela propaganda do Estado Novo,[33] poderoso economicamente, pacificado socialmente e livre dos desequilíbrios e das divisões territoriais. Albuquerque Lima parece sustentar as políticas nacionalistas que defende em uma reflexão teórica mais avançada que os oficiais da "primeira linha dura", mas os elementos que ele invoca são os mesmos: entrada limitada de capitais estrangeiros, propriedade nacional das riquezas do solo e do subsolo, apoio à iniciativa privada brasileira no âmbito de uma política externa de alinhamento circunspecto com o bloco ocidental.

O general Albuquerque Lima desponta como novo líder militar a favor do aprofundamento de uma crítica nacionalista a um poder costista acusado, por sinal, pelos mesmos defeitos "civilistas" que o governo Castelo Branco: fraqueza, tolerância face à corrupção, comprometimento com uma classe política decadente e com as oligarquias herdadas do pré-1964. Sua candidatura castrense, alicerçada em posições de extrema direita, repressivas e autoritárias, fecha então o parêntese de certa indefinição política, em 1966 e 1967, do protesto militar. Sob diversos aspectos, ele retoma a bandeira da "linha dura" pós-golpe e atrai boa parcela de seus membros, a despeito do constante vaivém de alguns deles (como Boaventura) no que se refere a Lacerda. Em dezembro de

Endurecimento e divergências: 1966-1968

1967, o almirante Rademaker, ministro da Marinha, manifesta publicamente sua solidariedade a Albuquerque Lima no que toca à política amazônica. Ex-dirigentes da Liga Democrática Radical (Lider), como o almirante Heck e o coronel Martinelli, amigos de Albuquerque Lima, acolhem de modo favorável o lançamento de sua candidatura: tanto as ideias marteladas pelo ministro do Interior quanto seu estilo político, castrense e carismático, são bem recebidos pela jovem oficialidade radical. Numerosos observadores, aliás, notam um paralelismo entre suas ambições presidenciais e aquelas, dois anos antes, do ministro da Guerra, com a única diferença que o general de divisão Albuquerque Lima não carrega senão três estrelas no peito, contra as quatro de Costa e Silva. Esse déficit hierárquico do ministro do Interior é uma das razões da desconfiança que ele inspira no seio da elite militar.

1968: a entrada na guerra

No fim de 1967, o discurso anticomunista da mídia, da elite política e dos líderes militares endurece. Paralelamente, o ensino da "guerra revolucionária" nas escolas militares dá uma guinada: além da formação teórica, que se alastra pela alta hierarquia desde o fim dos anos 1950, organiza-se a instrução prática. Em dezembro de 1966, por exemplo, é criado na Academia Militar das Agulhas Negras (Aman) um Departamento de Instrução Especial (DIEsp), encarregado de estágios anteriormente dirigidos pelos paraquedistas da Vila Militar, tendo em vista combates na selva, na montanha, contra guerrilhas. O DIEsp entra em atividade em 1967 e treinamentos de guerrilha começam a ser desenvolvidos por todos os quartéis do país, com visitas de inspeção, em novembro, do ministro do Exército, Lyra Tavares. O acirramento do clima anticomunista na esfera do mundo militar é igualmente perceptível nas "conferências" organizadas na Aman, que se multiplicam a partir de maio de 1968 e têm como tema exclusivo, durante um ano, "a democracia" a ser protegida contra "o marxismo" e "o comunismo", comprometidos com sua empreitada de "dominação do mundo". Ali são ouvidos, entre outros, coronéis da Escola de Comando e Estado-Maior do Exército (Eceme), sobre "A ação comunista no Brasil"; o deputado de extrema direita Clovis Stenzel, sobre os fundamentos da democracia; o bispo de Diamantina, Geraldo Sigaud (membro da organização católica fundamentalista Sociedade Brasileira de Defesa da Tradição, Família e Propriedade – TFP), sobre "A doutrina social da Igreja e a guerra revolucionária". Também fora dos quartéis a revolução comunista volta a ser tema de discussão e preocupação onipresente no debate público. Essa virada resulta de uma mudança de conjuntura – sobretudo depois da reunião da Olas e do surgimento dos primeiros movimentos armados, seguidos pela eclosão dos protestos estudantis em 1968 –, mas também do amadurecimento repressivo e autoritário do regime, que se arma e treina suas tropas para a "guerra" que justificou o golpe de Estado.

A partir de maio de 1968, as declarações de oficiais se multiplicam em duas direções: a denúncia da "escalada subversiva", às vezes misturada a apelos por uma radicalização política, e a crucificação de uma classe política que impediria o governo revolucionário de tomar as medidas adequadas – desde março, com efeito, a oposição do MDB no Congresso se radicaliza. Um manifesto anônimo divulgado no início de maio propõe a criação de um verdadeiro "Estado militar", apoiado apenas pelos empresários e livre do peso antirrevolucionário da política civil.[34] Nesse momento a principal pressão política não emana nem da histórica "linha dura", discreta ou, ao contrário, engajada na defesa das eleições diretas, da reforma da Constituição e da anistia parcial das vítimas das punições revolucionárias (segundo uma declaração anônima de oficiais "ortodoxos" em agosto de 1968);[35] nem, mais genericamente, da média oficialidade militante. Acima de tudo são altas patentes do Exército, de tendências variadas, que se exprimem por meio da imprensa para comunicar suas inquietudes diante dos acontecimentos em curso. A Passeata dos Cem Mil e a morte do soldado Mário Kozel Filho no Quartel-General de São Paulo, no mesmo 26 de junho de 1968, inflamam o anticomunismo desses generais. O general Carvalho Lisboa, comandante do II Exército em cujo quartel-general se deu o atentado, declara nessa ocasião que irá "buscar os comunistas onde estejam infiltrados, na Igreja, nos colégios, nas fábricas e até mesmo no inferno". E prossegue:

> Isto é um tumor que devia estourar. É coisa preparada por gente orientada do exterior. É a onda vermelha que pretende tomar o poder à força. Já esperava os atentados. Não sou um homem que dorme de touca. Eu previa isso, mas a violência me estimula. Se levar um tapa, não viro a outra face. Não sou bíblico. Se alguém me der um tiro, que seja pelas costas, porque senão eu almoço o que tentou.[36]

Endurecimento e divergências: 1966-1968

Alguns dias depois, o almirante Sílvio Heck junta-se ao alarmismo reinante. Faz-se porta-voz da força marítima, que ele diz resoluta a lutar contra "o terrorismo anarquista que enluta lares, provoca lágrimas de mães dedicadas, mutila crianças inocentes, dinamita quartéis, espanca oficiais e embaraça o trabalho pacífico do brasileiro".[37]

O anticomunismo militar não apenas é reavivado pelos distúrbios políticos e a efervescência cultural de 1968: ele muda de tom. Enquanto os temas da destruição da família, da derrubada da moral e dos estragos provocados pelo materialismo ateu não eram até 1968 centrais nas declarações públicas de militares, eles se tornam nesse momento as provas obsessivas do progresso da subversão. O general Albuquerque Lima mostra-se particularmente preocupado com essas temáticas sociais, que ele associa nas suas declarações à infiltração de agentes do comunismo na Igreja: parte do clero, em torno da Conferência Nacional dos Bispos do Brasil (CNBB) e das comunidades eclesiais de base oriundas do Concílio Vaticano II, vive então uma revolução cultural e política que inaugura um diálogo com o socialismo e suscita uma crescente oposição ao poder militar. Em outubro, diante dos oficiais do Círculo Militar de São Paulo, o general Albuquerque Lima dirige-se aos "… comunistas, os padres e bispos da esquerda festiva, os que se intitulam estudantes e fazem o jogo de poderosos grupos econômicos, enfim, que não querem a nova ordem que se tenta impor pela Revolução".[38] Albuquerque Lima se faz eco de uma reorientação do doutrinamento anticomunista no interior das Forças Armadas, que vê na liberdade sexual, associada ao consumo de drogas, à indolência e à contestação dos símbolos da autoridade, o novo instrumento do comunismo para formatar as consciências. Esse discurso está em consonância com a reinvenção do fundamentalismo católico brasileiro contra a "subversão comunista", sob a influência de Gustavo Corção, intelectual reacionário que difunde nessa época suas teses na grande imprensa conservadora (*O Estado de S. Paulo*) e em seu jornal, *Permanência*.[39] Alguns oficiais fazem-se arautos dessas teses na área militar: é o caso do general Moacir Araújo Lopes, nascido em 1918, católico fervoroso e puritano, preocupadíssimo com a educação moral (torna-se em 1969 o primeiro presidente da Comissão Nacional de Moral e Civismo, órgão público de defesa da moral e dos bons costumes, criada em setembro do mesmo ano). A organização católica tradicionalista, paramilitar e sectária TFP, fundada em 1960, aumenta sua visibilidade pública e contribui para a virada religiosa e moralista do anticomunismo militar. A obsessão do fundador da TFP, Plínio Corrêa de Oliveira, com a dominação dos meios de comunicação, das universidades, da imprensa, da Igreja e de todos os formadores de opinião, por parte da esquerda, integra o repertório político da direita militar para nunca mais abandoná-lo.

O RESSURGIMENTO de um anticomunismo militar paranoico, obcecado com a infiltração e a contaminação subversivas, é acompanhado de um renascimento da violência política de direita, cujos alvos privilegiados são justamente os teatros, as editoras, os centros universitários e os órgãos de imprensa. O terrorismo de extrema direita não constitui, no entanto, uma simples marca de anticomunismo: trata-se também de uma renúncia a outros modos de participação política e um ato de desconfiança a respeito das autoridades, até mesmo uma tentativa de desestabilizá-las. Ao passo que a manifestação pública, no seio das Forças Armadas, torna-se privilégio dos generais, renasce um modo de ação não apenas contrário aos regulamentos disciplinares, mas clandestino, criminoso, malconhecido do governo e pouco inserido na cadeia de comando. Quem perpetra esses atos é uma nebulosa radical em parte inédita, cujas práticas aparecem a meio caminho entre as violências dos grupelhos civil-militares pré-1964 e as dos "órgãos de segurança" durante os anos de chumbo. Seus atentados e atos de violência atestam uma ambição de pressionar o poder, e não mais de integrá-lo.

Os nomes dos movimentos de extrema direita responsáveis por atos violentos ao longo de 1968 são conhecidos: o Comando de Caça aos Comunistas (CCC), o Movimento Anticomunista (MAC), ou ainda o Grupo Secreto (cujo nome é incerto). Sua composição, suas relações, seus objetivos e modos de ação o são bem menos. O essencial das informações à disposição dos pesquisadores são trabalhos jornalísticos, realizados a partir de entrevistas, arquivos parcelares e informações publicadas na imprensa da época. A sequência dos fatos (basicamente, cerca de vinte atentados a bomba ou pichações) é praticamente idêntica em todos os relatos.[40] Apenas os artistas, jornalistas e intelectuais atraem a ira dos extremistas, num "terrorismo branco" que por ora não faz vítimas.

Quem são os nossos inimigos? São as esquerdas! Qual é a parte mais vulnerável da esquerda? A esquerda festiva. Como ela se manifesta? Pelo teatro, televisão,

Endurecimento e divergências: 1966-1968

jornais etc. Como poderá ser mais facilmente desencadeada a operação? Por certo nos teatros, onde há maior movimento e mascara mais a operação ... então vamos fazer uma operação nos teatros.[41]

Como nenhum inquérito foi instaurado, continua a pairar certo mistério sobre os autores dos atentados. Algumas testemunhas responsabilizam o enigmático Grupo Secreto, que reúne oficiais da Aeronáutica e, em menor escala, do Exército, e ativistas civis envolvidos em todas as revoltas e golpes de força desde o segundo governo Vargas (1951-54): a "República do Galeão" por ocasião da tentativa de assassinato de Lacerda, que custou a vida de seu guarda-costas, o major da Aeronáutica Rubens Vaz (agosto de 1954); a resistência no cruzador *Tamandaré* à Novembrada do marechal Lott (1955); as revoltas de Jacareacanga (1956) e Aragarças (1959).[42] Essa rede é ligada a uma parte da "primeira linha dura", a de Martinelli, mas não aos "oficiais de tropa" próximos de Boaventura. Nascidos em torno de 1920, esses militares conviveram muito tempo nos bancos de Realengo, antes de optarem, no caso de alguns deles, pela Escola de Aeronáutica. Assim, Alberto Fortunato, Osnelli Martinelli, Rubens Vaz e Haroldo Veloso (um dos líderes de Aragarças) são da mesma turma, mas apenas os dois primeiros permaneceram no Exército. As experiências comuns, em particular Jacareacanga e Aragarças, reforçaram as solidariedades e a liderança aparente do coronel Burnier. Apenas parte dessas redes de "revolucionários históricos" opta em 1968 pela violência política.

Um desses oficiais, Alberto Fortunato, invoca as facilidades oferecidas pelos serviços de espionagem e repressão em formação e até mesmo a participação crescente de seus membros nas atividades terroristas. O Centro de Informações do Exército (CIE), por exemplo, criado em maio de 1967 e basicamente formado, nos seus primórdios, por oficiais da Vila Militar, teria se tornado em pouco tempo uma base de retaguarda para o tal Grupo Secreto. O coronel Luiz Helvécio da Silveira Leite, um dos fundadores do CIE, é o principal instigador dessa interpenetração da "comunidade de segurança" e das redes ativistas. Nascido em 1923, egresso da Aman em 1947, pertence a uma geração um pouco mais jovem que a dos "coronéis dos IPMs" no centro da "primeira linha dura". No momento do golpe, tem apenas a patente de major. É então como jovem oficial que se envolve nos movimentos dos anos 1950 – tenente, opõe-se ao que chama de "golpe de Estado" do marechal Lott, a quem dispensa, como ao futuro presidente Ernesto Geisel, um ódio xenófobo:

Se nós tivéssemos um pouco mais de calma, deveríamos colocar na Constituição que filho de estrangeiro, mesmo neto de estrangeiro, de um lado ou do outro, não deveria, principalmente anglo-germânico ... chegar à Presidência da República ... ou mesmo nos altos escalões do Exército, porque esse pessoal tem outro tipo de sentimento ... Lott, Geisel ... esse pessoal não raciocina como nós.[43]

Luiz Helvécio da Silveira Leite frequenta em seguida o grupo de Burnier, Luis Mendes da Silva e Haroldo Veloso e participa, a seu lado, da rebelião de Aragarças. Conspirador atuante a partir do Ministério da Guerra, no Rio de Janeiro, forma-se precocemente em "técnicas psicossociais" (interrogatórios e espionagem) e entra, antes mesmo da posse do general Costa e Silva, em 1966, na Seção de Informações (a segunda) do Estado-Maior do I Exército. Acha-se no centro da repressão contra a guerrilha de Caparaó, antes de ser transferido para o recentíssimo CIE, no Rio de Janeiro, depois em Brasília, como chefe da Seção de Contrainformação, no momento em que o Grupo Secreto começa a funcionar.

Em 1968, outros grupelhos radicais pegam ou voltam a pegar em armas: os já aguerridos MAC (civil-militar, carioca) e CCC (civil, muito ligado à Faculdade de Direito Mackenzie e ao Departamento de Ordem Política e Social – Dops, em São Paulo) multiplicam os protestos e ataques-surpresa. Diversos grupos nascem no meio militar na segunda metade de 1968. É o caso da Vanguarda Revolucionária, que se dá como tarefa "promover o reagrupamento dos partidários da revolução" contra a "rearticulação dos comunistas e dos corruptos, com o apoio de uma facção da Igreja e de políticos interessados na restauração de seus privilégios, com o objetivo de derrocar o governo e o regime democrático instituído pela Revolução de 1964";[44] do Movimento Anticomunista da Aeronáutica, bastante crítico ao governo; ou ainda da Centelha Nativista, criada na Bahia no fim de 1968 ou início de 1969. Essa última é uma espécie de seita ultranacionalista e fascistoide, fundada por oficiais paraquedistas (José Valporto de Sá, Kurt Pessek, Ivan Zanoni Hauer e um certo coronel Jaeger) e professores do Colégio Militar de Salvador (BA). O coronel Pessek relata sua criação:

Valporto fala: e nosso lema vai ser "Brasil acima de tudo". E o nome vai ser Centelha (risos). Ai, Valporto! E tinha um jornalzinho chamado Isca. Isca e Centelha.

Endurecimento e divergências: 1966-1968 125

(*risos*) Ai... Bem. E nosso lema vai ser "Brasil acima de tudo", agora complicou. Porque há "Deutschland über alles" (*muitos risos*). Valporto, não vamos pegar tudo deles? Valporto gostava de símbolos, inventou símbolos: tinha que colocar a mão no coração... ele inventou uma espécie de sociedade secreta.[45]

O slogan da Centelha, que diverte e incomoda Pessek, é a primeira referência explícita e assumida de um grupelho de oficiais radicais ao nazismo, pelo viés do nacionalismo. Os rituais, símbolos e postura corporal inventados pelo major paraquedista Valporto de Sá atestam mais genericamente uma atração pelo estilo fascista transmitido por meio de uma reminiscência do integralismo e dos rituais do Estado Novo. A Centelha Nativista terá muitas vidas, frequentemente mal discernidas tanto pelos serviços de informação (como o SNI) quanto pela imprensa: renasce das próprias cinzas na Brigada Paraquedista da Vila Militar, alguns meses mais tarde; sobrevive como grupo militar nacionalista cortejado por parte da esquerda civil durante o governo Médici (1969-74); e constitui um grupo de pressão favorável à abertura no fim do governo Geisel (1974-79).

O desabrochar de grupelhos de extrema direita militar em 1968 mostra que, independentemente de algumas ações armadas, que envolvem um número bem restrito de oficiais, dinâmicas comparáveis às observadas antes do golpe reproduzem-se dentro da instituição: um certo número de militares se organiza politicamente, formando grupelhos, no intuito de assessorar as autoridades, até de compensar sua omissão, na luta contra a subversão. Não se trata mais de orientar o poder, mas de agir na sua sombra, em contradição flagrante com a exigência de apolitismo dos oficiais que, não obstante, o Executivo tenta há quatro anos restabelecer em proveito próprio. Este, entretanto, não se opõe em bloco a esse novo ativismo – ainda que armado –, que conta com diversos apoios na administração e nos ministérios. Além disso, a consolidação dos órgãos de segurança oferece uma proteção, bem como uma reserva de adeptos, formados e armados, a esses grupelhos.

Apenas uma parte da "linha dura" de 1964-67 envolve-se com esses grupos de ativistas e passa ao ato violento, reproduzindo, na verdade, práticas do início dos anos 1960 no novo contexto do regime militar. A natureza militar, ou mesmo "revolucionária" do regime, tem então menos importância do que seus traços policialescos e repressivos. O objetivo dos oficiais ativistas não é mais obter o reconhecimento público de sua legitimidade política, mas reprimir e punir por conta própria a oposição. Embora inseridos no aparelho de Estado, desconfiam do poder, que tendem a considerar intrinsecamente corruptor e distante da autenticidade revolucionária (na "pérola" lançada pelo coronel Octávio Moreira Borba, membro do CIE e ligado ao Grupo Secreto: "ministro é como macarrão. Colocado na panela, amolece"),[46] discurso que partilham com vários oficiais radicais que optaram pelos caminhos da dissidência.

O "RADICALISMO" MILITAR e os complôs e excessos dos "órgãos de segurança" alteram, com a repressão dos movimentos sociais, a imagem do Exército e do regime. O "escândalo Para-Sar", em outubro de 1968, contribui amplamente para manchar a reputação da instituição, tendo persistido como um dos símbolos da perversão da força pública durante a ditadura. Em abril de 1968, o coronel-aviador João Paulo Moreira Burnier dá ordens para que a unidade paraquedista de socorro Esquadrão Aeroterrestre de Salvamento, tradicionalmente conhecido como Para-Sar, não só se envolva na repressão ao movimento estudantil, como também cometa atentados homicidas. O objetivo é responsabilizar a esquerda por eles e tirar do caminho algumas personalidades incômodas, como Carlos Lacerda, Juscelino Kubitschek, o general Mourão Filho, o ex-brigadeiro Francisco Teixeira, ou ainda o bispo dom Helder Câmara. Burnier, que voltara recentemente ao país após um estágio em "informações" na Escola das Américas (Panamá) e estava envolvido com a organização do Centro de Informações da Aeronáutica (Cisa), ocupa então interinamente o cargo de chefe de gabinete do ministro da Aeronáutica, Márcio de Souza e Mello. O capitão Sérgio Ribeiro Miranda de Carvalho, conhecido pelo apelido de Sérgio Macaco, é o único membro do Para-Sar que ousa opor-se publicamente a essa iniciativa e recorrer aos escalões superiores da hierarquia. Obtém o apoio do diretor das Rotas Aéreas, o brigadeiro Itamar Rocha, bem como do veterano do movimento tenentista e respeitado brigadeiro Eduardo Gomes. O caso divide a Força Aérea Brasileira (FAB) e, logo, o conjunto das Forças Armadas em dois campos. Resulta na prisão disciplinar, em setembro de 1968, do capitão Sérgio.[47]

Independentemente do desvario homicida que o plano atesta, a data de sua revelação à opinião pública, em outubro de 1968, no auge da principal crise político-militar da ditadura, confere-lhe importância especial. A imprensa, a

Endurecimento e divergências: 1966-1968 127

bancada do MDB no Congresso e Lacerda (que tenta envolver suas redes militares na denúncia do terrorismo no Exército) apropriam-se do caso, enquanto parte do governo trava no início do mês de setembro uma guerra aberta contra o Poder Legislativo e sinais de um mal-estar profundo emanam da jovem oficialidade das escolas.

A opinião militar e o fechamento do regime

De 29 de agosto de 1968, quando a Polícia Militar invade a Universidade de Brasília (UnB) numa explosão de violência, a 13 de dezembro de 1968, quando é editado o AI-5, a mecânica do regime militar se fecha sobre o país. Com o AI-5, os oficiais mais hostis a todo contrapoder ou manifestação de oposição e partidários de um expurgo definitivo veem-se atendidos além de suas expectativas. Com efeito, o texto do Ato compreende unicamente medidas reivindicadas ou exigidas pelas "linhas duras", que vêm contestando ininterruptamente o regime à sua direita desde o golpe de Estado. O AI-5 parece executar o programa da extrema direita militar – um programa decerto exposto confusamente, mas cujas recorrências, desde 1964, são claramente perceptíveis.

A crise político-militar que o AI-5 estanca começa com duas manifestações na Câmara dos Deputados, no início de setembro. Márcio Moreira Alves, jornalista conhecido por suas tomadas de posição contra a tortura (publicou, em 1966, o panfleto "Torturas e torturadores") e eleito pelo MDB do Rio de Janeiro, mostra-se veemente contra a invasão da UnB pelas tropas: num primeiro discurso, pronunciado em 2 de setembro, faz dos acontecimentos de Brasília o arquétipo de uma política fundada na repressão e na tortura. Critica a complacência do governo para com os torturadores e assassinos que povoam as fileiras das Forças Armadas, menciona casos de sevícias e denuncia a ausência de qualquer inquérito. No dia seguinte, reitera seus ataques contra o poder:

> Senhor presidente, senhores deputados, todos reconhecem, ou dizem reconhecer, que a maioria das Forças Armadas não compactua com a cúpula militarista que perpetra violências e mantém este país sob o regime de opressão. Creio haver chegado, após os acontecimentos de Brasília, o grande momento da união pela democracia. Este é também o momento do boicote: as mães brasileiras já se mani-

festaram;[48] todas as classes sociais clamam o seu repúdio à violência. No entanto isso não basta. É preciso que se estabeleça, sobretudo por parte das mulheres, como já se começou a estabelecer nesta Casa por parte de mulheres de parlamentares da Arena, o boicote ao militarismo. Vem aí o 7 de Setembro. As cúpulas militaristas procuram explorar o sentimento profundo de patriotismo do povo e pedirão aos colégios que desfilem juntos com os algozes dos estudantes. Seria necessário que cada pai, cada mãe se compenetrasse de que a presença de seus filhos nesse desfile é um auxílio aos carrascos que os espancam e os metralham nas ruas. Portanto, que cada um boicotasse este desfile. Este boicote pode passar também – sempre falando de mulheres – às moças, àquelas que dançam com os cadetes e namoram os jovens oficiais. Seria preciso fazer hoje no Brasil com que as mulheres de 1968 repetissem as paulistas da guerra dos Emboadas[49] e recusassem a entrada à porta de sua casa àqueles que vilipendiam a nação, recusassem aceitar aqueles que silenciam e, portanto, se acumpliciam. Discordar em silêncio pouco adianta. Necessário se torna agir contra os que abusam das Forças Armadas, falando e agindo em seu nome.[50]

O apelo à greve feminina é transgressivo sob vários aspectos. Pedindo às mulheres que recusem seus favores aos cadetes e jovens oficiais, Moreira Alves priva estes últimos de uma parte de seu status social – que faz deles "bons partidos", logo, membros de certa elite. Além do mais, seu discurso ataca um dos pilares da instituição militar, a hierarquia, uma vez que ele pede aos oficiais que se levantem contra a elite militarista. Por fim, ao propor uma ruptura entre civis e militares, arranha a imagem de um "movimento revolucionário" realizado por estes a pedido daqueles.

Essas duas declarações suscitam uma ofensiva militar gradual com a finalidade de obter do Congresso a cassação dos direitos políticos e do mandato do deputado, a despeito de sua imunidade parlamentar; sucede-se uma queda de braço com o Poder Legislativo, que aposta nisso e perde o que restava de sua autoridade e prestígio. Para a direita militar, esses discursos constituem um pretexto para se livrar de um feudo da "classe política oligárquica" – o Congresso; é, aliás, sob o título "O pretexto" que o próprio Moreira Alves relatará o caso anos depois.[51] A eficácia desse "pretexto" deve-se a dois elementos fundamentais na crise: em primeiro lugar, a construção de um consenso militar em torno do fechamento do regime; em segundo, a identificação da classe política

Endurecimento e divergências: 1966-1968 129

com o inimigo a ser abatido com urgência. Esses dois processos desenrolam-se conjuntamente durante os três longos meses que separam o discurso do deputado e a edição do AI-5.

As VOZES MILITARES que fazem então pressão ostensiva sobre o governo por medidas radicais não são recrutadas apenas nas facções rotuladas de "radicais". A velha "linha dura" dos coronéis, privada de influência e em parte tentada por um lacerdismo de oposição, entra dispersamente no debate. São generais que ocupam agora o proscênio. Os ministros militares abrem o baile, exigindo da Presidência sanções severas contra o parlamentar. O chefe da Casa Militar, general Jayme Portella de Mello, encaminha essa exigência ao ministro da Justiça, Gama e Silva. Este requer ao procurador-geral da República que peça a cassação do deputado ao Supremo Tribunal Federal. Mas o processo, em virtude da imunidade parlamentar, necessita da aprovação da Assembleia, que, após muita tergiversação, recusa-a, em 12 de dezembro, o que resulta diretamente na reunião do Conselho de Segurança Nacional e na edição do AI-5. Ao longo desses dois meses, outros generais, o mais das vezes associados nos depoimentos a posições radicais, manifestam junto ao poder sua expectativa de uma solução "revolucionária".

Os mais graduados acham-se sozinhos em cena: são os porta-vozes, autorizados pela hierarquia, das expectativas da base militar, que permanece integralmente na sombra, desprovida de representatividade na oficialidade intermediária. Um único coronel é mencionado: Francisco Boaventura Cavalcanti Júnior, que acabara de voltar de uma missão no exterior, e que se opõe, nos bastidores, ao AI-5 e organiza, com certos meios políticos, uma forma de resistência. Poucos o seguem nesse caminho; alguns de seus colegas explicam sua tomada de posição como resultado de desinformação e desorientação pessoais. Segundo o coronel Tarcísio Nunes Ferreira, Boaventura "não tinha sentido ainda a pressão"; "ele foi apanhado assim de surpresa, meio chegando de viagem, de fora, sem [estar] inserido totalmente no contexto do processo revolucionário".[52] O depoimento do general Jayme Portella é bem diferente: indica que o coronel Boaventura, longe de se pronunciar brevemente e de surpresa, conversou várias vezes com grupos oposicionistas (sobretudo os deputados Mário Covas e Renato Archer, do MDB, que ele recebeu em casa) e que era nisso seguido por um pequeno grupo de oficiais superiores lacerdistas.[53] O embaixador norte-americano John W. Tuthill fala no mesmo momento de um "grupo" em torno do coronel, hostil a um novo Ato Institucional.[54] Finalmente, às vésperas de sua edição, "ortodoxos" anônimos continuam a divulgar estranhos manifestos liberais, indicando que "o pensamento dominante é que devemos retornar aos quartéis e entregar a chefia do governo a um civil".[55]

Os generais que exigem, de novembro a dezembro de 1968, medidas de represália contra os parlamentares, depois contra a própria Assembleia, pretendem o tempo todo exprimir-se em nome das Forças Armadas, supostamente "em ebulição". Márcio Moreira Alves contesta essa imagem da "opinião dos quartéis" e faz disso um dos eixos de sua defesa. Ouvido pela Comissão de Constituição e Justiça, em 18 de novembro, considera que

> desejou-se apresentar a iniciativa ministerial como fruto de uma pressão indignada de oficiais face ao [meu] discurso. O simples cotejo das datas demonstra que esta pressão, se acaso verdadeira, não poderia ter sido exercida por um número grande ou sequer considerável de oficiais. A morosidade dos meios de comunicação no Brasil, o tradicional atraso com que cartas e telegramas são entregues e, principalmente, a pequena circulação do Diário do Congresso, cujo número do dia 4 de setembro só circulou posteriormente àquela data, e ainda a divulgação extremamente reduzida que o pronunciamento teve na imprensa escrita, não sendo sequer mencionado pela imprensa falada, permitem deduzir que a famosa pressão das bases seria antes produzida na imaginação de um pequeno grupo de oficiais que ao Ministério teve acesso do que, na realidade, do corpo da oficialidade.[56]

Os generais radicais não são então os únicos a utilizar a pressão da base como argumento principal para justificar suas posições: a oposição faz a mesma coisa, jogando com o desconforto que fermenta nos quartéis desde o início de 1968, e que a repressão intensifica. Goulart, de seu exílio uruguaio, demonstra claramente a esperança depositada nesse desconforto e na insatisfação militar, lançando no mesmo dia um apelo a fim de incitar a revolta dos militares "que não aceitam o papel de custodiar uma ordem injusta e desumana que humilha nossa pátria, que oprime as camadas mais pobres e que revolta a juventude, opondo o soldado ao povo como se devessem ser inimigos".[57] Paralelamente, os oficiais favoráveis a uma guinada autoritária fazem campanha: em meados

Endurecimento e divergências: 1966-1968

de outubro, o segundo discurso de Márcio Moreira Alves é distribuído sob a forma de folhetos em todas as guarnições do país. Ora, coisa espantosa, os argumentos carregam as mesmas tintas nos dois campos: trata-se de defender a honra, a dignidade e o prestígio do Exército, para uns contra a subversão (jornalistas, políticos, "esquerda festiva"); para outros, contra um governo que faz com que o povo não veja mais sob o uniforme senão o torturador.

A ECLOSÃO DO ESCÂNDALO PARA-SAR em outubro, que divide profundamente o Exército e a Aeronáutica, aumenta o incômodo demonstrado por alguns setores da oficialidade. O manifesto de centenas de alunos da Escola de Aperfeiçoamento de Oficiais (EsAO), divulgado em 1º de novembro de 1968, atesta o constrangimento provocado pela degradação da imagem do Exército na opinião pública:

> O Exército brasileiro, que sempre foi considerado o baluarte das instituições e, por tradição histórica, uma das mais legítimas consciências democráticas, é hoje projetado na vida nacional como usurpador e privilegiado, e como responsável pela retroação dos valores da nossa sociedade, sejam eles políticos, econômicos ou sociais.[58]

Os capitães não pretendem redigir um texto político e afirmam que o Exército defende a realização dos objetivos do governo, mas evocam um descrédito crescente, ligado à "corrupção" e à "desnaturação da missão do Exército". O manifesto é interessante por vários motivos. Em primeiro lugar, seu conteúdo é quase todo dedicado a questões corporativas: política de promoções e transferências, falhas do sistema de ensino militar, soldos irrisórios. Ao mesmo tempo confirma um real mal-estar profissional e o mito de que as Forças Armadas seriam então obcecadas pelo processo político. Além disso, a instrumentalização de que é imediatamente objeto mostra o trunfo que representa, enquanto súmula da opinião militar, para os principais atores do jogo político. O ministro Lyra Tavares neutraliza seus aspectos contestadores reduzindo-o à questão dos soldos e das condições de vida do jovem oficial. João Goulart propõe sua própria exegese, considerando que o manifesto prova que "a grande maioria dos militares já se convenceu de que é chegado o momento de devolver o poder aos civis".[59] O descontentamento militar torna-se, assim, motivo de luta simbólica entre políticos, generais e jornalistas, que se aproveitam da imprecisão que cerca a opinião militar: o objetivo é tornar o adversário responsável pelo opróbrio lançado sobre sua instituição. Todos entram em campanha no corpo de oficiais, cuja "opinião" adquiriu uma forma de soberania política.

Essa campanha contamina os debates, cada vez mais presentes, sobre a futura sucessão presidencial: o general Albuquerque Lima percorre as guarnições, com uma predileção pela Vila Militar, ora para defender a revalorização do status dos oficiais; ora para promover sua ação governamental, saturada de nacionalismo e preocupada com a questão amazônica; ora para fustigar os padres liberais, jurar que ele não frequenta políticos, fazer a apologia de um novo Ato Institucional e de uma revolução de ainda cinco ou dez anos. No fim de novembro, Albuquerque Lima acha-se em verdadeira turnê eleitoral pelos quartéis do país, inspirando reportagens diárias na imprensa e preocupação no governo. No mesmo momento, um coronel ortodoxo (provavelmente Boaventura ou um de seus colegas) repete seu anseio por um candidato civil no escrutínio seguinte, "não por incapacidade dos militares, mas chega de se responsabilizar as Forças Armadas, principalmente o Exército, por tudo que de mal existe no país".[60]

Os generais que nesse momento exercem uma pressão decisiva sobre a Presidência da República exprimem-se sistematicamente em nome das Forças Armadas, cuja honra e papel constitucional pretendem defender. Não travam sua luta contra a subversão comunista, a desordem estudantil ou a ameaça da esquerda armada, apesar da obsessão manifesta por esses assuntos desde abril de 1968. Levantam uma instituição nacional, as Forças Armadas, contra outra, o Congresso; e assentam sua proposta política na disparidade, imaginária, entre duas moralidades, duas formas de patriotismo e duas relações com o político. O Congresso chega a realizar, em 2 de outubro, uma "sessão de autocrítica" que confirma a subordinação simbólica do Legislativo ao Executivo militar. Os "inimigos da revolução" visados pela ofensiva militar do fim de 1968 são a oposição parlamentar e os dissidentes, mais que os comunistas. "A honra de uma classe" atingida por "uma ofensa desmesurada" tem então, nas exigências revolucionárias, uma importância bem maior que a própria existência de um Congresso.

Endurecimento e divergências: 1966-1968

ENTRE 1965 E 1968, o segundo e o quinto Atos Institucionais parecem realizar por etapas a essência do golpe de Estado, em conformidade com o processo análogo de uma pressão dos quartéis e de uma "linha dura" sobre o palácio presidencial. Ao se aproximar do poder, até mesmo de seu núcleo, com a eleição do general Costa e Silva à Presidência, a ala mais radical do Exército brasileiro teria finalmente conseguido, em 1968, impor a plenitude de seus pontos de vista ditatoriais. Mas a vida política intramilitar desses anos é, na realidade, bem mais complexa.

Essa complexidade tem, em primeiro lugar, um pano de fundo ideológico. A nitidez das rejeições (anticomunismo, antiparlamentarismo, anticivilismo, desprezo pelos regionalismos e ódio aos partidos), denominador comum do radicalismo militar e do qual decorre o AI-5, leva, com efeito, a eclipsar a ambiguidade dos golpistas em geral, civis e militares, com relação à democracia liberal, à realização de eleições ou à existência de contrapoderes. A manutenção de uma arquitetura institucional pseudodemocrática constituiu decerto uma fachada, dissimulando uma ditadura militar e repressiva. Mas os escrúpulos que lhe presidiriam são a prova de uma grande indefinição dos "ideais de 31 de março" reivindicados por todos os atores, independentemente de suas trajetórias posteriores. O consenso em torno de um golpe de Estado motivado por temores de classe e do "perigo vermelho", misturados a um entusiasmo indefinido por uma nova elite honesta, competente e patriota, não é fácil de ser transmitido a um poder progressivamente monopolizado por um punhado de generais de quatro estrelas. A indefinição, a hesitação e a incerteza políticas de 1966 a 1967 são a prova disso, que o olhar retrospectivo (pós-AI-5 e sobretudo pós-anos de chumbo) tende a considerar sem pertinência, até sem realidade histórica. As dissidências, apesar de uma previsível confraria de frustrados com o regime que se instala, são os vestígios dessa construção não consensual do regime militar; são, além disso, produtoras de realidades posteriores, em particular por ocasião da abertura política.

O segundo elemento que a essência de uma "linha dura" vitoriosa encobre é a lógica das recomposições intramilitares. Com efeito, entre 1966 e 1968, a "primeira linha dura" se divide. A indefinição desses três anos revela uma linha de fratura entre dois grupos. O primeiro, marcado por um passado de conspiração e rebelião permanente, nunca desiste do exercício da violência: os veteranos de Aragarças, os membros de violentos grupos anticomunistas do início dos anos 1960 e os autores dos esparsos atentados de 1968 pertencem a uma mesma nebulosa militante. Não é o caso dos coronéis da ativa próximos a Francisco Boaventura: seu romantismo "revolucionário" e radical e sua fé nacionalista são similares às posições de seus colegas ativistas, mas eles reivindicam governar (como oficiais e não como militantes), mais do que implantar uma política bem definida. A "primeira linha dura" recobre então duas extremas direitas, uma militante e outra militar, que reagem de maneira bem distinta à instalação de um regime de oficiais mais velhos.

Com efeito, nesse período não se constrói apenas uma ditadura cuja pedra angular seria o AI-5, mas um regime militar. A militarização é, em primeiro lugar, um fato: a maior parte do governo sob Costa e Silva usa farda, enquanto órgãos dominados por oficiais-generais (como o Conselho de Segurança Nacional) ganham uma importância cada vez maior no aparelho de Estado. A militarização é igualmente simbólica: os quartéis alcançam, nos discursos de todos os atores, uma forma de soberania que, no entanto, eles não têm mais oportunidade de exercer pelo viés de oficiais superiores, como no pós-golpe. Da "primeira linha dura" aos representantes no exílio do "sistema deposto", passando pelos revolucionários dissidentes, como Lacerda, ou pelos candidatos à sucessão presidencial, como Albuquerque Lima, todos se pretendem os intérpretes e defensores da "opinião militar". Seu controle e a capacidade de se tornar seu exegeta com credibilidade se transformam em garantias de autoridade política. Assim, a edição do AI-5 é precedida de uma operação midiática, visando apresentar a medida como uma punição à classe política, que atentara contra a honra do corpo dos oficiais. Este é declarado revoltado, incontrolável, e seria sob essa pressão, que alguns sofrem e outros alimentam, que 23 dos 24 membros do Conselho de Segurança Nacional aprovam o Ato. Apenas Pedro Aleixo, o vice-presidente, se opõe. As "casernas" obtêm, assim, a um só tempo, de modo simbólico, o monopólio da força e o status de opinião soberana. Agora, porém, apenas os generais têm autorização para serem seus arautos, uma vez que a geração intermediária de oficiais foi progressivamente reduzida ao silêncio.

4. O TERREMOTO: 1969

> Frente à vida moderna, deixou o oficial do Exército de ser um simples artífice da guerra para dar lugar ao cidadão cônscio de suas responsabilidades civis perante a Nação. Tornou-se um elemento com os sentimentos nacionalistas muito mais arraigados que antigamente. Politizou-se no sentido honrado da palavra, para poder fazer frente aos inimigos internos e externos que tentam nos arrastar com sua ideologia anticristã e materialista. Tornou-se um defensor de nossas instituições.
>
> CARTA COLETIVA DE 189 OFICIAIS AO GENERAL
> AFONSO DE ALBUQUERQUE LIMA[1] (6 set 1969)

AO DECRETAR O RECESSO DO CONGRESSO por tempo indeterminado, o AI-5 exclui o essencial da classe política civil dos espaços de debate e de participação política. Ainda que quase metade do governo não use farda e os Executivos estaduais permaneçam, na maioria, civis, os círculos de decisão federais cerram fileiras em torno da Presidência e das instâncias dirigentes das Forças Armadas. Além disso, a prisão de Carlos Lacerda, em 14 de dezembro de 1968, e depois a cassação de seus direitos políticos, no dia 30 do mesmo mês, fazem calar uma das últimas figuras nacionais civis dotadas de certo crédito "revolucionário". Por fim, a população acha-se não apenas privada de atuação nos processos de decisão, mas também de toda informação sobre seu desenrolar. Doravante o poder é disputado, organizado e exercido entre quatro paredes.

Essa militarização não favorece os "militares" em geral, mas determinados oficiais, grupos e órgãos do aparelho de Estado. O AI-5 consagra, em primeiro lugar, a presidencialização do poder. No círculo do palácio, instâncias militares (Altos-Comandos e Estados-Maiores das três armas, Alto-Comando e Estado-Maior das Forças Armadas) e civis (Conselho de Segurança Nacional, Serviço Nacional de Informações, gabinetes) disputam o papel de Ministério da Sombra. Mas será que um protesto militar envolvendo os escalões inferiores da oficialidade sobreviveria ao AI-5? Com efeito, o Ato parece suscetível de saciar a sede autoritária da extrema direita contestadora: a "revolução" vê-se agora dotada de um instrumento para se livrar dos "representantes do sistema deposto", das "oligarquias" e de outras "elites ultrapassadas", que então deixaram de estorvar, na esfera do Congresso, o poder militar. Paralelamente, a paranoia anticomunista e antissubversiva da direita militar ganha uma nova tradução concreta: a partir de 1969, os serviços de informação da Marinha (Cenimar, 1957) e do Exército (CIE, 1967), bem como os velhos Dops, veem-se amparados em suas ambições repressivas por novos órgãos. Lançada em São Paulo em julho, a Operação Bandeirantes (Oban) – primeira tentativa de colaboração entre estafes civis e militares com o objetivo exclusivo de lutar contra a "subversão" – inspira a criação, em todos os estados da federação, dos DOI-Codis (Destacamento de Operações de Informações – Centro de Operações de Defesa Interna), armadura do sistema repressivo.

O endurecimento do regime, entretanto, não elimina os protestos militares nem pacifica inteiramente a vida política no bojo das Forças Armadas. Suspende decerto o terrorismo anticomunista, mas os debates e conflitos políticos persistem no corpo dos oficiais, atestados ao longo de 1969 por fontes numerosas – preciosas em meio ao silêncio arquivístico que caracteriza os anos de chumbo (1968-74).

Dois casos militares

Num primeiro momento, o AI-5 parece restabelecer a calma na área militar pela adesão, e não pela repressão. Como os dois primeiros Atos Institucionais, permite retomar o expurgo interno nas Forças Armadas, por meio da reforma, da passagem à reserva ou da expulsão, mas é pouco utilizado com esse objetivo: "apenas" 262 militares são atingidos por ele em 1969 e 1970, entre os quais 99 oficiais (48 do Exército). Nos primeiros meses de 1969, a punição de oficiais pelo AI-5 tem inclusive um caráter excepcional e exemplar: o primeiro visado é o general Peri Constant Bevilaqua, compelido à reforma em 16 de janeiro. O terceiro, em 11 de abril, é o capitão Carlos Lamarca, por ter desertado e roubado armas e munições de seu quartel, no fim de janeiro, a fim de integrar a luta armada. O sexto, em 19 de maio, é o coronel Francisco Boaventura Cavalcanti Júnior. As duas razões para essa última punição, que causa alvoroço nas Forças

O terremoto: 1969

Armadas, são apresentadas na "justificativa" que acompanha sua publicação no *Diário Oficial*, em que Boaventura é considerado culpado de "atividades subversivas e de contestação ao governo da Revolução":

> – Falta ao dever de lealdade aos seus superiores hierárquicos, articulando a organização de um Governo de exceção, chefiado por pessoa incompatível com os princípios da Revolução, conforme afirmou em seu depoimento àquela comissão;
>
> – Entendeu-se com parlamentares, inclusive da Oposição, manifestando sua solidariedade aos que eram contrários à concessão da licença para processar um deputado, pelas suas infamantes e torpes ofensas assacadas às Forças Armadas, e incitou-os para que votassem contra a referida medida.[2]

A segunda acusação faz referência à mobilização de Boaventura contra o AI-5 e os contatos que manteve nos últimos meses de 1968 com deputados da oposição. O primeiro ponto é mais obscuro: insinua uma conspiração visando derrubar o general Costa e Silva em benefício de Lacerda. Este último declararia, em suas memórias, que o erro de Boaventura foi defender, durante uma reunião privada, o retorno dos militares aos quartéis e a chegada dele ao poder.[3] Outras testemunhas indicam que o coronel entrou em contato com o general João Dutra de Castilho, radical reconhecido, próximo da "primeira linha dura", comandante da 1ª Divisão de Infantaria da Vila Militar, a fim de envolvê-lo em seu plano. Mas o general não seguiu o coronel sedicioso, recusando-se a realizar a inversão hierárquica típica da conspiração. Conforme relata o coronel Moraes Rego:

> ... aí é que está o que é revolução e o que é instituição. Na revolução, o coronel Dutra, que era coronel lá em Recife, conspirava com subordinados, pois o processo não obedece à ordem da hierarquia. Conspira general com coronel, major com capitão, e aí é que é o mal. Quando acaba a revolução, aí então é que é o mal. Quer dizer, Boaventura foi procurar o conspirador de véspera, mas o conspirador de véspera tinha as estrelas no ombro, era general, comandante da Vila e tinha que ser leal com o seu comandante, que era o presidente da República. Não via razões para derrubá-lo no interesse de Carlos Lacerda.[4]

Boaventura considerava que a existência de um processo revolucionário em curso autorizava ultrapassar as fronteiras hierárquicas: a identidade política do oficial, baseada em proezas passadas, seu valor intelectual e "o idealismo" de seu engajamento prevaleceriam sobre sua patente em certas relações interpessoais na caserna. A questão da hierarquia, aliás, é a pedra angular do "ato de acusação" contra o coronel: "o oficial em apreço divorciou-se dos deveres fundamentais do militar, tomando posição incompatível com a condição de oficial superior do Exército ativo e com as normas basilares da organização das Forças Armadas."[5] É portanto como militar e não como dissidente ou oposicionista que o coronel Francisco Boaventura é atingido pelo AI-5.

A punição praticamente não repercute na imprensa, embora suscite forte comoção em certos setores militares. Boaventura, no entanto, parece ter agido solitariamente tanto em suas iniciativas conspiratórias como em sua mobilização contra o AI-5: seus companheiros habituais são, *a posteriori*, unânimes na condenação de suas escolhas. Entretanto, sua exoneração do Exército provoca uma onda de descontentamento. Os principais motivos dessa irritação não são a punição enquanto tal, mas a utilização de um Ato destinado aos "inimigos da revolução" e, sobretudo, a exposição de "considerandos", que o coronel Moraes Rego julga "desprimorosa, hostil e que feria a honra e a dignidade do oficial. Uma indignidade irreparável".[6] Mais adiante, esclarece que ele próprio, do fundo da pequena guarnição amazônica de Tabatinga em que se encontrava a serviço, afastado dos centros do poder por causa do castelismo, assim como o general Rodrigo Otávio Jordão,[7] à frente do Comando Militar da Amazônia e caminhando para posições liberais, "fez o possível de sua parte para salvar Boaventura. Não houve jeito".

Entre os oficiais descontentes, o general Augusto César Moniz de Aragão é o que demonstra sua discordância com maior alarde. Nascido em 1906, sendo por isso um pouco mais jovem que os ex-tenentes, trilha uma carreira militar clássica, marcada por longo tempo de serviço como instrutor nas escolas militares, o que contribui para a aura que desfruta junto a várias gerações de oficiais. É íntimo de Castelo Branco, mas também de oficiais intermediários da "primeira linha dura". Em 1969, não se acha nas boas graças do palácio presidencial; o general Jayme Portella, chefe da Casa Militar, muito particularmente dispensa-lhe franca inimizade. Em março desse ano obtém sua quarta estrela por um triz, mas não um comando de exército; apenas troca a pequena Direção de Remonte e dos Serviços Veterinários, para a qual fora transferido em agosto de 1967 em virtude de seu conflito com Lacerda na imprensa (a respeito da

O terremoto: 1969

prisão de Hélio Fernandes), pelo Departamento de Provisão Geral (DPG). Esse posto decerto lhe garante um assento no Alto-Comando do Exército, reservado aos generais de exército em serviço, mas o priva do prestígio, bem como da força militar e política da tropa.

Alguns dias depois da punição do coronel Boaventura, Aragão dirige uma carta ao ministro do Exército, Lyra Tavares, relatando o mal-estar que essa decisão teria suscitado no corpo dos oficiais. Menciona reações de "perplexidade e consternação" suscitadas pela aplicação do AI-5 a um oficial que, a seu ver, goza "no meio militar de uma excelente imagem de cidadão e soldado". Mas Aragão levanta-se sobretudo contra a divulgação dos considerandos da punição, pois eles "contêm apreciações, conceitos desprimorosos e hostis – por isso impróprios à serenidade que deve revestir os atos de justiça – que, se feriram a honra daquele oficial, também respingaram o brio da classe, a emocionando e revoltando … . O ânimo do Exército excitou-se".[8] A punição foi, de fato, interpretada por muitos oficiais como um abuso de poder por parte do palácio presidencial, em especial do general Jayme Portella. Em virtude disso, provoca a indignação de oficiais de perfis e orientações políticas díspares, desde castelistas até "coronéis de linha dura", passando por generais populares entre a jovem oficialidade radical, como Moniz de Aragão ou Albuquerque Lima, de quem o coronel Boaventura era amigo.

"O caso Boaventura" não vem gerar uma verdadeira frente antigovernamental como o anticastelismo, que reunira, em 1966 e 1967, civis e oficiais de posições e projetos políticos às vezes diametralmente opostos. Mas a punição de Boaventura e a reação de Moniz de Aragão dão aos contestadores dois homens e duas causas a defender. O general Aragão, com efeito, não para na carta de 22 de maio, travando com o ministro Lyra Tavares um duelo epistolar explosivo, do qual nasce o segundo escândalo militar de 1969, que repercute na instituição tão intensamente quanto o primeiro.

Menos de um mês depois da exposição de suas objeções quanto à administração do caso Boaventura, e na ausência de resposta do ministro, o general Moniz de Aragão lança um protesto de grande amplitude. Em 17 de junho, realiza em seu departamento uma reunião na qual elabora uma lista de críticas ao círculo presidencial; uma segunda carta, dirigida no mesmo dia ao ministro

Lyra Tavares, esmiúça essas recriminações. Ela é escrita sob os auspícios de uma grave insinuação por parte de um general de quatro estrelas, revolucionário de carteirinha, respeitável e popular: a gestão ditatorial, até mesmo "totalitária", do segundo governo militar. Lembremos que, poucos meses antes, Aragão defendia ameaçadoramente a medida mais autoritária adotada sob o regime militar, o AI-5. Denuncia agora uma deriva ditatorial do poder, que teria sido apropriado pelo "clã" presidencial em detrimento do interesse geral. Suprema acusação no ideário militar, tal apropriação rebaixa o exercício do poder à politicagem, eliminando a aura de dever ou missão a serviço da pátria. Em suas mensagens, Aragão recorre a dois imaginários: ao totalitarismo, associado à personalização do poder, e à amoralidade nas práticas (malversação de uns e covardia cúmplice de outros), usualmente atribuída a políticos civis. O general joga com a ambiguidade, situando seu discurso entre o panfleto denunciador e o legítimo encaminhamento do desagrado de seus subordinados. Assim se explica a segunda parte de sua carta, que suscita um escândalo na alta hierarquia militar pelo menos igual às insinuações de nepotismo e ditadura em sua primeira metade. Pela primeira vez, um general de quatro estrelas faz-se arauto do sentimento de dever revolucionário disseminado na oficialidade mobilizada:

> Os oficiais das Forças Armadas, porque se julgam responsáveis pelo regime revolucionário, entendem que têm o direito e o dever não só de fiscalizar e apreciar os atos do Governo, que imaginam sua criatura, como até de afastá-lo se dele discordarem. Diante das perplexidades, ambiguidades e contradições do Governo – aparentes ou reais – somadas àquelas antes referidas e à publicidade permitida em torno do "caso do Cel. Boaventura", maquiavelicamente explorada pelos agentes subversivos, mostram-se intranquilos e inquietos, particularmente os mais jovens.[9]

O general Moniz de Aragão não se associa explicitamente a essa representação da legitimidade revolucionária, mas tampouco condena os oficiais que a defendem, ao mesmo tempo em que pede o restabelecimento da disciplina militar. O principal perigo, diz ele, não é a rebelião dos subalternos, mas a utilização de seu descontentamento por líderes militares mal-intencionados – atitude, não obstante, que logo virá a ser suspeito de adotar.

Essa mensagem, reproduzida em dezenas de exemplares, é divulgada em todos os comandos e escolas militares, no Congresso e nas embaixadas estran-

O *terremoto: 1969*

geiras. Suscita uma reação coletiva dos generais de exército, que prestam seu apoio ao ministro e exigem a exclusão de Aragão do Alto-Comando do Exército. Em nome do "espírito de autoridade e da disciplina hierárquica", o chefe do Estado-Maior do Exército (EME), general Antônio Carlos Murici, considera até mesmo que o general Aragão defende uma posição "incompatível [com] a Revolução".[10] Murici, como Lyra, interpreta o discurso de Aragão como legitimação de um controle coletivo dos quartéis sobre o governo. Para o primeiro, isso denota uma "tentativa de diminuição da autoridade governamental" que não pode ser senão obra de um "pequeno e inexpressivo grupo de 'cristãos-novos' da Revolução", ao passo que o segundo denuncia a vontade, com essas declarações, de apresentar a "democracia brasileira" como um "verdadeiro Estado militar".[11] Em 30 de junho, Aragão é excluído do DPG, e, pelos mesmos motivos, do Alto-Comando do Exército.

O duelo epistolar entre os generais Aragão e Lyra Tavares traduz bem mais que a revolta de um oficial influente, ligado a duas facções opostas ao clã costista (os castelistas e os "coronéis de linha dura"): trata-se do confronto de duas concepções das relações entre a oficialidade e o poder. O general Aragão não defende, precisamente, a prática política de uma soberania dos quartéis: ele está impregnado do imaginário hierárquico, como a maioria dos oficiais e, mais ainda, dos generais, e a atribuição de um poder direto aos subalternos constituiria também a seus olhos um grave atentado às regras militares. Entretanto, a mobilização e o descontentamento dos oficiais, pela ameaça física que comportam e pela legitimidade política que lhes é associada, constituem para Aragão um recurso político: permitem invocar suas qualidades de líder militar, que escuta, representa e controla seus subordinados. Essa figura do líder é um perigo para o ministério, que lhe opõe a imagem absurda de um poder civilista e "democrático", logo, independente da instituição militar. Lyra Tavares explica isso ao Alto-Comando do Exército durante uma reunião realizada em 21 de julho, dedicada ao balanço do "caso Aragão":

> Nenhum de nós há de sustentar, sobretudo para conhecimento da Nação, que as Forças Armadas fizeram a Revolução sem o Povo, pois que o trabalho do PCB consiste exatamente em afirmar que o Povo está contra a chamada Ditadura Militar criada pela Revolução.
>
> A afirmação de um General de Exército, no sentido de que cabe aos oficiais das Forças Armadas fiscalizar os atos do Governo e até afastá-lo do Poder se dele dis-

cordarem, provocaria, como consta que já está sendo feita, a pergunta demolidora da Revolução: E o Povo? E as Classes Produtoras? E os Sindicatos de Classes? E os outros Poderes da República? etc. etc.[12]

O esforço que o ministro faz para explicar longamente aos generais do Alto-Comando do Exército que a "Revolução" representa o povo e não as Forças Armadas comprova, por si só, a confusão crescente que ronda a legitimação do "poder militar": o dogma congelado do profissionalismo e do legalismo das Forças Armadas não pode integrar a evidente militarização do poder, nem tampouco o recurso encantatório, em momentos de crise, da "opinião dos quartéis".

Os líderes contestadores e o "mal-estar no Exército"

Em que medida os "casos" do primeiro semestre de 1969 refletem um ressurgimento do protesto militar? Os vínculos entre Aragão e a "primeira linha dura" dão pouca margem a dúvida. Em primeiro lugar, as declarações que provocam o afastamento do general (não apenas sobre o sentimento de uma responsabilidade política coletiva dos oficiais, mas também a denúncia da personalização do poder, da corrupção e do nepotismo do grupo palaciano) fazem parte do repertório político dos coronéis contestadores desde meados de 1967. Após os distúrbios de 1968, que adiaram para as calendas gregas toda questão extrínseca à "luta contra a subversão" e à neutralização dos políticos civis importunos, a pesada calmaria do início de 1969 chamava o olhar para o próprio poder. O coronel Tarcísio Nunes Ferreira, ajudante de ordens do general Aragão, veterano de Aragarças e bastante inserido nas redes da velha "linha dura", confirma a extensão dos rumores e do descontentamento. Ele fala de "abuso de autoridade" por parte de alguns ministros, de infiltração de "gente corrupta" na Arena e do rumor de uma influência negativa de Yolanda Costa e Silva, mulher do presidente, sobre seu marido e o círculo dele.[13]

O ministro Lyra Tavares percebe essa proximidade, uma vez que a demissão de Aragão do Alto-Comando, que não constitui propriamente uma punição disciplinar, é acompanhada de sanções a seu jovem círculo de "linha dura", em especial aos coronéis Tarcísio Nunes Ferreira (que recusa sua transferência) e Hélio Lemos. Os mais velhos dessa geração, nascidos entre 1915 e 1922, veem

O terremoto: 1969

aproximar-se a hora de uma possível promoção ao generalato, que, para a maioria deles, nunca foi decidida pela Presidência. Dos coronéis turbulentos de perfil profissional e brilhante, apenas Ferdinando de Carvalho, calado desde 1967, e Hélio Lemos tornaram-se generais, embora este último nunca tenha assumido comando de tropas. Essa rede de oficiais intermediários foi amplamente desestruturada pelas sucessivas transferências punitivas, bem como pelas trajetórias dissidentes de seus dois líderes, Lacerda e Boaventura. Em busca, desde sempre, de um futuro e de um líder políticos, eles aderem em massa, em 1969, à candidatura à Presidência de Albuquerque Lima, demissionário do governo desde 27 de janeiro de 1969.

Ao deixar voluntariamente o governo, Albuquerque Lima opta por uma estratégia de conquista do poder pela baixa oficialidade, que quer que ele volte à tropa, e não só pelos apoios que poderia ganhar no seio do generalato. Evita uma passagem prematura para a reserva (obrigatória após dois anos de participação no governo devido à "Lei da inatividade dos militares", de dezembro de 1965), que teria ocorrido em março de 1969 se continuasse no ministério. Seu retorno à ativa lhe permite escapar das críticas a respeito do exercício do poder, ao mesmo tempo em que reabilita sua imagem de homem de tropa (embora ele não obtenha, com efeito, o comando de tropas, muito provavelmente para limitar sua influência, e sim o da Diretoria-Geral do Material Bélico). Além disso, responsabiliza por sua demissão o ministro da Fazenda, Delfim Netto, e o do Planejamento, Hélio Beltrão, contra os quais a "primeira linha dura" e Lacerda destilavam episodicamente sua ira desde julho de 1967. Observemos que o general Costa e Silva tem a habilidade de nomear para seu posto o coronel José Costa Cavalcanti, também defensor de posições nacionalistas em matéria econômica, mas cuja passividade diante da punição do irmão, o coronel Boaventura, alguns meses mais tarde, quase unanimemente considerada uma grave traição, irá desacreditá-lo em meio aos jovens oficiais radicais.

O discurso de demissão de Albuquerque Lima lança oficialmente sua campanha eleitoral, marcada pela ênfase no nacionalismo, no desenvolvimento regional, na integração nacional (seu slogan é "Integrar para não entregar") e em uma justiça social a ser conquistada contra os interesses dominantes. Euler Bentes Monteiro, diretor da Sudene e apelidado de "general peruano"[14] do Exército brasileiro, deixa o comando do órgão em sinal de protesto. O discurso de Lima é então espantosamente socializante (pede a reforma agrária, o fortalecimento da poupança interna, a participação nos lucros das empresas), ao passo que seu exacerbado anticomunismo é deliberadamente dissimulado.[15] Nem as nacionalizações nem a eventual limitação da entrada de capitais estrangeiros são previstas: o programa é acanhado se comparado ao nacionalismo dos "coronéis de linha dura", que é mais antiamericano, antiliberal, estatizante e centralizador.

O nacionalismo autoritário, sob o regime militar, é pouco conhecido. Após a queda da ditadura de Getulio Vargas e a eclosão da Guerra Fria, ele só volta a aparecer como remanescente fascistoide não representativo da direita em construção – uma direita politicamente elitista, socialmente conservadora, economicamente liberal, anticomunista e pró-americana. Paralelamente, a esquerda brasileira, seguindo ou não a esteira de Vargas, reivindica o monopólio desse nacionalismo geopolítico (recusa do imperialismo norte-americano e do alinhamento diplomático com os Estados Unidos) e, sobretudo, econômico. Na verdade, o jogo político estrutura-se nos anos 1950 e 1960 em torno da oposição entre um nacionalismo progressista, desenvolvimentista e preocupado com as massas populares, e um liberalismo econômico entreguista (isto é, totalmente favorável à penetração de capitais e à instalação de empresas estrangeiras em território nacional), elitista e conservador. O surgimento dessa bipolarização é gradativo: até 1959, os meios empresariais brasileiros volta e meia defendem as mesmas propostas nacionalistas que os intelectuais de esquerda. A Revolução Cubana e a crescente polarização política dos anos 1960 desacreditam esse nacionalismo conservador, pois ressuscitam o temor de um "perigo comunista" interno, supostamente dissimulado atrás de um discurso nacionalista, e aumentam a desconfiança quanto à inclusão das massas no sistema político. As elites conservadoras aderem em massa a uma ortodoxia liberal aberta ao capital estrangeiro. No mesmo momento, o crescimento econômico latino-americano passa por uma forte desaceleração, interpretada pelos economistas ligados à Comissão Econômica para a América Latina e o Caribe (Cepal), em particular Celso Furtado e Maria da Conceição Tavares, como uma crise do processo de industrialização por substituição de importações.[16] O desbloqueio econômico, a seu ver, repousaria na expansão do mercado de consumo interno para além das categorias mais abastadas, tornando necessária a realização de "reformas de base", principalmente a reforma agrária, e de investimentos maciços do Estado. Na outra ponta da cena ideológica, economistas liberais como Eugênio Gudin

O terremoto: 1969

ou Octávio Gouvêa de Bulhões acreditam que a estagnação econômica é fruto da instabilidade da moeda e da inflação, estimuladas pelo intervencionismo excessivo do Estado. Dentro dessa perspectiva, o desenvolvimento, portanto, só poderia vir a ser retomado com o incentivo ao investimento privado e a atração de capitais e empresas estrangeiros.

Na esfera militar, onde a polarização política resulta desde os anos 1950 em violentos conflitos internos, os oficiais ao mesmo tempo nacionalistas, anticomunistas e socialmente conservadores parecem ultraminoritários e destituídos de importância no processo político; seu espaço na historiografia é quase inexistente. A respeito dos anos 1950 e do início dos anos 1960, uma leitura dicotômica prevalece sistematicamente: nacionalistas contra entreguistas, legalistas contra golpistas, esquerda contra direita militar. O golpe de 1964 termina por materializar esse quadro simples de fronteiras estanques. Em primeiro lugar, a violenta repressão que se abate sobre os militares partidários do governo Goulart confirma a existência de dois lados, onde o ódio recíproco parece indicar uma antinomia em todos os pontos. Além disso, os responsáveis pela política econômica sob Castelo Branco (Roberto Campos no Ministério do Planejamento e Octávio Gouvêa de Bulhões no da Fazenda) e sob Costa e Silva (Hélio Beltrão e Delfim Netto) são figuras de proa do liberalismo econômico. Implantam uma política de estabilização monetária e de luta contra a inflação conforme os preceitos do saneamento liberal.

Entretanto, o jogo político intramilitar entre 1964 e 1968 atesta a persistência de um discurso nacionalista no campo militar "revolucionário". Toda a direita militar brasileira reivindica, na verdade, um certo nacionalismo, considerado um pilar do *éthos* institucional e ligado a um ideal amplamente partilhado do "Brasil potência", que a propaganda ufanista deflagrada no fim de 1969 buscará atiçar. Aliás, os sucessivos governos não adotam uma política exclusivamente pró-americana, em particular no domínio diplomático.[17] Mas as posições nacionalistas e estatizantes no plano econômico e o antiamericanismo caracterizam mais fortemente os contestadores, em particular os coronéis da "primeira linha dura" e generais dissidentes. Embora fracassem ao tentar impor seus pontos de vista em matéria de política econômica junto aos dois primeiros governos, a linha diretriz permanecendo a ortodoxia liberal, a importância de seu discurso nacionalista reside no seguinte ponto: muito popular no corpo dos oficiais, suscita a adesão da juventude militar. Por sinal, entre 1964 e 1969, os "coronéis de linha dura" e o general Albuquerque Lima são ao mesmo tempo os principais defensores de um nacionalismo econômico de direita e os únicos atores que legitimam seus protestos políticos com sua popularidade na oficialidade.

Entretanto, o discurso nacionalista dos oficiais ativistas não é o simples produto de uma estratégia de conquista do poder. Ele se situa, como o nacionalismo dos grupos católicos, fundamentalistas e herdeiros do integralismo, na tradição do pensamento autoritário do entreguerras. Está enraizado num nítido antiliberalismo político, que gera desconfiança sobre qualquer instituição, grupo ou prática social suscetível de dividir uma "nação" imaginada; e, de maneira mais complexa, num antiliberalismo econômico, traduzido pela rejeição de símbolos do capitalismo financeiro internacional, americano ou "apátrida", mas sem distanciamento concreto em relação aos empresários e homens de negócios. Ao contrário do nacionalismo econômico e diplomático invocado pela esquerda intelectual e partidária nos anos 1960, ele não repousa em nenhum projeto de envolvimento das massas populares nos processos políticos e sociais, e qualquer mobilização por parte destas é suspeita de manipulação "populista" ou comunista. Entretanto, algumas de suas referências são extraídas da fonte nacionalista mais prolixa há duas décadas: o reformismo econômico e social de esquerda no qual se inspiram, conforme os atores e os momentos, a reivindicação de uma reforma agrária, a preocupação com o desenvolvimento econômico do Nordeste e a defesa dos monopólios ou empresas estatais.

Além desse "nacional-desenvolvimentismo conservador", a nebulosa contestadora de 1969 comunga um passado e redes comuns, bem como a sempiterna reivindicação, desde o golpe, de expandir o próprio poder apesar de sua inferioridade hierárquica, que priva os coronéis de acesso aos principais círculos do poder e constitui um obstáculo à ascensão de Albuquerque Lima (que não passa de general de divisão) à Presidência. Estar na posição de subordinados e eternos desafiadores favorece o reiterado recurso à "opinião" e à legitimidade políticas dos quartéis, onde as temáticas nacionalistas são populares.

Em agosto de 1969, antes mesmo de o general Costa e Silva ser vítima do acidente vascular cerebral que desencadeia a crise de sucessão, os quartéis resmungam. Prova disso é a formação, em julho, de uma misteriosa Vanguarda

O terremoto: 1969   147

Militar Nacionalista, que afirma reunir várias centenas, depois vários milhares, de simpatizantes nas Forças Armadas e exige o restabelecimento do
estado de direito, a revogação dos Atos Institucionais, "a anistia geral", a eleição por sufrágio universal de uma Assembleia Constituinte, a suspensão da
censura e o fim da repressão política.[18] A existência de distúrbios internos é
igualmente atestada pelo aumento súbito das punições via AI-5: dos 33 oficiais
afetados por esse Ato desde sua promulgação, 21 são suas vítimas apenas no
mês de agosto, essencialmente capitães e tenentes da Marinha.[19] Os perfis
dos punidos são díspares, desde jovens oficiais R/2 contrários ao regime (o
futuro historiador Israel Beloch e o líder do movimento estudantil Jean-Marc
von der Veid, por exemplo) até oficiais mais graduados, antes favoráveis ao
governo Goulart, mas não militantes, como o capitão de corveta Dalmo Ho-
naiser. Um novo abalo institucional é então iminente: o presidente pretende
reabrir o Congresso e promulgar uma nova Constituição, mais autoritária e
atenta à segurança, que substituiria e permitiria a revogação do AI-5.[20]

No fim de agosto, o estado de saúde de Costa e Silva, que o torna incapaz de
continuar a exercer o poder, rompe o equilíbrio precário entre uma Presidência
arbitral e órgãos militares e governamentais concorrentes. Nenhum regulamento,
lei ou hierarquia de legitimidades permite determinar como deve ser designado,
escolhido ou eleito o novo Executivo. A despeito da edição do AI-5, da marginalização do partido "majoritário" e do recesso do Congresso, o governo militar
continuou a se referir à normalidade constitucional como fundamento de seu
poder. Esta exige que o vice-presidente ocupe a cadeira presidencial até o fim do
mandato quadrienal. Mas Pedro Aleixo, que representa o vestígio das promessas
moderadas do candidato Costa e Silva, carrega o duplo estigma de ser civil e
de ter votado, sozinho, contra o AI-5 no Conselho de Segurança Nacional, em
dezembro de 1968. Para a esmagadora maioria dos militares, sua posse na Presidência é inaceitável. Assim, a legalidade é deixada de lado e os procedimentos
de escolha são improvisados. Essa improvisação revela uma ambiguidade fundamental do regime militar brasileiro: a legitimidade da participação política
dos quartéis. A expressão e a autonomia das tropas seriam um perigo para a
instituição e para o poder, conforme enunciam os preceitos do profissionalismo
militar, ou o coração pulsante da nação, guardião de sua moral e seu interesse
superior? Essas duas alternativas correspondem a dois discursos militares legítimos: o dos chefes e o dos líderes.

A crise de sucessão

Entre 31 de agosto de 1969, data em que o general Costa e Silva é oficialmente afastado das funções presidenciais por invalidez, e 30 de outubro, quando o general Médici é empossado terceiro presidente do "regime revolucionário", as Forças Armadas brasileiras conhecem uma efervescência política inédita. O debate intramilitar, particularmente bem documentado, é generalizado: as instâncias colegiais (Alto-Comando do Exército, Conselho dos Almirantes, Alto-Comando da Força Aérea) funcionam como fóruns cujas atas circulam no seio da elite militar e exprimem as opiniões de diferentes grupos hierárquicos, embora os oficiais mais graduados do Exército tentem, a cada etapa, impor seu próprio consenso. Paralelamente, desenrola-se uma "revolução epistolar"[21] pela qual se constitui um espaço de debate semipúblico dentro da oficialidade – as mensagens são com frequência redigidas coletivamente pelos oficiais subalternos e enviadas a vários destinatários pelos oficiais-generais.

O acidente vascular cerebral que priva o general Costa e Silva de suas funções motoras resulta em duas escolhas sucessivas: entregar temporariamente aos três ministros militares os poderes presidenciais, em 31 de agosto, e apresentar o comandante do III Exército, general Médici, perante um Congresso forçado a confirmar sua eleição à Presidência da República, em 30 de outubro. Enquanto a segunda resolução é precedida de uma longa deliberação conflituosa envolvendo importantes setores militares, a primeira efetua-se nos bastidores, após a doença do presidente ter sido dissimulada por seu círculo por um tempo indeterminado. O AI-12, que inaugura o governo da Junta, rompe com a legalidade sob o argumento de que os ministros militares personificariam, naquele instante, "a Revolução" e seriam os depositários de sua soberania.

De um ponto de vista jurídico, o primeiro "golpe dentro do golpe" desde 1964 não é então o 5º Ato Institucional, mas sim o 12º, por meio do qual os ministros militares apoderam-se do comando da nação. Não agem por iniciativa própria, mas por decisão do Alto-Comando das Forças Armadas (ACFA), que não obstante não passa de seu próprio triunvirato, ampliado por três generais subordinados aos ministérios (os chefes de Estado-Maior das forças), logo, a eles próprios, e pelo chefe do Estado-Maior das Forças Armadas.[22]

A imposição hierárquica suscita um mal-estar na oficialidade contestadora mais afastada dos círculos do poder, que, por sua vez, transfere para a Junta

O terremoto: 1969

toda a desconfiança que lhe inspiravam o círculo presidencial e parte do governo. O coronel Tarcísio Nunes Ferreira, por exemplo, no centro da oposição intramilitar de 1969, aponta uma usurpação do poder pela "Santíssima Trindade".[23] Contudo, o caráter rotineiro dessa configuração política, o consenso militar contra Pedro Aleixo e a perspectiva de escapar aos planos de liberalização, muito relativa, pretendidos por Costa e Silva, dão à Junta um crédito passageiro, principalmente no que diz respeito ao generalato. Na véspera do AI-12, por exemplo, Albuquerque Lima divulga um documento conclamando por essa solução.[24] Nele, estabelece regras para a nomeação de um novo governo, que deve poder prevalecer-se da "aprovação unânime das Forças Armadas, representada por seus líderes militares" – e não só da aprovação de seus chefes. O general Albuquerque Lima coloca aqui duas questões que permanecem, em seguida, centrais nos debates ligados à sucessão presidencial. A primeira é a unanimidade militar, citada por todos os protagonistas como um objetivo prioritário na resolução da crise. A ausência de dissensão, além de corresponder à tradicional exigência de "unidade e coesão" institucionais, permite excluir a política, uma vez que esta é associada a divisão, debate, competição. Se as Forças Armadas são unânimes em sua escolha, elas continuam, em certa medida, afastadas da política. A legitimidade de suas vozes provém igualmente desse consenso, uma vez que para os generais é enquanto instituição que elas encarnam o povo e a "revolução". A representação dessa opinião militar é a segunda questão nas discussões internas. Para Albuquerque Lima, os líderes desempenham naturalmente esse papel: é o que os define, além da autoridade, da popularidade e da confiança que inspiram à oficialidade, através das quais garantiriam sua coesão e sua obediência com mais eficácia do que a cadeia de comando. Esse comunicado inaugural alinha o ex-ministro do Interior a uma orientação militarista, já que se opõe também ao acesso de Pedro Aleixo à frente do Estado, e autoritária, contra a suspensão do AI-5 pela promulgação de uma nova Constituição.

Em torno de Afonso de Albuquerque Lima estão alguns generais da engenharia, dez anos mais jovens do que os que agora estão no poder. É o que explica o general Antônio Carlos Murici, então chefe do Estado-Maior do Exército:

> Criou-se aí uma outra área de atrito dentro do Exército. Nós já estávamos com três
> áreas de atrito: uma do pessoal que desde antes era contra o Costa e Silva; uma do

pessoal ligado ao Aragão; e outra do pessoal ligado ao Afonso. Os generais oriundos da engenharia eram todos muito moços: o Afonso, o Rodrigo, o Candal... Então, surgiu a notícia – não sei se é verdade – de que em conversa entre eles... "Bom, daqui a não sei quantos anos o Exército estará entregue aos engenheiros." Houve períodos em que se dizia: "O Exército é dos artilheiros." Realmente, o ministro era da artilharia, o chefe do Estado-Maior era oriundo da artilharia... Houve um período em que, como agora, tudo era de cavalaria... São períodos que passam.[25]

Algumas fontes, surpreendentemente, criticam o caráter demasiado liberal do programa desfraldado por esse grupo, que teria abrangido "reabertura do Congresso, sucessão presidencial através de eleições diretas, mandato integral e não mandato-tampão, reabertura do processo democrático em benefício eventual de uma candidatura civil".[26] Trata-se de posições contraditórias com as declarações do general desde 1964 e dificilmente compatíveis com o extremismo de vários jovens oficiais que o apoiam com entusiasmo. Mas a coerência do programa não é o centro da "campanha presidencial" deflagrada pelo general Lima com sua mensagem de 31 de agosto de 1969. Os laços pessoais com o candidato e sua popularidade nos quartéis, bem como sua reputação de inflexível nacionalista, constituem a base mínima da militância em seu favor. O que de pronto está em jogo não é de forma alguma o projeto político, mas os procedimentos de escolha do futuro presidente. A voz das casernas, à qual o primeiro presidente, Castelo Branco, reivindicava permanecer surdo, adquiriu com a militarização do regime uma forte legitimidade entre os "revolucionários", mas ela servia até então de argumento de autoridade aos generais ansiosos por impor suas escolhas políticas. Doravante, a fim de desempatar os candidatos potenciais, impõem-se procedimentos mais precisos para consultá-la, claramente contraditórios com a exigência de unidade da instituição militar.

A PRECARIEDADE DO CRÉDITO militar da Junta só vem à luz com o advento de um novo imprevisto: o sequestro, orquestrado pelos movimentos de esquerda armada Ação Libertadora Nacional (ALN) e Movimento Revolucionário 8 de Outubro (MR-8), em 4 de setembro de 1969, do embaixador dos Estados Unidos, Charles Burke Elbrick. O sequestro e a divulgação de um manifesto pelos sequestradores surgem como provas do que a direita militar anuncia há mais

O terremoto: 1969   151

de dez anos: a progressão da guerra revolucionária no país. A realização dessa predição, enquanto os grupos de esquerda armada eram praticamente inexistentes em 1964 e sua estratégia ainda não formulada, fortalece os partidários de uma repressão intensificada e abala a Junta, que se curva imediatamente às exigências dos sequestradores. Essa decisão é considerada uma confissão de fraqueza e fragilidade por certos setores militares, que clamam ainda mais alto sua reivindicação por um poder perene, cuja legitimidade junto aos quartéis asseguraria a firmeza da luta contra a "subversão". Além disso, a libertação de prisioneiros, exigida em troca da libertação do embaixador, fere o ódio anticomunista de alguns oficiais e arranha seu desdém antiamericano.

Embora a imposição da Junta militar tenha suscitado um real descontentamento no seio da oficialidade radical, é apenas a troca de prisioneiros que provoca a primeira rebelião desde o golpe. Somente algumas unidades paraquedistas da Brigada Aeroterrestre (Vila Militar) acham-se então implicadas nessa reação: o Batalhão Santos Dumont, unidade de elite de infantaria paraquedista; o Centro de Instrução Paraquedista; e o 1º Grupo de Artilharia Aeroterrestre (I GAAet). O comandante do I GAAet, o tenente-coronel Dickson Melges Grael, é o personagem central da revolta de fraca envergadura empreendida por cerca de trinta oficiais em 6 e 7 de setembro de 1969. Próximo do coronel Francisco Boaventura, que antes do golpe comandou uma unidade análoga, o Corpo de Obuses da Divisão Aeroterrestre, o coronel Grael teria tomado – segundo suas próprias palavras – a iniciativa de um único ato de desobediência: recusar-se a desfilar por ocasião do Dia da Independência, em 7 de setembro, diante da Junta militar. Por outro lado, assume a responsabilidade por atos decididos e cometidos por oficiais paraquedistas mais jovens: a tentativa infrutífera de impedir a decolagem do avião transportando os prisioneiros libertados e o ataque a uma estação de rádio, a Rádio Nacional, a fim de ler ao vivo um manifesto repudiando a Junta e conclamando à resistência. Essa manifestação de solidariedade de Grael (que decidiu "considerar aqueles atos como uma consequência lógica do clima emocional reinante na Brigada Aeroterrestre e em consequência ... declarar-se publicamente corresponsável por todas as consequências daqueles atos")[27] lhe vale duas semanas de prisão e sua transferência, pouco depois da posse do general Médici na Presidência, para uma guarnição remota do país (o Quartel-General da 8ª Região Militar, em Belém).

No dia de sua exoneração do GAAet, o tenente-coronel Grael pronuncia uma ordem do dia na qual faz seu relato do caso.[28] Nela, reitera os argumentos de unanimidade militar no seio da Vila Militar e de hostilidade à transigência por parte de todas as patentes. Menciona, em primeiro lugar, a unanimidade entre "seus oficiais, subtenentes e sargentos a quem consultou pessoalmente, dando-lhes oportunidade de discordar". Mas também a existente entre seus superiores hierárquicos, sobretudo no caso do comandante da Brigada Aeroterrestre, general Adauto Bezerra de Araújo, que teria revelado sentir-se "avacalhado" pela "covardia" da Junta, "que não podia continuar". Teria sido apenas nesse contexto de consenso que ele teria tomado a decisão de "não desfilar em continência às autoridades que não haviam assegurado uma solução digna para o problema criado pelos comunistas". A insubmissão desses oficiais paraquedistas tem a particularidade de se beneficiar de uma real benevolência por parte dos generais então em serviço na Vila Militar, líderes históricos da "primeira linha dura", Siseno Sarmento e João Dutra de Castilho. É à sua opinião, aliás, que se reportam aqueles que, em 6 de setembro, invadem o Aeroporto do Galeão na esperança de impedir o banimento de treze dos quinze prisioneiros que decolavam do Rio de Janeiro.

Os trinta capitães revoltosos, todos punidos com prisão disciplinar no fim de sua aventura, têm como líderes José Aurélio Valporto de Sá, já mencionado, fundador do grupelho de extrema direita nacionalista Centelha Nativista, criado na Bahia meses antes;[29] Francimá de Luna Máximo, que edita o jornal desse grupelho, *O Farol*; e Adalto Luiz Lupi Barreiros.[30] Entre dez e quinze anos mais jovens que os "coronéis de linha dura" (nasceram, respectivamente, em 1939, 1936 e 1937), não obterão as distinções escolares e honoríficas de seus predecessores. Seus títulos estão ligados à sua especialização paraquedista ou à luta antiguerrilha. Dos três, contudo, apenas Luna Máximo não chegou à Escola de Comando e Estado-Maior do Exército; é igualmente aquele que alcança a patente menos elevada, já em fim de carreira: tenente-coronel. Nenhum alcançou o generalato, fez curso no exterior ou obteve outra medalha senão a do Pacificador, corriqueiramente distribuída. Portanto, seu perfil militar distancia-se bastante daquele dos coronéis contestadores que ocupam, desde o golpe, o proscênio da vida política intramilitar. Não deixam, entretanto, de manter laços com eles: Adalto Barreiros, por exemplo, começou sua carreira no Grupo de Obuses da Divisão Aeroterrestre, como primeiro-tenente, sob as ordens do coronel Francisco Boaventura. Em depoimento posterior, ele menciona sua solidariedade ao ex-comandante, cuja punição considera "outro exemplo

O terremoto: 1969

marcante de como uma espécie de vampirismo autofágico acabou dominando o ambiente e vitimando muitas personalidades, expoentes do esforço revolucionário de 1964".[31] Esses capitães, além disso, estão conectados com a "linha dura" dos coronéis por intermédio de oficiais mais próximos deles de um ponto de vista geracional: os majores Tarcísio Nunes Ferreira, nascido em 1930, e Kurt Pessek, em 1934.

O amadorismo desses oficiais – chegam atrasados ao Aeroporto do Galeão e perdem a hora de saída do avião militar com os prisioneiros libertados – é evidente. Essa fracassada abordagem, a tomada de assalto da estação de rádio e a recusa a desfilar resultam em prisão coletiva em 8 de setembro. A revolta e a campanha presidencial estão imbricadas e, no mesmo momento, "indagações são feitas [a] Albuquerque Lima, que se alterara com o general Murici, que o acusara de ser responsável pelos acontecimentos".[32] A operação prossegue, sob a alcunha de "Pilha Branca", metáfora médica que transforma os oficiais em agentes em luta contra a "doença" comunista. Ela envolve o GAAet, que entra em prontidão, e o Batalhão Santos Dumont, cujo comandante (coronel Sarmento) lança um ultimato à Junta: os ministros militares têm até o dia 9 de setembro para renunciar. No dia seguinte, os paraquedistas vão para as ruas. Mas a operação Pilha Branca é abortada: o ultimato não surte efeito, apesar das promessas e do apoio de alguns comandantes, como o general Castilho. A razão principal é a confirmação da candidatura de Albuquerque Lima, o que permite uma saída política para o protesto. A princípio, contudo, os jovens oficiais não mais pareciam torcer com fervor por esse ou aquele candidato; é a ligação dos generais "duros" da Vila, Siseno Sarmento e Dutra de Castilho, a Albuquerque Lima que suscita a adesão dos mais jovens ao ex-ministro do Interior e debela a revolta. As pressões e as relações de influência não são então unidirecionais: os subalternos, que comandam diretamente a tropa, representam uma ameaça para seus superiores, mas estão igualmente dispostos a seguir as escolhas políticas destes últimos.

Já no primeiro dia da prisão disciplinar do tenente-coronel Dickson Grael, o general Castilho e o coronel Boaventura fazem-lhe uma visita, a fim de testemunhar a solidariedade dos contestadores e a vontade de conferir uma significação política às agitações em curso. O coronel Boaventura transmite suas "Recomendações ... ao cel. Dickson e demais companheiros paraquedistas", por meio das quais tenta impulsionar uma estratégia política, na perspectiva da sucessão presidencial, a seu grupo contestador, agora apoiado pela oficialidade turbulenta da Vila. Boaventura começa por alinhar-se às posições assumidas por Albuquerque Lima em 31 de agosto, considerando que Costa e Silva está definitivamente impedido de exercer seu mandato e que um novo presidente deve substituir o mais rápido possível a Junta. Indica que é contra entregar o posto ao vice-presidente, "por suas posições de incompatibilidades com a Revolução".[33] O coronel, a exemplo de seu antigo mentor, Lacerda, se revela um homem de contradições, uma vez que assume plena e categoricamente seu repúdio a passar os poderes presidenciais a Pedro Aleixo. Entretanto, o principal pecado de Aleixo, segundo os critérios "revolucionários", é não ter votado em favor do AI-5 no Conselho de Segurança Nacional, posição que ele partilhava então com Boaventura. Enuncia em seguida os princípios que devem guiar a escolha do sucessor:

> O nome final para assumir a Presidência deve ter o consenso geral das Três Forças (*Cúpula e bases – importante*).[34] Única condição para obtenção do respaldo suficiente, para que o presidente possa governar. Da mesma maneira que repudiamos imposição de cúpula, a imposição de uma parcela das bases também não dará as condições necessárias para que o presidente realize um governo revolucionário em termos de sadio nacionalismo, como temos pregado.

Não se trataria portanto, para o coronel Boaventura, de conceder à massa da oficialidade uma legitimidade política própria, mas de permitir sua participação a fim de proporcionar ao novo poder uma base castrense de peso. Ouvir "a opinião militar" corresponderia a uma necessidade; por outro lado, o oficial indica igualmente, por meias palavras, que ela oferece a garantia de um "sadio nacionalismo" dos governantes. Ele traduz perfeitamente o imaginário ambivalente associado aos quartéis, entre ameaça física e consciência moral da nação.

A expressão "cúpula e bases" já aparece numa mensagem de Albuquerque Lima enviada em 5 de setembro ao general Murici.[35] Nessa carta, o ex-ministro do Interior coloca-se claramente na frente da oposição estruturada em 1969, denunciando melifluamente uma ditadura de aproveitadores e reivindicando a restituição de seu comando ao general Aragão e sua reintegração ao Alto-Comando do Exército, bem como a anulação da punição ao coronel Boaventura. Faz as mesmas declarações, num tom mais amistoso e equilibrado, ao ministro

O *terremoto: 1969*

do Exército, Lyra Tavares, quando tenta cooptar este último para seu projeto político de "Revolução construtiva", uma

> Revolução [que] não significa somente punições, cassações e demissões, mas muito mais, [que] significa anseio de renovações, mudança corajosa de estruturas arcaicas, eliminação progressiva de desigualdades entre regiões, eliminações de influências de grupos econômicos nas decisões do governo.[36]

A popularidade de Albuquerque Lima entre a jovem oficialidade da Vila Militar, as redes que mantém ali e as esperanças que suscita no meio são comprovadas por vários depoimentos e mensagens. Em 6 de setembro, por exemplo, enquanto a brigada paraquedista está em ebulição, perto de duzentos oficiais de patente intermediária lhe dirigem uma carta coletiva em tom de manifesto:

> Frente à vida moderna, deixou o oficial do Exército de ser um simples artífice da guerra para dar lugar ao cidadão cônscio de suas responsabilidades civis perante a Nação. Tornou-se um elemento com os sentimentos nacionalistas muito mais arraigados que antigamente. Politizou-se no sentido honrado da palavra, para poder fazer frente aos inimigos internos e externos que tentam nos arrastar com sua ideologia anticristã e materialista. Tornou-se um defensor de nossas instituições.[37]

Esse novo papel do oficial nivela a escala hierárquica. Entretanto, os redatores do manifesto querem a liderança do general: não reivindicam o exercício direto do poder. O retorno aos "verdadeiros ideais de 31 de março" – "exterminar o vil inimigo, moralizar a política, restabelecer a democracia com D maiúsculo" – é novamente a justificativa primordial do engajamento político. Ora, prosseguem os oficiais em sua carta,

> ... nada do que vimos até agora e principalmente nos últimos tempos, tem dado mostra que 64 continua vigente. Vimos sim a *acomodação* do poder, a politicagem reinando e elementos sabidamente contrários a nossa linha, atuando destacadamente nos rumos da vida nacional.

As críticas às políticas implementadas a partir do golpe são ao mesmo tempo imprecisas e habituais. De um lado, apontam a introdução de elementos antinacionalistas na cúpula do governo, isto é, artífices do liberalismo econômico e da abertura do país aos capitais estrangeiros; de outro, a aliança com a classe política e a adoção de seus métodos, considerados corruptos e escusos. A última parte da carta é um apelo para que o general Albuquerque Lima "assuma a liderança".

INSUBMISSÕES DE ALGUNS oficiais subalternos, participação política reivindicada por outros, um coronel dissidente, Boaventura, como "vivandeira" dos quartéis, e um general de três estrelas que lembra os "generais do povo" de antes de 1964: os militares mais graduados têm motivos para pensar que a base da oficialidade ameaça seu poder. A geração dos capitães (na maioria dos casos, da engenharia, mais um punhado de paraquedistas) ocupa agora o primeiro plano do protesto, enquanto a geração dos coronéis acha-se globalmente ausente das agitações do início de setembro e dos debates posteriores sobre o processo de sucessão. A "primeira linha dura" é então desestruturada e afastada do Rio de Janeiro, onde são jogadas as principais cartadas políticas. A patente e o prestígio profissional dos capitães contestadores são muito baixos para que eles alcancem a legitimidade política de seus antecessores. Aliás, não pretendem mais, como estes, posar de intérpretes das Forças Armadas: exprimem-se em número e são a "opinião militar". Em seu seio, os oficiais que optam pela insubmissão aberta e franca são minoritários, membros do corpo de elite dos paraquedistas e marcados por uma forte politização militante – nacionalista e de extrema direita. A revolta destes últimos, em 7 de setembro, não tem, aliás, as consequências esperadas: a troca de prisioneiros exigida pelos militantes comunistas é levada a cabo e a Junta militar não é compelida à retirada imediata. Entretanto, a imagem de uma Vila Militar mais uma vez como um "barril de pólvora" e a evidente campanha que o general Albuquerque Lima realiza nos quartéis aceleram a elaboração, pelas altas autoridades militares, de um regulamento político da sucessão. É a missão a que se propõe o Alto-Comando do Exército durante sua reunião de 15 de setembro.

Nesse momento, o perigo hierárquico não vem tanto das turbulências extremistas de jovens oficiais radicais, mas de certos líderes militares. Estes não defendem explicitamente o direito individual à participação política no interior das Forças Armadas. Eles mobilizam um imaginário comum à maioria

O terremoto: 1969

militar, incluindo sua elite: a necessidade do consenso nas Forças Armadas como garantia da revolução, a importância de preservar a calma castrense a fim de assegurar a estabilidade do poder, a valorização do carisma, da atenção aos subordinados pelos chefes militares. Desse ponto de vista, a realização da "consulta" à oficialidade para decidir o sucessor de Costa e Silva não é uma vitória dos partidários de Albuquerque Lima: ela constitui a única opção legítima. Entretanto, por trás desses princípios amplamente consensuais, as práticas toleradas divergem: como fazer com que a necessária sondagem do "consenso militar" não se torne uma eleição inaceitável? Uma vez que a opinião de um major – e todos os protagonistas concordam nesse ponto – não pode pesar tanto quanto a de um general de exército, como ponderar sobre a patente, as tropas comandadas e o prestígio militar na determinação da legitimidade política? A partir de que patente é possível representar seus subordinados, logo, exprimir uma opinião e não mais ser representado?

A "eleição" de 1969

Durante as duas últimas semanas de setembro é debatida, decidida e realizada a consulta das Forças Armadas brasileiras que resulta na designação do general Médici para a Presidência da República. Em 22 de outubro, o Congresso, reaberto para a ocasião, é incumbido de validar formalmente o acesso do general à frente do Estado. A Arena aprova essa escolha por unanimidade, enquanto o MDB, amplamente minoritário, se abstém. Médici é empossado em 30 de outubro para um mandato prolongado, que ele exerce até 15 de março de 1974: ao período final do mandato de Costa e Silva se acrescenta uma Presidência quadrienal.

O fato é excepcional por sua natureza, uma vez que reconhece uma forma de responsabilidade coletiva na oficialidade: o regime militar, instaurado sob o argumento do retorno da disciplina e do apolitismo no interior das Forças Armadas, resolve, assim, sua primeira crise importante suscitando uma participação política ativa em seu seio. Na prática, a consulta é organizada e amplamente controlada por um único órgão: o Alto-Comando do Exército, concílio dos onze generais de quatro estrelas então na ativa que se impõe sobretudo diante do círculo presidencial, em particular do chefe da Casa Militar, o general

Jayme Portella. O "grupo palaciano" ligado a Portella, inclinado desde o início do mês de setembro a estender a solução temporária na esperança de permanecer no coração do poder, se enfraquece à medida que o estabelecimento de uma solução perene parece cada vez mais urgente. O Alto-Comando se dá o trabalho, em 15 de setembro, de confiar a uma comissão *ad hoc* a tarefa de propor as modalidades dessa consulta. Ela é batizada de "3 M", em decorrência das iniciais dos sobrenomes de seus membros – os generais de exército Jurandir Bizarria Mamede, Emílio Garrastazu Médici e Antônio Carlos Murici –, e conclui pela designação imediata de um sucessor para o presidente, a ser decidida pelos Altos-Comandos das três Forças Armadas e pelo chefe do Estado-Maior das Forças Armadas.

A "Comissão dos 3 M" abre a sucessão mas não determina as modalidades precisas de seu desenrolar. Incumbe dessa etapa os Altos-Comandos, que devem decidir acerca do eleitorado, das circunscrições, dos procedimentos de voto e do modo de escrutínio daquilo que não deve ser chamado de eleição. Ao fazer dos Altos-Comandos seus grandes organizadores, a Comissão só prolonga a lógica da Junta, ao mesmo tempo que lhes confere o caráter colegial necessário para evitar contestações. Logo, porém, vem à tona que os nomes fornecidos pelo Almirantado e o Alto-Comando da Aeronáutica terão pouco peso diante da força política e militar dominante: o Exército. Formalmente, a consulta se desenrola em cada força, e seus Altos-Comandos devem fornecer ao Alto-Comando das Forças Armadas os nomes que haviam chegado à "final", mas é estabelecido, oficiosamente, que apenas generais de exército (e não almirantes ou brigadeiros) podem ser nomeados. Tal prerrogativa, no entanto, não é respeitada na Marinha, que vota assim mesmo pelo almirante Rademaker. Este faz uso de todo o seu poder no Alto-Comando de sua força para que o voto de seus pares não vá para o general Albuquerque Lima, popular entre os almirantes e que figura em primeiro lugar nos nomes indicados pelo Alto-Comando da Marinha. Em 6 de outubro, Rademaker explica na reunião do Alto-Comando das Forças Armadas, que deve soberanamente, a partir das indicações dos Altos-Comandos, designar o eleito, que ele achou a Marinha minada por outro nome.[38]

Nenhum argumento vem justificar a situação de minoria na qual se veem colocadas a Marinha e a Aeronáutica: ela resulta de uma tradição e de uma relação de força entre as armas. Mais genericamente, essa "eleição" intramilitar

O terremoto: 1969

decorre de duas lógicas: a construção de um consenso sobre a participação e a representação políticas legítimas nas Forças Armadas; e a imposição de procedimentos que permitam designar o candidato do Alto-Comando do Exército – ou, antes, impedir a designação do candidato que não tem sua aprovação, o general Afonso de Albuquerque Lima.

Vários pontos constituem objeto de debates e mesmo de conflitos. Primeiro exemplo: a "consulta" do conjunto da oficialidade, com todas as patentes reunidas, era denunciada pela maioria dos generais de quatro estrelas como o cúmulo da anarquia militar. É a opinião de um oficial anônimo, numa carta dirigida após a realização do "escrutínio" ao general Albuquerque Lima, acusado de ter desejado que fossem ouvidos todos os escalões de oficiais:

> Quanto à consulta às bases …, não me parece melhor processo utilizável num organismo militar que se alicerça na hierarquia e na disciplina, pois os Chefes – os verdadeiros Chefes – são, em qualquer ocasião, máxime nas horas de crise, os depositários da confiança se não da totalidade, pelo menos da grande maioria de seus comandados. Do contrário seria admitir que às vésperas da decisão de uma Batalha, teria o General em Chefe de *consultar milhares ou milhões de soldados.*
>
> Feito o transplante para o quadro político, a situação é a mesma. Por isso, penso e julgo que a auscultação não deveria ir além dos Generais, Chefes que são responsáveis por tudo quanto fazem ou deixam de fazer suas Grandes Unidades.
>
> *A não ser assim, seria a inversão da hierarquia e a subversão da disciplina. Teríamos então voltado aos idos de 1963 [com] os sargentos de* JOÃO GOULART *e os "Generais do povo".*[39]

O general Murici, da mesma opinião, considera que sair do círculo dos generais seria quebrar uma fronteira perigosa: "Nesse caso, vamos acabar no cabo. Vamos ouvir o cabo, porque ele tem o mesmo direito … de opinar numa coisa nacional."[40] Além disso, as informações disponíveis na época (principalmente uma pesquisa que circulava em meio ao generalato) indicam que tal consulta teria favorecido o general Albuquerque Lima, popular entre a jovem oficialidade.[41]

Se a consulta direta a oficiais fora do generalato nunca foi seriamente considerada pelo Alto-Comando do Exército, o peso das estrelas dos generais na contagem de seu voto foi colocado em debate. O general Moniz de Aragão, por exemplo, defendeu no ACE (ao qual se reintegra de modo excepcional em 17 de setembro) que o quadro dos generais fosse pura e simplesmente o colégio eleitoral, sem distinção de patente.[42] Mas isso teria representado um perigo no momento em que o homem a ser abatido, Albuquerque Lima, é estigmatizado (entre outras coisas) em virtude das três estrelas que carrega no peito. Além disso, e sobretudo, sua popularidade no I Exército, que contava com um grande número de generais, deixava prever que aquele escrutínio "igualitário" o levaria ao poder.

O ACE adota, por fim, um modo de escrutínio complexo e pouco normatizado, de modo que os generais influentes regionalmente o interpretam a seu bel-prazer. A cada um dos onze generais de exército é atribuída uma circunscrição eleitoral, onde o eleitorado limita-se a generais (ou seja, 114 oficiais). Toda circunscrição deve fornecer ao ACE uma lista de três nomes, sem ordem de preferência nem indicação de votos obtidos. O oficial mais citado deveria receber a nomeação. Essa votação por lista dá uma primazia ao consenso: para ser eleito, não é conveniente bater-se contra nenhum foco de oposição e ser reconhecido em toda parte, disposto a não ser popular em lugar nenhum. É o caso do general Médici, personagem remoto com sólida reputação de revolucionário – suscitou a adesão dos cadetes da Aman ao golpe, constituindo, assim, obstáculo às veleidades de resistência das tropas do I Exército – e de homem de aparelho e dos segredos de Estado, após vários anos passados à frente do SNI. Citado em dez das onze circunscrições, supera largamente Albuquerque Lima, mencionado apenas cinco vezes, e vence a "eleição".

A última batalha dos oficiais contestadores

Nenhum motim sucede a essa estranha eleição, embora a quase totalidade dos oficiais que manifestam publicamente seu protesto depois do golpe tenha assistido ao fracasso de seu líder. As poucas contestações militares que se seguem ao processo de seleção tendem a revelar a onipotência do Alto-Comando do Exército: nenhuma questiona a designação do general Médici para a Presidência nem abala sua validação pelo Alto-Comando das Forças Armadas, em 6 de outubro, e depois pelo Congresso, algumas semanas mais tarde. Em 2 de outubro, o general Albuquerque Lima dá a entender sua insatisfação ao ministro do

O terremoto: 1969

Exército com os "métodos adotados" e com o que considera "irregularidades" na eleição.[43] Denuncia tardiamente a ausência de normas precisas e uniformes e aprova os procedimentos instaurados no I Exército, onde "generais ouviram, com seriedade e dignidade, suas bases" e onde o escrutínio lhe foi favorável, mas denuncia a imposição de escolhas hierárquicas em outros lugares. A resposta de Lyra Tavares é, nesse caso também, previsível: ele recusa os "ultrapassamentos de baixo pra cima" e a ideia de uma "eleição, entre todos os graus da hierarquia militar, por não ser nossa Instituição um partido político".[44]

Após o fracasso de seu líder, a massa de oficiais-generais e superiores em favor de Albuquerque Lima adota a discrição. Enquanto a maioria dos almirantes mostra-se favorável à candidatura do ministro do Interior na corrida presidencial (obteve 37 dos 69 votos dos almirantes),[45] apenas um deles, Ernesto de Mello Batista, assume o risco de um manifesto público. Em 2 de outubro, seu "Apelo ao governo e à opinião pública" fustiga a instauração de um sistema no qual "generais do Exército [constituam] o colégio eleitoral exclusivo do País".[46] Esse manifesto é a única contestação ostensiva, por parte de um oficial-general, do processo de sucessão. Ela lhe valerá uma punição exemplar: ele é a única vítima de um novo Ato Institucional (o AI-17), editado pela Junta em 14 de outubro de 1969 e destinado a afastar temporariamente da ativa os militares "revolucionários" arrebatados pelo entusiasmo contestatário. O deslize suscetível de ser punido pelo Ato é o atentado "contra a coesão das Forças Armadas, divorciando-se, por motivos de caráter conjuntural ou objetivos políticos de ordem pessoal ou de grupo, dos princípios basilares e das finalidades precípuas de sua destinação constitucional". A medida é simbolicamente muito importante: constitui um instrumento de administração específico da dissidência militar, justificado pela necessidade de apolitismo e de princípios disciplinares nas Forças Armadas. Dá à Presidência um meio imediato de estabelecer, na instituição militar, as fronteiras admissíveis da participação política, poupando-se ao mesmo tempo, talvez, do escândalo de punições de "revolucionários" pelo AI-5 (mais duras e desonrosas) e repetições do "caso Boaventura". O general Adolpho João de Paula Couto corrobora essas intenções explicando que

o ato foi provocado por um recrudescimento das manifestações da chamada linha dura dentro das Forças Armadas. As punições por ele estabelecidas são temporárias, dando aos punidos a oportunidade de retornarem ao serviço ativo tão logo fosse aplacado o seu entusiasmo contestatório. Estava implícito neste dispositivo o reconhecimento do mérito profissional de muitos dos punidos.[47]

Esse instrumento de despolitização revolucionária da oficialidade é considerado uma suprema traição por capitães da Escola de Aperfeiçoamento de Oficiais, que, em 25 de outubro de 1969, redigem um "Protocolo" em que se opõem à guinada aparentemente empreendida pelo regime. Seu manifesto constitui a forma mais elaborada e bem-acabada, desde o golpe, de reivindicação de uma participação coletiva dos oficiais. Sua redação e divulgação, porém, aconteceram depois de o Congresso homologar a designação do general Médici para a Presidência da República, ou seja, depois que as cartas foram jogadas. Sem conclamar à revolta nem sequer lançar profecia catastrofista sobre as consequências desse "fechamento" do poder sobre si mesmo, os capitães contentam-se em assinalar sua insatisfação com o que consideram golpe de força de um "poder grupal delirante" que teria terminado por transformar os nobres "ideais de 31 de março" numa "Revolução Absurda".[48]

Os capitães retomam o tema de uma usurpação do poder revolucionário por um grupo restrito. Entretanto, ao contrário de seus antecessores, recusam-se a reconhecer os princípios de disciplina e submissão hierárquica quando entram em jogo problemas nacionais e até mesmo – a palavra está lá – a "política":

Conscientizados sobre a problemática nacional, não nos deixamos enganar com as astúcias introduzidas nas cadeias de comando. Entendemos que o princípio de autoridade tomado como critério único e absoluto de verdade, na análise, interpretação e solução de matéria eminentemente política, não só é falso como deformador. O que se tem sentido é um absolutismo de grupo, dissimulado sob a forma de disciplina hierárquica, onde um poder delirante tenta impor soluções ... .

Por não aceitarmos no campo político um procedimento *perinde ac cadaver*, procedimento este prescrito por Inácio de Loyola aos jesuítas como síntese de uma obediência passiva, absoluta, submissa, autêntica disciplina cadavérica, é que nos reservamos o direito de, como revolucionários autênticos, externarmos o nosso ponto de vista, com idealismo e em nome do futuro do Brasil, que nos pertence por fatalidade cronológica.

Os capitães pretendem ter conquistado essa legitimidade política – a ideia não é nova – por haverem "efetivamente" feito a revolução, mas também par-

O terremoto: 1969 163

ticipado desde então "da dinâmica revolucionária, atuando denodadamente contra a CORRUPÇÃO e SUBVERSÃO COMUNISTA",[49] ao passo que "veem sistematicamente seus esforços serem neutralizados integralmente e mesmo, muitas vezes, suas ações incompreendidas". O argumento já fora utilizado, nos meses que se seguiram ao golpe, pelos coronéis dos IPMs, que se consideravam encarregados da "limpeza revolucionária". Doravante, ele é invocado por simples oficiais de tropa, que se descrevem coletivamente como responsáveis pela luta contrarrevolucionária.

Os oficiais situam-se num contexto internacional: uma "conjuntura mundial" que, além da Guerra Fria e de sua luta mortal contra a subversão comunista, incita novos atores, nos países em desenvolvimento, a trabalhar por uma "reconstrução nacional" às vezes colocada sob a bandeira de revoluções. É difícil saber a que experiências nacionais os capitães fazem referência nesse caso (desde o golpe de 1964, os manifestos e panfletos contestadores concentram-se basicamente no Brasil), e essa ideia é pouco desenvolvida. Nem por isso deixa de revelar como a geração de oficiais via a "revolução" de 1964, compreendida como uma obra coletiva de regeneração nacional. Observemos que, em suas declarações, não é feita nenhuma referência ao papel revolucionário ou reformista desempenhado por movimentos de oficiais brasileiros durante o século XX: em particular, embora pretendam encarnar uma geração e uma patente (os capitães), não é feita menção aos tenentes, agora generais, que eles acusam de usurpar o poder revolucionário.

No entanto, as reticências a respeito da disciplina são pouco partilhadas por seus colegas de farda, que, em sua maioria, aceita silenciosamente a designação do novo general presidente. O fato de o AI-17, último Ato revolucionário editado sob o regime militar, ter sido utilizado apenas uma vez é significativo da esmagadora vitória então obtida pela "geração do século", a de 1900, que fecha uma nova sucessão presidencial em torno de sua patente, a dos generais de quatro estrelas, a ponto de desestimular qualquer contestação. Os oficiais de tropa mais ativistas, de direita ultranacionalista; os capitães albuquerquistas; as cinzas da "primeira linha dura"; por fim, comandantes de batalhões, de divisões e brigadas, sem contar a maioria dos almirantes, mais inclinados a sustentar o general Albuquerque Lima do que o produto obscuro de um "sistema palaciano" exaurido – todos terminam por se alinhar ao "terceiro governo da Revolução".

A SUCESSÃO PRESIDENCIAL DE 1969 foi descrita e interpretada como o advento definitivo de um modelo específico de regime militar, "hierárquico" ou "de generais", mantendo os escalões inferiores da oficialidade longe das grandes decisões políticas, sem personalizar o poder militar.[50] De fato, a transmissão da Presidência a Médici cria um precedente: os Altos-Comandos das três forças, em cuja primeira fila está o do Exército, viram-se em condições de decidir sozinhos a respeito do poder do Estado, praticamente sem reação dos quartéis e com a aprovação submissa do Congresso. O grupinho de generais de quatro estrelas parece dotado de força política, militar e simbólica suficiente para governar o país sem contrapoder e, em caso de necessidade, contra a opinião da própria maioria militar.

Entretanto, essa vitória do "regime hierárquico" não era assegurada nem por uma tradição de distanciamento da coisa política, amplamente mítica, nem por uma cultura de disciplina e de apolitismo que seria específica, na América do Sul, das Forças Armadas brasileiras. Decerto a instalação do "regime dos generais" mobiliza o imaginário do Exército profissional, apolítico e hierárquico: se a política é um mal, o fato de apenas os generais se envolverem nela é então um mal menor. Mas o sistema de legitimação do "regime dos generais" é frágil. O simples fato de uma eleição interna nas Forças Armadas ter se imposto como único meio aceitável para sair do impasse demonstra a ambivalência dos imaginários quanto à participação política dos militares. Desde o golpe de Estado, a vida política intramilitar é povoada por atores que reivindicam uma legitimidade política como "revolucionários", líderes, ou "vozes dos quartéis", essa ameaçadora mas exigente opinião pública em armas. Essas identidades políticas se misturam e, conforme sua patente e seu passado ativista, os contestadores invocam uma ou outra. Foi exclusivamente esse clima de forte ambiguidade das representações políticas que tornou possível a estranha "eleição" presidencial de 1969.

5. Contra a distensão: 1974-1977

> Nós nos sentíamos injustiçados. Corríamos riscos de vida enquanto a
> maioria dormia tranquilamente. ... E, na análise de muitos de nós, a
> responsabilidade por essa injustiça está ... principalmente nos fracos,
> naqueles que estão sempre se posicionando politicamente de forma a
> tirar benefícios pessoais para si, para seus familiares etc. Ou seja, está
> nos políticos que temos neste país. Em nossa visão, eles correspon-
> dem à linha dos fracos de espírito, dos fracos de tudo, à "linha mole".
> É a ela que nos opomos, com uma posição contra, firme, "dura".
>
> Coronel Cyro Guedes Etchegoyen[1]

O governo Médici corresponde aos anos mais repressivos da ditadura,
ao longo dos quais a classe política civil é a menos influente politicamente; a
censura, a mais severa; e o sigilo, o mais opressivo. O ativismo de oficiais de
escalão intermediário dá lugar a uma frente militar aparentemente unida –
engajada na luta contra os movimentos de esquerda armada – e pacificada por
uma prosperidade econômica inédita que satisfaz a opinião pública. Durante
os anos de chumbo, a vida política, tanto civil quanto militar, parece em estado
de suspensão. O imobilismo dos anos 1969-74 espelha a "temporalidade" que
em seguida o general Ernesto Geisel "reintroduziu no processo político".[2] A
"distensão lenta, gradual e segura" que ele anuncia alguns meses após sua posse
tinha tudo para suscitar uma dose de ceticismo: todos os generais presidentes,
antes dele, haviam do mesmo modo prometido devolver o país a uma democracia autêntica, plena e integral, inclusive Médici. Mas Geisel toma efetivamente
certas medidas decisivas no sentido de um relaxamento da pressão autoritária.
Sob seu mandato, a censura da mídia é afrouxada de maneira considerável,
enquanto os excessos e a autonomia operacional do aparelho repressivo são
contrariados. Por fim, a Emenda Constitucional n.11 põe fim, em outubro de
1978, ao estado de exceção, revogando todos os Atos Institucionais e Comple-
mentares, inclusive o AI-5.

Esse afrouxamento na pressão autoritária desenrola-se de início sem a participação direta da população. O caráter outorgado, num primeiro momento, da transição política brasileira, choca-se com o bom senso democrata, segundo o qual os ditadores só largariam o poder sob coerção. Gera, além disso, pesadas dificuldades memoriais. Enquanto o regime argentino, privado de legitimidade por sua derrota na guerra das Malvinas (junho de 1982), afunda em menos de dois anos sob a pressão popular, os generais brasileiros destilam ao povo, durante mais de dez anos, os instrumentos políticos de uma reconquista democrática, ao mesmo tempo reservando para si espaços de autonomia no aparelho de Estado e se protegendo, antecipadamente, de sanções judiciárias por seus crimes. Uma das principais conquistas dessa estratégia é a solução de "reconciliação nacional" inédita, forjada pelos militares brasileiros: a anistia recíproca de 28 de agosto de 1979, beneficiando simultaneamente os perseguidos políticos e seus torturadores.

Durante os primeiros anos do governo Geisel, parece reiterar-se um confronto tradicional. De um lado, o palácio presidencial, cujos atos e discursos não são provavelmente tão inteligíveis para seus contemporâneos quanto sugere o olhar retrospectivo, mas que nem por isso deixa de manifestar certo constrangimento diante das violências policiais, valoriza o sistema partidário, aceita renunciar em boa parte à censura e, sobretudo, projeta-se no fim do estado de exceção. Um palácio, além do mais, repovoado por oficiais próximos a Castelo Branco, mantidos afastados da vida pública desde 1967. De outro lado, os militares membros do aparelho repressivo, os quais, a exemplo de seus antecessores encarregados de IPMs, agitam o eterno espectro da revolução comunista, à qual o governo, fraco e corrupto, se mostraria incapaz de fazer frente. De 1975 a 1981, com a continuação da violência policial, o panfleto e, no final, a bomba, esses grupelhos ativistas pretendem desestabilizar o poder e, sobretudo, reagir à "distensão".

Entretanto, a aplicação da dicotomia moderados/"linha dura" ao panorama político intramilitar do governo Geisel gera dois problemas. Em primeiro lugar, reduz os posicionamentos políticos à aceitação da democratização, de um lado; e à sua recusa, de outro. Ora, se a direita militar ativista rejeita efetivamente o retorno à democracia civil, é bastante duvidoso que o governo tenha essa ambição. Em segundo lugar, essa bipartição tende a ser essencializada, isto é, implicitamente considerada como imutável ao longo do tempo, primeiro

Contra a distensão: 1974-1977

porque se supõe (a opinião pública, os pesquisadores e, frequentemente, os próprios protagonistas) que os nomes de facções correspondem a homens, ideias e práticas. Ora, nada indica que exista uma única rede de "linha dura" ao longo da ditadura:[3] aliás, no fim dos anos 1960, a "primeira linha dura" parece em estado de morte clínica. Depois que afastamentos geográficos repetidos e divergências estratégicas enfraqueceram profundamente o grupo contestador, a sucessão presidencial de 1969 pôde de fato parecer o golpe de misericórdia desfechado contra ele, em particular contra os coronéis que formavam seu núcleo. Além disso, alguns de seus membros tinham como elemento obsessivo de seus discursos públicos o próprio direito a governar, em virtude de uma suposta identidade política de "revolucionários" históricos, veteranos do golpe e arautos das classes armadas. O que acontece com esse discurso quando a esfera e as referências políticas principais não são mais a "Revolução", mas um regime militar, hierárquico e autoritário?

Anos de chumbo e política no Exército

O general Geisel chega à frente do Estado brasileiro em 15 de março de 1974 em circunstâncias que podem parecer espantosas, comparadas às duas sucessões presidenciais anteriores. Em primeiro lugar, sua designação como candidato da Arena e da "Revolução", em junho de 1973, pelo presidente Médici, contradiz a estruturação comumente aceita do espaço público intramilitar. Com efeito, o herdeiro é claramente identificado com a facção castelista, ao contrário de Médici, considerado um radical. Segunda estranheza: nem a revelação da candidatura de Geisel, nem sua "eleição" por um colégio eleitoral passado na peneira, nem sua posse meses mais tarde parecem suscitar polêmica ou resistência no meio militar. A alta hierarquia e a massa dos oficiais curvam-se à escolha do palácio sem um resmungo.

Estabelecer se essa tranquilidade castrense resulta de um consenso ou de uma imposição autoritária choca-se com a ausência de fontes relativas às atividades repressivas, mas também políticas das Forças Armadas brasileiras entre 1970 e 1974. Após o *sursis* arquivístico de 1969, um "silêncio de chumbo" abate-se sobre a cena política, em especial a intramilitar. A censura promovida pelo AI-5 aumenta em 1972 com proibições específicas que concernem à hipótese de uma abertura política, à sucessão presidencial, às orientações econômicas do governo e às manobras dos serviços de informações e repressão.[4] Até 1978, os jornalistas bem-informados constituem a principal porta de entrada para os debates que agitam as Forças Armadas. O caso de Elio Gaspari é característico: seu acesso a documentos de certos círculos castelistas, por sua amizade com o secretário de Geisel, Heitor Ferreira, permite-lhe construir, a partir dos anos 1980, uma interpretação do regime cujo monopólio arquivístico ele detém. Em 1986, por exemplo, o cientista político norte-americano Alfred Stepan baseia uma de suas análises no livro que Gaspari já estaria escrevendo; várias "revelações" na imprensa durante a transição política e o início da Nova República repousam sobre documentos que Gaspari divulga a conta-gotas. Além disso, poucos documentos oficiais estão disponíveis à consulta: Médici, assim como seu predecessor, Costa e Silva, e ao contrário de Castelo Branco e Geisel, não abriu seus arquivos pessoais para consulta. Por fim, os boletins e relatórios do SNI, conservados desde 2005 no Arquivo Nacional, são mudos sobre a vida nas casernas no início dos anos 1970.

A falta de fontes escritas fragiliza a análise histórica, que só dispõe, como base, de depoimentos de protagonistas, unânimes em sua descrição da oficialidade sob os anos de chumbo: após a agitação recorrente dos dois primeiros governos militares, ela seria calma e submissa aos superiores hierárquicos e à autoridade governamental. Vários elementos poderiam contribuir para explicar essa desmobilização verossímil da massa dos oficiais. Em primeiro lugar, a "guerra suja" contra a esquerda armada aglutina os militares em torno de um inimigo comum e reduz o espaço disponível para as dissensões internas. Além disso, existe uma real satisfação com a ação governamental, e não só por parte dos militares. Médici goza então de grande popularidade na opinião pública, graças à promoção de um forte crescimento econômico que oculta temporariamente as tensões sociais, apesar das desigualdades por ele agravadas. Por outro lado, as campanhas da recentíssima agência de propaganda governamental, a Assessoria Especial de Relações Públicas (Aerp), estão no auge. A Aerp encena a concretização do "Brasil Potência", central no imaginário militar, e cujos símbolos são as grandes obras de infraestrutura: a abertura da rodovia Transamazônica e a construção da usina hidrelétrica de Itaipu marcaram, assim, fortemente as memórias militares. Sem dúvida alguma, essas grandes obras e as reais pretensões de soberania que a elas subjazem contribuem para reforçar a

Contra a distensão: 1974-1977

base militar de Médici, malgrado a decepção que certamente representou para parte da jovem oficialidade o fracasso do general Albuquerque Lima.

Além disso, é a própria popularidade do terceiro presidente militar na opinião pública que gera a que ele desfruta nas casernas. A imagem de um homem simples, amado pelos humildes e próximo de suas preocupações, é exposta na mídia. A paixão de Médici pelo futebol e suas idas aos estádios são célebres e frequentemente citadas pelos militares – a euforia coletiva que se segue à vitória do Brasil na Copa de 1970 reforça a eficácia dessas ideias entre a população. Tal popularidade parece permitir à "revolução" reatar com esse "povo" imaginário que a teria apoiado, o que respaldava o sentimento de legitimidade dos militares no exercício do poder.

A ausência de agitação militar e a boa imagem do governo Médici provavelmente contribuíram para que o processo de sucessão se desenrolasse sem turbulências. Entretanto, alguns elementos indicam que a escolha do general Geisel dependeu menos de uma aquiescência da oficialidade do que de um consenso entre os generais mais graduados do Exército. O coronel Adyr Fiúza de Castro, por sua vez muito pouco inclinado a qualquer "distensão", afirma que toda a hierarquia se uniu na designação de Geisel, à exceção do círculo de Albuquerque Lima, um grupo que ele estima "muito pequeno".[5] Não parece, contudo, que o assentimento da elite militar tenha decorrido de uma verdadeira consulta, menos ainda de uma eleição, como foi o caso em 1969.

Com efeito, Médici e o irmão mais velho de Ernesto Geisel, o general Orlando, ex-chefe do Estado-Maior das Forças Armadas (1967-69), na época ministro do Exército (1969-74), é que decidem acerca da escolha do sucessor e o impõem tanto à elite militar quanto à oficialidade.[6] Só conseguem isso porque as esferas de decisão cerraram fileiras durante os anos de chumbo em torno do palácio presidencial. De fato, a ausência de uma consulta formal à hierarquia das Forças Armadas assinala que a supremacia conquistada pelo Alto-Comando do Exército (ACE) em 1969 ficou bastante ofuscada diante do restabelecimento da norma anterior, isto é, a supremacia do poder supostamente "civil" do palácio. Orlando Geisel goza nessa época de uma incrível autoridade institucional: tem a imagem de um homem forte, duro, que assusta os adversários e cativa os adeptos. Personagem da sombra, pouco estudado, seu papel foi, contudo, central tanto na repressão política dos anos de chumbo quanto nos embates entre as facções militares. Desde meados dos anos 1950, ele não se situa mais na mesma linha política de seu irmão, Ernesto: não são aliados nem íntimos, e Orlando instala seu irmão na Presidência a despeito do pertencimento deste ao grupo castelista, e não por causa disso.

Dos traços da "Sorbonne militar", tais como estabelecidos por Stepan, Ernesto Geisel tem a excelência escolar, o fato de ter cursado um estabelecimento militar norte-americano, ainda que tenha sido um breve estágio em Fort Leavenworth em 1945, e sobretudo ter pertencido ao corpo permanente da Escola Superior de Guerra (ESG) em 1952. Seu percurso antes do golpe é muito menos legalista que o de Castelo Branco, tendo aderido à Revolução de 1930 e integrado e apoiado o regime dela oriundo. São suas relações com Golbery do Couto e Silva que o aproximam da "Sorbonne militar" e lhe valem dirigir a Casa Militar em 1964. Não partilha, entretanto, as posições dos castelistas, nem no plano econômico, uma vez que defende posições mais nacionalistas que o círculo técnico de Castelo Branco, nem no domínio político.

A adesão de Geisel ao castelismo, portanto, é feita de nuances. Por outro lado, embora tenha demonstrado uma grande independência de comportamento ao longo de toda a sua carreira, os homens que o cercam em 1974 o identificam como castelista. Em virtude disso, sua ascensão ao poder cristaliza as expectativas de um alívio da pressão autoritária. Elas se manifestam no meio militar desde os anos de chumbo, e a ESG, bastião da "Sorbonne", é sua tribuna privilegiada depois que o general Cordeiro de Farias ali emitiu, em março de 1970, declarações bombásticas sobre o AI-5 e os excessos do autoritarismo.[7] Nos anos seguintes, vários oficiais com indiscutível crédito revolucionário trilham seus passos. Paralelamente, a doutrina da escola adota uma aceitação maior de certos princípios democráticos.

Em 1974, porém, Ernesto Geisel não tem um "mandato" de abertura. Ele mesmo nega ter feito qualquer promessa nesse sentido ou meditado a esse respeito antes de sua eleição: segundo ele, é Golbery, seu chefe da Casa Civil, o principal teórico e iniciador da distensão.[8] Essas declarações são reiteradas por um de seus colegas, o coronel Moraes Rego, que afirma que Geisel não teria chegado à Presidência senão pelo seu peso militar, e não porque tivesse se comprometido com qualquer liberalização política.[9]

Na realidade, a ascensão do general Ernesto Geisel à Presidência não resulta da vitória de um partido militar sobre outro. Pertencer a determinada facção não constitui o único quesito determinante na atribuição de cargos, nem re-

Contra a distensão: 1974-1977   171

sume a maneira pela qual os militares concebem a distribuição da legitimidade política em sua corporação: o prestígio profissional, a personalidade do oficial e sua reputação, bem como seu passado político e, naturalmente, sua posição hierárquica, são elementos essenciais. Assim, Geisel é reconhecido até por seus oponentes como um brilhante oficial. Tem a imagem de um homem severo, antipático, autoritário, mas honesto, como sugerem seu apelido de "Alemão" e a menção sistemática à sua religião, o protestantismo, nos depoimentos militares. Embora não tenha participado da FEB, passou pela prova de fogo, uma vez que combateu as revoltas paulistas durante a Revolução Constitucionalista de 1932. Em 1974, é general de exército, ainda que da reserva. Por outro lado, seu trânsito fácil na instituição, ao qual se acrescenta o de seu poderoso irmão, constrói, a partir de relações interpessoais, o consenso. Os laços de amizade, e, no caso, de sangue, desempenham um papel preponderante nesse processo. Por fim, as reticências que sua proximidade com figuras de proa do castelismo, principalmente Golbery, suscitam na oficialidade radical são superadas com a aprovação do ministro Orlando, que todos imaginam permanecerá em seu cargo. Mas, uma vez eleito, o novo presidente decide voar com as próprias asas e nomear outro homem para o Ministério do Exército, lançando um véu de incerteza sobre os destinos políticos do país. A ideia de uma "distensão" circula em março de 1974, de modo que poucos dias após a posse do novo general presidente, o ministro da Justiça, Armando Falcão, é obrigado a desmenti-la. No entanto, Geisel havia pronunciado um discurso de posse bastante acanhado perto das promessas democráticas proferidas – cobertas *a posteriori* de uma amarga ironia – pelo general Médici no momento de sua chegada à frente do Estado. Justamente quando um vento democrático sopra na mãe-pátria portuguesa, onde as primícias da Revolução dos Cravos se fazem sentir e transparecem na imprensa brasileira, o novo presidente garante em seu discurso de posse que continuará a obra de uma outra Revolução – a inaugurada no Brasil com o golpe de Estado de 1964.

A abertura política ou a democracia relativa

A marca deixada na memória coletiva por Geisel e seu governo beneficiou-se amplamente do olhar retrospectivo sobre a transição política. Uma vez que houve democratização, o general que esboçou seu começo foi descrito sob os traços de um democrata ou, pelo menos, de um oponente à sobrevivência de um regime autoritário e militar. Sistematicamente separado, junto com a boa semente castelista, da erva daninha radical, Geisel conseguiu, além de tudo, prevalecer-se de uma vantagem sobre o general Castelo Branco: seu sucesso em relação à "linha dura", mantida numa certa marginalidade política, ao passo que o primeiro presidente não fora capaz de impedir sua escalada. As imagens positivas do estadista Geisel, acompanhado de um fino estrategista, seu chefe da Casa Civil e braço direito Golbery, invadiram a mídia, as reportagens jornalísticas e parte da produção acadêmica. Os livros do jornalista Elio Gaspari, publicados no início dos anos 2000, contribuíram bastante para o enraizamento dessa concepção: seu fio condutor é justamente esses dois homens, o sacerdote Geisel e o feiticeiro Golbery, fazedores e desfazedores de ditadura, que visivelmente fascinaram o autor. Sem chegar a evocar uma "legenda dourada" do general Geisel, as ambiguidades de sua memória correspondem àquelas que cercam os militares castelistas, cujo ideal autoritário viu-se ofuscado por ideias ainda mais radicais.

Ao chegar ao poder, Geisel tinha um projeto de democratização? Por um lado, isso implicaria que sua equipe houvesse estabelecido objetivos precisos, até mesmo um modelo de regime a ser construído; por outro, que estivesse imbuído de ideais democráticos. Ora, a distensão foi parcialmente improvisada. Ela não constituiu o retorno negociado e por etapas à situação anterior ao golpe, uma anulação da ditadura, como as palavras empregadas pelo próprio poder ("abertura", "distensão", "descompressão") fizeram a oposição esperar. A política de Geisel, na verdade, foi mais uma tentativa de "institucionalização da revolução" segundo ideais autoritários do que de democratização.[10] Trata-se de um antigo projeto autoritário de conciliação com as reformas liberais que o general Castelo Branco já tentara implantar: a elaboração de um sistema político híbrido, securitário e elitista, tomando da democracia representativa alguns de seus elementos de legitimação, mas também de funcionamento efetivo. A Constituição de 1967 deveria ter assentado a primeira pedra desse edifício. O endurecimento do regime e o ostracismo dos castelistas interromperam seus desígnios, que a prosperidade do "milagre econômico", o fim da luta armada (o extermínio, no fim de 1974, da guerrilha do Araguaia acaba com qualquer tentativa de resistência armada por parte da esquerda) e a pacificação das casernas permitiriam doravante realizar.

Contra a distensão: 1974-1977

Com efeito, a "distensão" de Geisel traz de novo à tona preocupações tipicamente castelistas, como a valorização do sistema bipartidário – o general envolve-se nas campanhas da Arena como nenhum presidente anterior o fizera – e a ambição de uma saída da excepcionalidade, isto é, a integração dos atos discricionários na legislação e na Constituição. A ideia é construir um sistema político duradouro: em julho de 1974, numa nota interna relativa ao calendário eleitoral, o secretário de Geisel, Heitor Ferreira, faz uma projeção até... 2004.[11] O círculo presidencial, no início do mandato, vê-se então às voltas com uma reflexão sobre o "sistema político ideal" fadado a perdurar, o qual concede um espaço privilegiado aos militares. Entretanto, sua elaboração evolui ao ritmo dos acidentes eleitorais e pressões políticas e militares, sendo, em parte, improvisada.

Do "discurso da distensão" de agosto de 1974, a memória coletiva só conservou o anúncio da distensão e a promessa de interpretar liberalmente um dos slogans dos golpistas, "Segurança e desenvolvimento", procurando "o máximo de desenvolvimento possível – econômico, social e também político – com o mínimo de segurança indispensável".[12] Ora, Geisel mostra sobretudo a ambição de uma "institucionalização objetiva e realista do ideário da Revolução de 1964". Ela compreenderá a manutenção do bipartidarismo – o pluripartidarismo, segundo ele, favoreceria o alastramento da corrupção dos políticos –, bem como dos instrumentos de exceção, até que "a imaginação política criadora" institua, "quando for oportuno, salvaguardas eficazes e remédios prontos e realmente eficientes dentro do contexto constitucional". O discurso de Geisel traduz a ambição de enquadrar com uma legislação rígida o jogo da democracia, a fim de atenuar os defeitos e vícios da classe política, e, embora esse ponto não seja explicitado, a incompetência e falta de lucidez do povo. Porém, por trás desse objetivo subsistem inúmeros pontos obscuros, principalmente quanto ao desenrolar concreto das eleições, como comprova a atitude oscilante do governo ao longo dos escrutínios. Por exemplo, o anúncio da abertura política é contemporâneo do início da campanha eleitoral para as eleições legislativas de novembro de 1974. Estas proporcionam uma imensa liberdade ao MDB, principalmente em termos de propaganda eleitoral, o que lhe vale progressos notáveis, embora não se torne majoritário. Trata-se de um terremoto político que o poder finge aceitar "sem ressentimento", mas contra cuja repetição pretende se acautelar: é o sentido da "Lei Falcão", nome do ministro da Justiça,

Armando Falcão, adotada em julho de 1976, com vistas às eleições municipais de novembro. A lei restringe drasticamente o acesso à mídia pelos partidos e candidatos, a fim de reduzir o escrutínio à dimensão mais regional possível – o que propicia, na verdade, um triunfo para a Arena e o poder. Essas restrições são generalizadas para as outras eleições pelo pacote de abril de 1977. Sob o pretexto da rejeição pelo Congresso de um projeto de reforma judiciária proposto pelo governo, o general Geisel ordena o recesso do Legislativo e decreta uma série de medidas: extensão do mandato presidencial para seis anos, controle maior do palácio sobre os poderes executivos em todos os escalões da federação, reformas eleitorais favoráveis à Arena etc. O pacote de abril foi muitas vezes interpretado como um recuo no processo de abertura: trata-se, na realidade, de um degrau na reforma política pretendida pelo poder, em que formas e ritmo dependem diretamente dos problemas imediatos.

Nas semanas que se seguem ao "pacote", Geisel multiplica as proclamações sobre "a democracia relativa". A expressão aparece pela primeira vez numa entrevista concedida no Planalto a jornalistas franceses:

> Quando se fala em democracia, muitos consideram a democracia no sentido absoluto. Esta democracia eu acho que não existe em parte nenhuma. Todas as coisas no mundo, exceto Deus, são relativas. Então, a democracia que se pratica no Brasil não pode ser a mesma que se pratica nos Estados Unidos da América, na França ou na Grã-Bretanha. O Brasil tem dois problemas que têm que caminhar paralelamente com o político: os problemas relacionados com o desenvolvimento econômico e com o desenvolvimento social. Não se pode pensar em ter uma democracia política perfeita se não se tem um determinado nível econômico e se também não se tem uma determinada estabilidade social. Então, sem dúvida, o Brasil é um país onde há democracia, onde há liberdade, mas essa democracia não pode ser igual à democracia dos outros países. Ele tem que levar em conta as condições econômicas e sociais em que estamos vivendo. Mas eu creio que, no quadro geral, nossa democracia é efetiva: funciona com determinados problemas em certas circunstâncias, mas funciona.[13]

Geisel assim define o regime que sua "institucionalização revolucionária" pretende alcançar: uma democracia adaptada aos atrasos e imperfeições do Brasil. Nos meses e anos seguintes, ele faz da democracia relativa uma temática recor-

Contra a distensão: 1974-1977

rente em suas declarações; ela se torna onipresente no espaço público. Geisel opõe frequentemente "o tipo ideal e puro, limite inatingível e utópico, portanto", do Iluminismo, ou seja, o liberalismo, e o pragmatismo necessário ao exercício do poder político, constantemente em busca do "equilíbrio, pouco estável aliás, entre as liberdades do cidadão responsável e a autoridade responsável do Estado, entre os objetivos próprios de cada indivíduo e os valores e interesses sociais do grupo nacional".[14] Sob certos aspectos, o grau de abertura e de liberalismo político regride entre novembro de 1974 e o fim de 1977. Ao longo desse período, o presidente usa assiduamente o AI-5, privando os cidadãos de direitos políticos e os eleitos de seu mandato por causa de corrupção e de dissidência política. Em virtude disso, a distensão de Geisel coloca os atores, civis e militares, numa situação de grande incerteza quanto ao futuro do regime.

O GENERAL GEISEL ROMPE com as orientações de seus predecessores em outros dois pontos: em relação à política econômico-financeira, à qual é imprimida uma clara guinada nacionalista, e em relação à política externa, colocada sob a égide do "pragmatismo responsável", isto é, o abandono da relação exclusiva com os Estados Unidos e o lado ocidental. Médici decerto conferira a algumas de suas escolhas econômicas um decoro nacionalista, mas sem estabelecer restrições quanto à entrada do capital estrangeiro e deixando crescer de maneira considerável a dívida externa. Geisel, com o apoio voluntário de seu ministro das Minas e Energia, Severo Gomes, e apesar das reticências do ministro da Fazenda, Mário Henrique Simonsen, procura expandir a intervenção do Estado na economia e estimular o mercado e o investimento internos. Porém, a degradação da situação econômica modera as ambições do poder. A virada diplomática é ainda mais impressionante: desde sua posse, o novo general presidente manifesta a vontade de diversificar as parcerias comerciais, militares e tecnológicas para além das oposições ideológicas. Entre outras decisões simbólicas e desagradáveis para os oficiais anticomunistas mais fanáticos, o Brasil é o primeiro país a reconhecer o novo governo português, oriundo da Revolução dos Cravos. Mais controvertido ainda é o reconhecimento da República Popular da China, em agosto de 1974, e, depois, do governo angolano em fase de implantação, nascido da vitória do Movimento Popular de Libertação de Angola, em novembro de 1975.

Finalmente, e o mais importante, o general Geisel faz da luta contra os excessos e indisciplinas dos órgãos de repressão um dos elementos principais da descompressão autoritária; elemento presente desde o discurso inaugural da distensão. Durante os cinco anos de seu mandato, ele busca colocar um freio no furor repressivo (em especial nos assassinatos sumários ou em consequência de tortura, a cujo princípio ele, não obstante, não se opõe) e na autonomia dos órgãos de segurança. É o restabelecimento da disciplina militar e da autoridade do Estado, mais que um sinal de liberalização do regime. A hostilidade que parte dos oficiais envolvidos na repressão começa a manifestar a respeito de seu governo, no início de 1975, corresponde a uma lógica de preservação da própria independência operacional. Não se trata apenas, no caso desses ativistas, de uma resistência política à mudança de regime, mas também de uma tentativa de prosseguir livremente a "guerra particular" que eles travam desde o início dos anos de chumbo.

A "comunidade de segurança"

O essencial da oposição militar ao governo Geisel concentra-se na "comunidade de segurança e informações". Nessa esfera, as rivalidades de arma, de dependências hierárquicas (a respeito da Presidência, do ministério, do comandante de zona) e de aparelhos impedem uma real colaboração. Os oficiais que nela trabalham coincidem, entretanto, num ponto particular: apesar do rodízio dos cargos, "a informação" adquire ainda sob a ditadura, no espírito dos militares, o status simbólico de uma arma. A criação de uma vertente específica de formação, proporcionada pela Escola Nacional de Informações (EsNI) a partir de 1970, contribui para a especialização e o isolamento desses agentes, considerados uma elite de caráter e status, mas submetidos a uma fortíssima pressão suscetível de alterar sua personalidade.

O general Agnaldo del Nero, membro, sucessivamente, do Destacamento de Operações de Informações –DOI de São Paulo (1970-71), do Serviço Nacional de Informações – SNI (1971-72) e do Centro de Informações do Exército – CIE (após 1976), fala de sua "entrada na área de informação" como se fosse de uma promoção.[15] Capitão recém-egresso da Eceme, de onde sai muito bem classificado, estagiário na segunda seção do Estado-Maior do II Exército (São

Contra a distensão: 1974-1977

Paulo), foi detectado pelo comandante do II Exército em virtude da qualidade de um de seus relatórios de estágio, dedicado ao clero progressista. Sua juventude (tem 35 anos) é um trunfo: os melhores candidatos para ingressar no DOI eram, segundo ele, os oficiais mais modernos da segunda seção de Estado-Maior. A entrada na área da informação constitui então uma promoção profissional e social que ele deve, ainda segundo o próprio relato, à sua excelência e não a uma escolha pessoal. Ele considera que no apogeu da luta antissubversiva, entre 1970 e 1972, "a área da informação" era dotada de grande prestígio na corporação.

Os responsáveis pela repressão policial são vistos, portanto, como homens à parte, de perfis e costumes distintos dos oficiais de tropa. Sua aparência os distingue – não usam uniforme nem necessariamente cabelos curtos – e o peso da hierarquia é menor nas relações que mantêm com os colegas. As vantagens e retribuições materiais ou simbólicas de que eles se beneficiariam, fonte de inveja e ressentimento segundo alguns, são uma questão controversa. A maioria dos oficiais que participaram pessoalmente da repressão, ou apoiaram sem reservas a violência de Estado nos anos de chumbo, nega com veemência qualquer favoritismo, enquanto a esquerda civil não raro invoca as facilidades da carreira desses oficiais, como a obtenção posterior de um posto de adido militar no exterior ou gratificações diversas, como condecorações militares que a passagem pelo SNI, o CIE ou os DOI-Codis teria permitido.

No seio dessa minoria de jovens oficiais (provavelmente menos de trezentos) que persegue a "ameaça comunista" e seu espectro, um número ainda menor tem uma atividade contestatária claramente identificada como tal e que inclui distribuição de manifestos e panfletos, sequestros e atentados. Contudo, é difícil traçar uma fronteira nítida entre o que é, nas práticas desses atores, da ordem do político e o que é da ordem do policial. Suas ações policiais (ataques a grupos e partidos de esquerda, denúncias públicas, atos de tortura chegando até o assassinato) são sempre políticas, embora nem sempre de caráter contestador. Como determinar o que constitui um ato de protesto? As transgressões da legalidade e do regulamento disciplinar poderiam parecer um indicador, mas estas são, na realidade, cotidianas e dificilmente identificáveis numa situação de carência de fontes. Além disso, parte importante das pressões políticas exercidas pelos oficiais que desaprovam a linha de governo passa pelos canais regulares de comunicação: os relatórios e boletins informativos criticam frequentemente as orientações do poder e divulgam falsas informações. As fronteiras do grupo contestador, invariavelmente preocupado – ao contrário dos militantes da "primeira linha dura" – em manter o anonimato, são, assim, difíceis de estabelecer no interior da comunidade de informações.

TENSÕES ENTRE A PRESIDÊNCIA e setores particularmente fanáticos dos órgãos repressivos emergem bem antes do anúncio da "abertura política", já sob o governo do general Médici. Este bate de frente, por exemplo, com determinados setores da Aeronáutica envolvidos na repressão e ligados aos "coronéis-aviadores radicais", que são: João Paulo Moreira Burnier, então chefe do Centro de Informações da Aeronáutica (Cisa), Roberto Hipólito da Costa, Carlos Affonso Dellamora e Márcio César Leal Coqueiro. Na linhagem das operações terroristas abortadas que resultaram no escândalo Para-Sar em 1968, esses oficiais administram a repressão política de maneira não apenas sanguinária, mas também independente da cadeia de comando. Não respondem senão ao ministro da Aeronáutica, o brigadeiro Márcio de Souza e Mello, e se beneficiam de sua proteção. Em 15 de março de 1972, na esteira do bárbaro assassinato do integrante de grupo guerrilheiro Stuart Angel nas dependências do Cisa, sete oficiais da FAB, incluindo os quatro supramencionados, são afastados da ativa e o ministro demitido de suas funções, em parte a fim de melhorar a imagem do regime no exterior, após o lançamento de uma campanha internacional para que fossem desvendadas as circunstâncias da morte de Stuart. Burnier interpreta essa punição como o início de uma "traição da revolução", traduzindo "uma verdadeira mudança na orientação da Presidência da República com relação aos oficiais revolucionários da Aeronáutica". Diz ele: "Foi aí que se iniciou realmente a derrocada da oficialidade que tinha tomado parte da Revolução de 64, que começou a ser ignorada nas promoções."[16] E prossegue:

> Começou a haver então um objetivo claro e simples de fazer a minha saída e [a] de outros oficiais que tinham sido promovidos prematuramente, que tinham tido prioridade na promoção a oficial-general na época do general Costa e Silva. ... Era tirar das minhas mãos, das mãos dos oficiais revolucionários, unidades que tinham algum poder militar.

Contra a distensão: 1974-1977

Tal argumento, segundo o qual os "autênticos revolucionários" foram afastados por um regime que traíra seus ideais, é rigorosamente idêntico ao dos coronéis do Exército que, sob os dois primeiros governos militares, viram-se punidos e marginalizados pelo poder. A indisciplina de seus pares da Aeronáutica, porém, é de natureza distinta: não se trata de uma manifestação política proibida pelo regulamento disciplinar, menos ainda de uma reivindicação de inserção nos círculos governantes, mas de uma autonomização da luta repressiva. Decerto os coronéis da "primeira linha dura" encarregados de IPMs faziam igualmente uso de suas funções policiais para exibir sua força à Presidência, mas pretendiam, assim, obrigar o governo a adotar uma política diferente. Sob os anos de chumbo, o regime satisfaz a oficialidade, inclusive a mais radical. Por outro lado, os oficiais intermediários não estão mais na arena para participar diretamente do poder de Estado. A eliminação física da oposição tornara-se o objetivo e o horizonte desses militares, que se imaginam os únicos verdadeiros combatentes da guerra contrarrevolucionária.

O *leitmotiv* de revolucionários idealistas e incorruptíveis escorraçados pelos detentores do poder, fracos e comprometidos com a pequena política, caracteriza o discurso militar contestador ao longo de todo o regime. As cronologias da decepção diferem: a "primeira linha dura" sente-se sucessivamente ludibriada por Carlos Lacerda, pelo general Costa e Silva e, depois, pela alta hierarquia militar por ocasião da crise de 1969. O coronel-aviador Burnier e seus poucos amigos estão entre os raríssimos radicais a incluir Médici na lista dos traidores da revolução. Com efeito, é Geisel, e sobretudo seu sucessor, João Batista Figueiredo, que a maioria dos oficiais mais engajados na repressão política considera os coveiros de seu "projeto" de expurgo e de disciplinamento do Brasil.

Nos anos 1970, a contestação no seio da oficialidade muda de face sob vários aspectos. Antes geracional, ela passa a se vincular ao pertencimento a órgãos militares específicos. Sua legitimidade não é mais histórica, ligada à participação nas conspirações e revoltas recorrentes dos anos 1950 e 1960, bem como ao próprio golpe de Estado, nem intelectual, como foi o caso para certos "coronéis de linha dura": ela agora nasce da prova do "combate", isto é, da repressão policial. Se a noção de "responsabilidade da revolução" persiste, como indica o coronel Etchegoyen na declaração citada como epígrafe deste capítulo, os contestadores preferem antes preservar a autonomia operacional e o poder de pressão dos órgãos repressivos a reivindicar uma participação política. Por fim, esse ativismo entra definitivamente no anonimato.

Este último elemento torna muito difícil identificar os atores da segunda onda radical e, por conseguinte, diferenciá-los com precisão da "primeira linha dura". As raras listas de "duros" dos anos 1970, estabelecidas por testemunhas, põem em destaque nomes pouco ou nada visíveis durante a década precedente – em geral dirigentes do CIE e, numa escala menor, de outros órgãos repressivos.[17] Trata-se, em primeiro lugar, de Adyr Fiúza de Castro, nascido em 1920, que foi o primeiro comandante do órgão antes de dirigir o Codi do Rio de Janeiro. Tenente-coronel em 1964, ele então faz parte do círculo do general Costa e Silva, junto ao qual serve durante o governo Castelo Branco. No Ministério do Exército, embora conviva com algumas das principais figuras da extrema direita militar, jamais participa de atividades contestatórias. É um dos adeptos do general Sylvio Frota, turbulento ministro do Exército entre 1974 e 1977. O general Milton Tavares de Souza ("Miltinho"), nascido em 1917, sucede-o à frente do CIE, em 1969, e ali permanece até os primeiros tempos do governo Geisel. É assessorado por José Luiz Coelho Netto, nascido em 1921, também considerado um radical, que assume em 1974 a direção da Agência Central do SNI. O general Antônio Bandeira, nascido em 1916, conquistou seu posto de líder extremista na luta contra a guerrilha do Araguaia: ele comanda efetiva-mente as tropas regulares do Exército antes que o CIE, sob a direção de Milton Tavares, venha consumar o extermínio dos combatentes. Todos esses oficiais são da mesma geração dos coronéis da "primeira linha dura", ainda que sua fraca visibilidade no espaço político intramilitar ao longo dos anos 1964-69 dê a impressão de que eles são mais jovens do que alguns de seus antecessores. O ofuscamento inicial e as ambições políticas menores desses "duros" dos anos 1970 lhes permitiram escapar ao ostracismo de que foram "vítimas" os ditos "coronéis de linha dura". Puderam, assim, ter acesso aos postos mais importantes do aparelho de segurança, bem como ao generalato.

Os oficiais contestadores são recrutados em todos os órgãos de informação e repressão, mas o CIE é o principal foco do ativismo da extrema direita militar. O general Geisel teria inclusive tentado utilizar o SNI – diretamente subordinado à Presidência da República e dirigido pelo general João Batista

Contra a distensão: 1974-1977

Figueiredo, que goza da confiança presidencial – para controlar o CIE e os DOIs.[18] A questão da subordinação hierárquica é central no problema colocado por esses órgãos e seus agentes: não apenas o CIE responde diretamente ao Ministério do Exército e não à cadeia de comando regular, como o ministro em exercício manifesta de maneira crescente, a partir de 1976, suas veleidades de autonomia com relação a Geisel. Portanto, o problema colocado pelo CIE à administração, dentro do aparelho de Estado, é primeiramente organizacional e disciplinar, antes de ser político. No sistema de informações, são os órgãos dos ministérios os mais autônomos com relação aos procedimentos legais e regulamentares, à cadeia de comando e ao controle presidencial. Por outro lado, o CIE concentra alguns dos artífices mais fanáticos da repressão. A partir de 1968, os depoimentos[19] indicam a participação de alguns oficiais do CIE nos atentados de extrema direita que se multiplicam nas grandes cidades brasileiras, em particular a do coronel Luiz Helvécio da Silveira Leite, responsável pela contrainformação no órgão durante os anos de chumbo, que passa à reserva em 1973. Segundo seu depoimento, o Grupo Secreto, em parte embutido no CIE, retoma suas atividades no momento da abertura política: o coronel Helvécio e o coronel Alexander Murillo Fernandes, oficial paraquedista e igualmente um dos fundadores do CIE, estão envolvidos na divulgação de panfletos no interior da corporação a partir de 1975, bem como nos atentados posteriores. O Grupo incluiria um punhado de homens, civis e militares, de diversos órgãos de repressão (Dops, DOIs), muitas vezes desde a criação destes. Os oficiais que foram seus membros reivindicam parte dos panfletos distribuídos entre 1975 e 1981 e a quase totalidade dos atentados terroristas.

Entretanto, os depoimentos dos poucos oficiais que integraram o Grupo Secreto não oferecem senão um panorama limitado do ativismo político dentro do aparelho de segurança. Por trás dos poucos ativistas visíveis, é todo o aparelho repressivo que constitui uma fonte de oposição à liberalização do regime, bem como a qualquer orientação política considerada suspeita do ponto de vista de um anticomunismo obsessivo e obtuso. As lógicas das ações e o sentimento de legitimidade política dos agentes da repressão, bastante distintos daqueles da "primeira linha dura", são produto direto de sua posição no aparelho de Estado. Apesar dos elementos de continuidade e dos laços pessoais entre os membros dessas diferentes redes, manifesta-se uma nova "linha dura" ao longo dos anos 1970, agora no âmago não mais de uma instituição armada, mas de um aparelho de Estado doravante policial.

A tortura, o panfleto e a bomba

Da posse do general Geisel ao fim de 1977, quando o presidente se livra do ministro do Exército, Sylvio Frota, e anuncia o candidato oficial à sua sucessão, João Figueiredo, os militares descontentes utilizam três meios de protesto: os panfletos, o paroxismo repressivo e os atos terroristas.

Os documentos contestadores são divulgados exclusivamente na esfera das Forças Armadas, até mesmo, no caso dos primeiros deles, na da "comunidade de informações e segurança": a evolução constatada entre 1964 e 1969, quando a palavra dos oficiais contestadores desaparece gradativamente do espaço público, acha-se então concluída. O aumento das coerções disciplinares e a censura à imprensa não são as únicas explicações para essa restrição dos comunicados ao espaço intramilitar. É igualmente a lógica de ação dos revoltosos que evolui, e seus documentos servem, acima de tudo, para recrutar militantes e simpatizantes – a contestação se manifestando, por sua vez, por atos: excessos repressivos e, em breve, atentados políticos.

Como apontamos, Geisel acrescenta a seu anúncio da "distensão lenta, gradual e segura", em agosto de 1974, uma mensagem em meias-tintas dirigida ao aparelho repressivo e a seu respeito. O CIE é incensado por seu extermínio dos guerrilheiros no vale do Araguaia: segundo as informações da Comissão Especial sobre os Mortos e Desaparecidos Políticos, 62 dos 127 militantes do Partido Comunista do Brasil (PC do B) que perdem a vida durante a ofensiva foram mortos em 1974. Portanto, a luta armada ainda não terminou no momento da chegada de Geisel ao poder. Em contrapartida, o número de presos políticos assassinados, o mais das vezes em consequência de torturas nas dependências do Dops, dos DOIs e dos serviços de repressão das Forças Armadas, diminui nitidamente. Ao contrário do que indica Alfred Stepan, o caráter mortífero dos órgãos de segurança decresce a partir de 1972, e de maneira ainda mais nítida após 1974.[20] A razão inicial dessa queda é a extinção dos movimentos de esquerda armada, ferozmente reprimidos a partir de 1969: alguns exilados de retorno e clandestinos desmascarados constituem doravante as únicas presas

Contra a distensão: 1974-1977

dos agentes da comunidade de segurança. No início de 1975, estes apontam sua mira para o Partido Comunista Brasileiro (o "Partidão"), que desde o golpe não se afastou de sua recusa ao emprego das armas e trabalha clandestinamente, com o MDB, na elaboração de uma saída democrática para a ditadura. Assim, a surpreendente vitória da oposição nas eleições legislativas de novembro de 1974, bem como a desativação do aparelho repressivo, dá origem a uma nova obsessão no seio da direita militar: a luta contra o PCB, novamente considerado a fonte e o grande organizador da subversão.

A ofensiva é formalizada em 31 de janeiro de 1975, depois que a tipografia do jornal *Voz Operária*, órgão oficial do Partidão, é desmantelada no Rio de Janeiro. O frenesi repressivo em cima do Partido Comunista é incentivado, em suas origens, pelo governo, na pessoa do ministro da Justiça, Armando Falcão. Este, como se não bastasse, divulga alguns dias mais tarde um comunicado dando carta branca à comunidade de segurança: na esteira de processos movidos por famílias e organizações da sociedade civil inquirindo o destino de 27 pessoas desaparecidas, ele indica cinicamente que sete estão em liberdade, seis em fuga, quatro em local desconhecido, quatro não registradas, duas vivem na clandestinidade, uma foi banida, uma foi localizada e uma está morta.[21] Sem chegar a ser uma bênção, é protegidos por uma certa benevolência que membros do aparelho repressivo levam uma dezena de militantes ou simpatizantes a um fim idêntico nos meses seguintes: a morte sob tortura nas dependências do DOI de São Paulo, do Rio de Janeiro, ou no CIE. As "forças de segurança" dispõem igualmente de apoios ilustres no interior da cadeia de comando militar. O general Ednardo d'Ávila Mello, comandante do II Exército (São Paulo), é seu partidário e defensor mais visível na imprensa.

Paralelamente, o clima midiático evolui: os desaparecimentos políticos e, sobretudo, a prática da tortura tornam-se temas onipresentes numa imprensa cada vez mais crítica a respeito dos órgãos de repressão, e mais à vontade ainda na medida em que a censura prévia é progressivamente afrouxada a partir de fevereiro de 1975. No mesmo momento, o conjunto do jogo político se reestrutura com a perspectiva de uma "distensão". Em particular, alguns membros do MDB – partido acusado por alguns membros do governo e dos órgãos de informações de estar infestado de comunistas – manifestam várias vezes seu apoio ao poder. Nesse contexto, o silêncio presidencial – nenhuma reafirmação da distensão sucede a seu discurso inaugural – alimenta rumores e agitações militares, o que suscita a inquietude do chefe da Casa Militar, general Hugo Abreu. Num memorando enviado a Geisel em março de 1975, ele fala de suas preocupações com relação aos baixos salários, às ameaças sobre a comunidade de segurança, à infiltração comunista no MDB e à fraqueza do governo.[22]

O general Abreu detecta um sintoma e uma causa dessa "inquietação" militar, forte, segundo ele, no interior da mais que suscetível Brigada Paraquedista da Vila Militar: a divulgação dos primeiros exemplares de uma série de panfletos, intitulada "Novela da traição". Entre fevereiro e julho de 1975, doze episódios dessa virulenta novela atacam a política do governo, muito particularmente a influência e a personalidade do general Golbery do Couto e Silva, chefe da Casa Civil. São inicialmente distribuídos no seio da comunidade de informações, depois em diversas guarnições e escolas militares.[23] Seus autores são membros do Grupo Secreto, em especial os coronéis Alberto Fortunato e Octávio Moreira Borba.

Nem os boletins do SNI do primeiro semestre de 1975, nem um Relatório Periódico de Informações do CIE, redigido em março de 1975, atribuem grande influência à ação dos contestadores.[24] Contudo, os relatórios dos serviços de informações não oferecem uma descrição confiável da agitação militar. Transformados em fóruns de debate, são às vezes eles mesmos um instrumento de ação política: em junho de 1975, por exemplo, um documento intitulado "Estudos e apreciação sobre a Revolução de 1964" conclama abertamente a uma conspiração, ao mesmo tempo em que denuncia a decadência dos Estados Unidos e a capitulação do mundo ocidental ante a progressão comunista. É o próprio chefe do CIE, o coronel Confúcio Danton de Paula Avelino, que faz circular o relatório.[25]

Entre março e junho de 1975, o protesto intensifica-se em meio aos órgãos de segurança. A transferência de presos políticos encarcerados na ilha Grande para presídios do continente, depois da realização de uma greve de fome e a divulgação de um manifesto nesse sentido, suscita uma forte onda de descontentamento nas equipes de repressão. Agentes do SNI juntam-se ao coro dos insatisfeitos. Outros panfletos hostis ao poder são assinalados, em julho, no I Exército, no Rio de Janeiro.[26] Por fim, no mês de setembro, um boletim do SNI menciona pela primeira vez a ameaça representada pelos "componentes do grupo da Direita Radical", responsáveis pela "panfletagem anônima" e considerados "a maior dificuldade à coesão das Forças Armadas".[27]

Contra a distensão: 1974-1977

No mesmo período, outro incidente inflama os militares mais fanaticamente engajados na "luta contra a subversão": a descoberta, ao longo do mês de agosto de 1975, de um suposto "núcleo comunista" dentro da Polícia Militar de São Paulo. Dezenas de policiais são presos e interrogados: dois deles morrem sob tortura. Essas ofensivas policiais são operações midiáticas e políticas, visando oferecer à opinião pública e ao governo a prova concreta da persistência de uma ameaça comunista, até mesmo de uma infiltração crescente em setores estratégicos, como a PM, ou tradicionalmente desprezados pela direita militar, como os jornalistas, universitários e intelectuais em geral. Assim, em outubro de 1975, uma investida anticomunista é encenada: começa com a divulgação na mídia do caso da PM e continua com uma onda de prisões nos meios intelectuais. Entre os réus está Vladimir Herzog, jornalista, dramaturgo e militante do PCB, que, em 25 de outubro, sucumbe às sevícias infligidas por agentes do DOI de São Paulo. Sua morte, mal disfarçada em suicídio por enforcamento, provoca forte comoção na sociedade civil e um certo mal-estar no palácio presidencial.

Geisel, entretanto, abstivera-se de criticar os órgãos de repressão ao longo dos últimos meses. Em agosto de 1975, parecia até mesmo mantê-los alheios a um projeto de distensão em nítido retrocesso, se comparado aos postulados do ano anterior. Em um discurso divulgado no rádio e na televisão, ele declara:

> Os órgãos de segurança prosseguiram nas medidas preventivas contra as articulações, inclusive preparatórias, que possam concorrer para a subversão interna. ... Os serviços de informações acompanham atentamente a infiltração comunista em órgãos de comunicação, órgãos de classe, na administração política, particularmente na área do ensino e também nos partidos políticos.[28]

Ao longo de todo o ano de 1975, o estafe do aparelho de segurança se acha em posição de força: é dotado de sólidos apoios no governo, principalmente nos ministérios da Justiça e do Exército e na hierarquia militar; preserva sua autonomia repressiva; e não sofre ataques frontais da Presidência.

O caso Herzog constitui uma guinada sob diversos pontos de vista. Em primeiro lugar, ainda que não se tratasse do primeiro oponente morto nas masmorras do regime desde a eleição de Geisel, o assassinato de uma pessoa conhecida é a primeira provocação evidente por parte dos membros do aparelho de repressão. Corresponde ao aprofundamento de uma utilização da ação policial como manifesto político, à custa do escândalo. O descontentamento da opinião pública desestabiliza o poder: a imprensa interroga-se amplamente sobre as circunstâncias do drama, e a missa de sétimo dia, realizada na Catedral da Sé pelo bispo dom Paulo Evaristo Arns, funciona como uma gigantesca manifestação de oposição. Geisel se acha em uma situação periclitante, obrigado a se definir frente às práticas dos órgãos de repressão. Estes manifestam entre si uma solidariedade infalível: durante o enterro do jornalista, agentes do SNI distribuem à imprensa uma nota defendendo a comunidade de informações e segurança. Apesar da hostilidade do ministro do Exército, general Sylvio Frota, do chefe do SNI, general Figueiredo, e do comandante do II Exército, general Ednardo d'Ávila Mello, Geisel manda abrir um IPM sobre a morte de Herzog. É ao coronel Alexander Murillo Fernandes, um dos fundadores do CIE e membro histórico do Grupo Secreto, que incumbe a responsabilidade do inquérito; este, sem surpresa, conclui pelo suicídio. O general Ednardo grita imediatamente vitória, declarando que o IPM de Herzog é "a melhor resposta aos nazistas vermelhos".[29]

A comunidade de segurança e seus incensadores saem vitoriosos do caso Herzog. Mas a repetição de uma história idêntica, menos de três meses depois, faz com que o presidente declare guerra aos agentes da repressão mais fanáticos. Em 17 de janeiro de 1976, o sindicalista Manoel Fiel Filho morre nas mesmas condições e entre as mesmas paredes que Vladimir Herzog, as do DOI de São Paulo. O assassinato é igualmente dissimulado em enforcamento e até o mesmo médico-legista, Harry Shibata, atesta isso durante a autópsia. O caso é agravado pelas infrações às regras hierárquicas na comunicação da informação à Presidência: é, com efeito, o governador de São Paulo, Egydio Martins, e não os responsáveis militares, que anuncia a Geisel o assassinato do preso. As sanções não se fazem esperar: no dia seguinte, o general D'Ávila perde o comando do II Exército e o coronel Confúcio Danton de Paula Avelino, o do CIE. Geisel toma essa dupla decisão sem avisar ao seu ministro do Exército, o general Frota. A mensagem presidencial é cristalina: a partir daquela data, os assassinatos políticos cometidos pelo estafe repressivo não serão mais considerados deslizes imputáveis a subalternos indisciplinados. Os superiores hierárquicos, até o mais alto da cadeia de comando, serão considerados responsáveis por eles.

Nenhum preso político morre mais sob tortura nas prisões brasileiras depois de Manoel Fiel Filho.[30] As forças repressivas do regime ainda matam

Contra a distensão: 1974-1977

oponentes, mas em circunstâncias diferentes: por exemplo, uma última ofensiva policial é lançada em dezembro de 1976 contra a sede do PC do B, e três militantes morrem no meio da rua, atingidos pelos disparos. O ataque, do qual participam o coronel Carlos Brilhante Ustra e o policial Sérgio Fernando Paranhos Fleury, figura das trevas do Dops e do DOI de São Paulo e considerado um dos torturadores mais bárbaros dos anos de chumbo, fica conhecido como "Chacina da Lapa". Em 1977 e 1978, nenhum assassinato ou desaparecimento político de cidadão brasileiro em solo nacional é mais registrado. A partir de 1979, quando o movimento social renasce, é por ocasião de piquetes de greves e manifestações operárias e camponesas que o regime faz suas últimas vítimas.

Essa constatação lança uma nova luz no problema da autonomia operacional dos órgãos de repressão: a partir do momento em que existiu uma real vontade política imposta pelo canal da hierarquia militar de pôr um termo aos atentados mais exacerbados aos direitos humanos, estes foram suspensos. Isso não significa que esses serviços não tenham funcionado em larga escala, independentemente da cadeia de comando e a despeito dos regulamentos ao longo dos seis anos precedentes. Mas o pouco controle que a hierarquia então exercia sobre as manobras desses homens era, enquanto tal, uma escolha política. O poder militar parece ter optado durante longos anos pelo não controle de seu próprio aparelho repressivo. Lembremos, porém, que, em paralelo, desenvolve-se uma repressão social contra as categorias mais pobres da população, perpetrada pelos tristemente célebres "esquadrões da morte", denunciados em 1976 pelo jurista e político Hélio Bicudo.[31]

NESSE MESMO ANO DE 1976, enquanto os assassinatos de presos políticos são suspensos, o fogo no interior da comunidade de segurança está longe de ter sido debelado: ao contrário, a produção e a distribuição de panfletos explodem. Em 2 de fevereiro, um boletim do SNI assinala que um "pequeno grupo" da "Direita Radical" pretende explorar os acontecimentos do mês anterior.[32] Na verdade, os ativistas ligados ao Grupo Secreto prosseguem com a agitação e redação de libelos, numa linha imutável de denúncia do duo Geisel-Golbery. Como aponta o coronel Borba, um dos mais fanáticos do grupo,

> o objetivo do Grupo era acabar com o Geisel, porque ele se mostrava um "traidor".
> A partir do momento que descobrimos que ele era "traidor", começamos a colocar

tudo no "ventilador" … . Outro alvo era o Golbery e tudo o que se assemelhava aos interesses antinacionais.[33]

Entretanto, o chamado Grupo Secreto não é mais o único a promover uma agitação de extrema direita. Surge um novo grupo, a Aliança Anticomunista Brasileira (AAB), cuja denominação é claramente inspirada em seu homólogo argentino, a funesta Triple A, que causou, a partir de 1973, milhares de assassinatos de militantes de esquerda. A AAB é responsável pelo retorno da violência política ao Rio de Janeiro: em 19 de agosto, bombas são plantadas na Associação Brasileira de Imprensa (ABI) e na Ordem dos Advogados do Brasil (OAB). Só a primeira explode, sem fazer vítimas. Em 22 de setembro, é a casa do jornalista e empresário Roberto Marinho que é objeto de um atentado, no mesmo momento em que o bispo de Nova Iguaçu, na periferia do Rio, dom Adriano Hipólito, é sequestrado, maltratado e humilhado. Em 15 de novembro, dia de eleições municipais em todo o território nacional, é a sede do jornal alternativo *Opinião* que é destruída por terroristas, antes da editora Civilização Brasileira, em 6 de dezembro. Alguns dos alvos correspondem aos ódios que a direita militar já manifestava em 1968: os jornalistas, o mundo editorial, o clero progressista. A participação crescente de órgãos como a ABI e a OAB na luta pelos direitos humanos e pelo restabelecimento da democracia termina por estigmatizá-los, aos olhos dos terroristas, como "inimigos da revolução" e até mesmo comunistas.

Os atentados da AAB são pioneiros: entre 1979 e 1981, nasce ou renasce uma profusão de grupos anticomunistas, frequentemente inclinados para a ação violenta. O Movimento Anticomunista (MAC) e o Comando de Caça aos Comunistas (CCC) saem de uma década de hibernação, ao passo que os novos Comando Delta (batizado em homenagem às seções encarregadas das execuções na Organização do Exército Secreto francês, de extrema direita e hostil à independência argelina), Falange Pátria Nova, fascistoide, e Brigadas Moralistas serão os mais engajados nos atos terroristas. Por outro lado, a interpenetração desses grupos ativistas e dos órgãos de segurança a partir de 1975-76 não dá margem a dúvida: prova disso são os diversos relatórios de informação do Cisa ou do CIE, que defendem teses, dissimuladas em "análises estratégicas", rigorosamente idênticas às dos panfletos.[34]

Em 1977, a ausência quase total de documentos contestadores nos acervos de arquivos, a suspensão dos atos terroristas e o silêncio dos boletins do SNI

Contra a distensão: 1974-1977

sugerem um declínio do ativismo intramilitar. Esse arrefecimento da contestação é espantoso, pois a sociedade civil acha-se em fase de remobilização: o movimento estudantil intensifica-se no mês de março, publicações de oposição aproveitam-se do relaxamento da censura, o mundo intelectual reorganiza-se e parte do MDB afasta-se abertamente do apoio à distensão que manifestava nos primeiros tempos do mandato presidencial. A campanha a favor da anistia política ganha amplitude. O renascimento de uma oposição combativa não parece então de natureza a permitir a pacificação da direita militar.

No entanto, determinadas resoluções políticas do general Geisel permitem reafirmar sua autoridade e parte de sua popularidade no seio do aparelho repressivo. Em 11 de março, por exemplo, o presidente denuncia o Acordo Militar estabelecido com os Estados Unidos em 1952, alegando que o governo norte-americano imiscui-se indevidamente nos assuntos internos brasileiros. Com efeito, menos de dois meses depois da posse de Jimmy Carter na Presidência dos Estados Unidos, um relatório do Departamento de Estado norte-americano sobre a situação dos direitos humanos no Brasil faz um balanço crítico da distensão: embora sejam apontadas melhorias, a resistência à abertura por parte de alguns "organismos de segurança", os atentados, o prosseguimento da tortura nos casos de crimes e delitos não políticos e os ataques dos esquadrões da morte são destacados. Geisel reage com uma declaração violentamente antiamericana e o rompimento do acordo. Algumas semanas mais tarde, a adoção do pacote de abril pelo governo, com o Congresso fechado, termina por desmentir a interpretação da distensão como uma democratização do jogo político. Esse conjunto de medidas, bem como o uso repetido de instrumentos de exceção pelo presidente, em particular para cassar mandatos parlamentares, suscita a cólera da oposição mas acalma por um tempo a direita militar.

Subversão comunista e traição do poder

Independentemente das divergências de forma e de tom, a coerência ideológica dos panfletos que circulam nas Forças Armadas em 1975 e 1976 é muito superior à dos manifestos da "primeira linha dura". Em particular, os textos são marcados por uma ideia obsessiva: o poder estabelecido não apenas é fraco e covarde em relação a um suposto ressurgimento da "subversão comunista", como a incentiva, estimula e adere a ela. Segundo os militares contestadores, o presidente Geisel e seu fiel assessor Golbery revelam, com seu projeto de abertura ou distensão, a ambição secreta do conjunto da "Sorbonne militar" desde antes do golpe: a entrada do Brasil no campo socialista. Essa teoria delirante não é exclusiva de um grupelho de ativistas fanáticos: ela transparece igualmente numa parte dos relatórios emitidos pelos órgãos de informações e é partilhada pelo ministro do Exército, Sylvio Frota. Este não torna pública essa adesão senão tardiamente, na nota que divulga no dia de sua saída do governo e em suas memórias, redigidas pouco depois dos acontecimentos e publicadas bem depois de sua morte.[35]

Nenhuma temática é totalmente inédita e, nesse sentido, existe uma real continuidade nos imaginários das "linhas duras" ao longo de todo o regime militar. A classe política é considerada inapta ao exercício de um poder visto como intrinsecamente corruptor. O comunismo constitui uma ameaça inerente à história e à realidade social brasileiras, caracterizando-se por suas faces cambiantes e sua capacidade de dissimulação e infiltração. A "Revolução" e os "Ideais de 64" são uma referência onipresente, jamais explicitada e eternamente traída. Entretanto, os contestadores dos anos 1970 singularizam-se sob vários aspectos em seu discurso e práticas políticos. Em primeiro lugar, os libelos são com frequência dirigidos contra indivíduos precisos, em especial Golbery do Couto e Silva – a "novela da traição" é batizada como série de "panfletos anti-Golbery" por um de seus autores[36] – e, logo depois, contra o próprio Geisel. Enquanto, desde o golpe, os conflitos de facções no interior das Forças Armadas permaneciam no âmbito de certa camaradagem e respeito pelos colegas de farda, doravante os principais detentores do poder serão claramente identificados como inimigos. Os presidentes Castelo Branco, Costa e Silva e Médici haviam sido poupados, inclusive pelos mais virulentos detratores de sua política. Geisel é o primeiro a ter uma imagem degradada e a sofrer ataques pessoais por parte dos descontentes. Figueiredo será o mais execrado pelos radicais. O coronel Cyro Etchegoyen diz a seu respeito: "João Batista Figueiredo é o maior de todos os traidores da Revolução. Não foi o primeiro, mas foi o grande traidor da Revolução e dos revolucionários de primeira ordem."[37] Essa concepção do poder tem como corolário os descontentes erigirem-se em "resistentes", que não se organizam nem protestam, mas conspiram. Aliás, as formas de divulgação dos panfletos lembram muito mais a propaganda intramilitar que precedeu o

Contra a distensão: 1974-1977

golpe de Estado do que os manifestos publicados na imprensa que os sucederam. Os documentos são expedidos em pequeno número, anonimamente, a partir de diferentes agências de correio. Seus destinatários são escolhidos a fim de embaralhar as pistas dos serviços de espionagem do governo.

O chefe da Casa Civil, Golbery do Couto e Silva, é seu alvo principal, sendo associado aos traços característicos dos inimigos da "revolução", das Forças Armadas e da nação. Nos panfletos mais agressivos, em especial a "novela da traição" e os textos assinados dos "Voluntários da Pátria", é frequentemente ridicularizado com apelidos, sobretudo "Gregório branco", em referência a Gregório Fortunato, guarda-costas pessoal de Getulio Vargas, negro, suspeito da tentativa de assassinar Lacerda em agosto de 1954. Esse apelido estigmatiza-o como um assassino e traidor de seus deveres, ao mesmo tempo em que inscreve os ataques dos contestadores numa história longa. Golbery é também considerado um traidor da causa nacional, interesseiro, amoral e vendido ao estrangeiro. Existe um paralelo evidente entre esses traços e os atribuídos aos judeus na tradição antissemita: Golbery teria, igualmente, o maquiavelismo e a propensão ao dinheiro. É acusado de ser a eminência parda da Presidência, de manipular seus cordões na sombra, aproveitando-se, à custa do interesse nacional, do "grande capital internacional", a partir da empresa norte-americana cuja sucursal brasileira ele preside, a Dow Chemical. Um panfleto de março de 1976, cujos redatores são muito provavelmente os mesmos da "novela da traição", deplora:

> nossa Pátria está sendo a grande vítima indefesa, imolada em holocausto à vaidade cega de Geisel e à ganância insaciável de Golbery do Couto e Silva, esse vendilhão do Brasil e da própria dignidade nacional! Todos nós estamos vendo e sentindo na própria carne os malefícios desse negócio escuso a que chamaram de distensão, *détente* ou abertura – eufemismo criado pelo gerente da Dow para ludibriar os ingênuos.[38]

Geisel é, num primeiro momento, considerado uma vítima fraca e covarde. O verdadeiro culpado é Golbery:

> Geisel, ainda é tempo de te libertares do jugo desse novo Rasputin, traidor maquiavélico, que a continuar com suas patranhas poderá levar-te, tal qual Getulio, a uma autojustiça!

Ainda é tempo para te libertares da influência nefasta desse homúnculo que, enquanto te afaga, enche os bolsos com petrodólares, enriquecendo ilicitamente a ele, aos seus e à sua numerosa quadrilha!

Geisel, nós te pedimos por tudo que nos é sagrado, livra-te desse caolho maldito!

O presidente obterá em seguida, dos mesmos oficiais, seu próprio título de traidor da revolução.

Segundo os contestadores, a decrepitude moral e o antipatriotismo da equipe ministerial levaram à suprema traição: a adesão ao comunismo. A expressão "comuno-corruptos", recorrente nos panfletos para designar o círculo de Geisel, não é uma invectiva vazia de sentido: trata-se do imaginário que essa direita militar associa ao campo getulista e, de modo especial, aos membros do governo João Goulart, ao mesmo tempo decadentes moralmente e simpáticos à causa comunista. As comparações entre a equipe presidencial e a de Goulart são infindáveis, bem como o paralelismo entre os avanços da subversão sob os dois governos. Por exemplo, um panfleto escrito por membros do CIE, em maio de 1976, sugere:

Quando daqui levantamos a voz para denunciar à nação toda a extensão de um sinistro plano de traição, urdido pelo corrupto serviçal da Dow Chemical – o famigerado Golbery – aliado aos comunistas, janguistas, brizolistas e outros tantos amorais, pensávamos que o general Ernesto Geisel estivesse sendo ilaqueado na sua ingenuidade teutônica de colonão crente, entretanto, paulatinamente, o tempo foi se encarregando de revelar [a] todos os membros dessa quadrilha de traidores do Movimento de Março de 1964.[39]

Segundo os contestadores, o verdadeiro projeto do governo é aderir à nova estratégia, pacífica, que o "Movimento Comunista Internacional" elaborou para conquistar o poder. Com efeito, os membros da direita militar não concebem que o desmantelamento dos movimentos armados de esquerda, que aliás consideram inacabado, possa assinar o fim da "ameaça subversiva". A estratégia comunista é global: as divisões são de fachada, inclusive entre as linhas soviética, chinesa e cubana, pois o MCI, onisciente e tentacular, tem um projeto de longo prazo. O fim das guerrilhas, urbanas e rurais, é tão somente uma mudança de estratégia: a passagem da luta armada à política das massas.

Contra a distensão: 1974-1977   193

Cada sinal do despertar da sociedade civil constitui então a prova, explorada
pelos panfletos militares, de uma progressão do comunismo: pelas urnas, uma
vez que o MDB é sistematicamente desacreditado por ser "colonizado" por
agentes subversivos; pelo movimento estudantil; e pelas associações e organizações engajadas na luta pela defesa dos direitos humanos, pela anistia e pela
abolição das medidas de exceção, como a OAB, qualificada de "cão moscovita"
pela AAB, que tentou explodir sua sede.[40]

A IDEIA DE UMA MUDANÇA estratégica do MCI, bem como a paranoia anticomunista, articulada em torno dos temas da infiltração generalizada e da culpa
exclusiva do PCB, campeiam nos tempos da abertura política: as mesmas teses
são desenvolvidas na imprensa pela Ação Democrática Renovadora, uma
associação de oficiais conservadores; ou ainda em conferências organizadas
nas escolas militares. Os oficiais habilitados a se exprimir no espaço público,
generais em sua esmagadora maioria, desenvolvem e transmitem advertências
da comunidade de segurança quanto à sobrevivência, até mesmo ao recrudescimento, da ameaça subversiva. Entretanto, os militares contestadores
acrescentam que o governo não se limita a apoiar essa "escalada comunista":
segundo um panfleto divulgado nos quartéis em 1976, a própria Escola Superior de Guerra teria definido como "Objetivo Nacional Permanente", no
início dos anos 1960, a implantação de um governo socialista. Essa tese é mais
claramente exposta em um texto de 1976, no qual as reticências legalistas de
Castelo Branco são interpretadas como resultado de "suas ideias e planos para
uma socialização", mas "o pouco tempo disponível e a pressão existente" o
teriam impedido de levar o projeto a cabo.[41] Geisel, discípulo diletante do
primeiro presidente, teria tentado em 1974 pôr em prática esse "Objetivo
Nacional Permanente". As principais provas disso seriam a orientação para
um multilateralismo diplomático, o "diálogo com as esquerdas" – em março
de 1977, o governo incumbe o senador arenista Petrônio Portela, presidente
do Senado, de estabelecer uma plataforma de negociações entre o MDB e a
Arena – e a política econômica estatizante.

   Segundo a direita militar, o principal obstáculo a essa tentativa de "socialização" seria a comunidade de segurança, competente e informada o suficiente
para ter consciência disso, e forte o bastante para tentar contê-la. Daí uma nova

obsessão: a vontade do poder de implementar uma "destruição do Sistema de Informações e de Segurança e a anulação ou destituição de seus integrantes". O panfleto "Objetivo Nacional Permanente" prossegue:

> Como consequência, os órgãos de divulgação passaram abertamente a divulgar dados e nomes, a tecer críticas violentas e a formular denúncias. Listas e nomes foram enviados ao PALÁCIO DO PLANALTO e *lá receberam acolhida*. O processo está em marcha e os socialistas exultantes. Todo apoio será dado ao **presidente** na busca do Objetivo Comum: a socialização do BRASIL ...
>
> Os Órgãos de Seg. e informações encontram-se neutralizados e impossibilitados de atuar com eficiência propiciando aos socialistas campo livre para a sua atuação em proveito desse processo.[42]

A palavra "revanchismo" ainda não aparece, mas é efetivamente sob a pluma desses oficiais que nasce essa ideia, onipresente nos discursos dos militares sobre a ditadura ao longo das décadas posteriores: a vingança midiática, memorial e judiciária dos vencidos.

A DIREITA RADICAL DOS ANOS 1970, portanto, amplamente incrustada nos órgãos de segurança do regime, construiu seu próprio discurso sobre a traição à Revolução. Enquanto nos primeiros tempos após o golpe as principais acusações perpetradas contra os governos militares eram sua cumplicidade com a classe política civil, a incipiência do expurgo realizado, suas reticências legalistas quanto à adoção de instrumentos autoritários e uma política insuficientemente nacionalista, a "direita radical" da abertura explora um discurso mais simples, agressivo e coerente. Seu anticomunismo venenoso, fortalecido pela prática concreta da repressão, torna-se a interpretação exclusiva da "revolução" e serve para reinventar as oposições ideológicas entre facções militares. A "Sorbonne" e o grupo da ESG são catalogados à esquerda: excluídos de modo simbólico do campo da "revolução", tornam-se seu oposto, isto é, a ditadura comunista. A era da indefinição revolucionária terminou: os contestadores de extrema direita agora já não defendem sua própria interpretação da Revolução, mas o "Sistema" e a posição deles em seu seio. Embora a palavra "revolução" continue onipresente nos discursos contestadores, ela não serve mais para de-

Contra a distensão: 1974-1977

signar um projeto qualquer de reforma social e política, por mais autoritária que seja, ou mesmo a memória do golpe de Estado: designa um *statu quo* ditatorial cuja única dinâmica é a perseguição cada vez mais intensa do movimento social e político de esquerda.

Logo, todo discurso desses oficiais visa justificar a preservação do aparelho repressivo e da estrutura ditatorial, uma vez que a guerra contra o comunismo que justificou sua criação ainda não teria terminado: como, para eles, a ameaça subversiva é eterna, a legitimidade de um regime militar e repressivo o é igualmente. Por outro lado, a maneira como os contestadores se apresentam e concebem sua identidade política está ligada à evolução, sob a ditadura, da distribuição dos papéis políticos legítimos nas Forças Armadas. Com efeito, ao contrário dos oficiais da "primeira linha dura", a direita radical dos anos 1970 não reivindica um poder extra no aparelho de Estado: a ideia de uma responsabilidade coletiva das Forças Armadas, ou dos "verdadeiros revolucionários", é raramente invocada. Assim, a imposição de um "regime de generais" parece ter sido aceita por essa nova geração de extrema direita militar.

Contudo, a diferença entre as práticas políticas dos oficiais da "linha dura" do período 1964-69 e as da "direita radical" de 1974-79 não significa que o regime tenha alterado profundamente os comportamentos militares. Com efeito, os anos que sucederam ao golpe, em virtude de suas características "pós-revolucionárias", aumentaram a indisciplina, as lutas de poder intramilitares e a reivindicação de maior participação política. Embora o nível de politização e de agitação da oficialidade não seja então inédito – foi muito alto nos anos 1930 e 1950, por exemplo –, não constitui uma norma e corresponde a uma situação excepcional, assim como os discursos de legitimação que o acompanham. Além disso, alguns dos ativistas de 1975-77, não raro membros do aparelho repressivo, estão ligados a redes militantes que, ao longo da década precedente, já se inseriam numa lógica de contestação ou resistência, mais do que de reivindicação ou participação. É o caso do Grupo Secreto, já atuante em 1962-64 e 1967-68, mais assemelhado aos movimentos ativistas anticomunistas, como o Movimento Anticomunista, e aos adeptos da "conspiração permanente" nos anos 1950 e 1960 do que ao punhado de coronéis que, após o golpe, reivindicam ser integrados ao poder de Estado. O "regime dos generais", ao mesmo tempo em que impunha a regra hierárquica como critério de acesso ao discurso público e aos altos cargos políticos, abriu um espaço estratégico, no cerne do aparelho

196   *A política nos quartéis*

de Estado – os órgãos de repressão –, para oficiais de todas as patentes com certo grau de politização.

Por fim, apesar das mudanças de comportamento político entre os oficiais contestadores, a adesão a um líder no interior do generalato permanece desde sempre a única verdadeira saída política para o descontentamento. Em 1975, o ministro do Exército, Sylvio Frota, impõe-se como porta-voz e chefe do aparelho repressivo, em guerra urdida contra a Presidência. Mais que os próprios membros do aparelho repressivo, é ele a verdadeira ameaça para Geisel.

O palácio e os generais

Os protestos dos membros do aparelho repressivo desenrolam-se na esfera do regime de generais definitivamente instalado pela crise político-militar de 1969, o qual sagra a onipotência do Alto-Comando do Exército. As forças da Marinha e da Aeronáutica são amplamente marginalizadas nos debates e processos de decisão, enquanto o Alto-Comando das Forças Armadas (ACFA) não faz senão confirmar as escolhas do ACE. O cargo de presidente parece então totalmente tributário desse poder colegiado. De fato, nos primeiros anos do governo Médici, o ACE manifesta claras veleidades de controle político. Os arquivos do Exército francês, por exemplo, assinalam tensões entre o palácio do Planalto e o concílio de generais já no início de 1970.[43] Contudo, o ACE é mantido afastado da decisão crucial que constitui a escolha do sucessor de Médici. No fim dos anos de chumbo, a Presidência parece impor sua autoridade ao ACE: o "regime dos generais" caminha, na realidade, para um "regime presidencial militar", uma evolução que o general Geisel pretende homologar durante seu mandato. Mas a insatisfação suscitada por sua política na esfera dos órgãos de segurança e da direita militar, que Médici não conheceu, torna ainda mais instável o equilíbrio político entre a Presidência e o Alto-Comando.

As relações de forças entre as duas instituições têm uma moldura legislativa e regulamentar modificada por Castelo Branco. O primeiro presidente militar, movido por sua ambição de distinguir as esferas política e militar, adotou medidas de efeitos contraditórios. De um lado, a "Lei de Inatividade dos Militares", de dezembro de 1965, reduziu o tempo de permanência em atividade dos generais de quatro estrelas e, em virtude disso, aumentou a rotatividade

Contra a distensão: 1974-1977

no ACE. Além disso, dificultou o surgimento de líderes militares, esses generais engajados na cena política e, durante décadas, no mais alto posto da ativa. Por outro lado, Castelo Branco fez questão que o poder político cessasse de intervir nas promoções militares, a fim de profissionalizar e despolitizar as carreiras de oficiais. Nesse sentido, modificou as modalidades de acesso ao generalato: cada promoção passou a ser decidida por uma "Comissão das Promoções" independente, depois votada pelo Alto-Comando. Embora o presidente detenha a decisão final – ele escolhe os oficiais numa lista fornecida pelo ACE –, não pode, no entanto, decidir sozinho remodelar o generalato em função de interesses políticos.[44] Essa reforma dá ao ACE um grande poder sobre a composição do generalato e a instituição em geral. Portanto, as reformas castelistas limitaram as possibilidades de surgimento de figuras políticas no seio do generalato, ao mesmo tempo em que aumentaram a autonomia institucional do Exército dirigido por seu Alto-Comando, com relação ao Poder Executivo, sobre a questão crucial das promoções. Geisel vê-se, assim, confrontado com um círculo dos generais cuja composição ele não controla e com um ACE constantemente renovado.

O poder presidencial não precisa impor-se apenas aos contestadores de escalão intermediário, membros do aparelho repressivo: o risco político reside, do mesmo modo, talvez essencialmente, num motim de generais. Ao assumir o poder, Geisel tem decerto confiança em sua autoridade sobre a alta hierarquia militar.[45] Cumpre dizer que, na reserva desde 1969, ele é da "velha geração", aquela anterior a 1910. Ao contrário de seus antecessores à frente do Estado, ele é, sobretudo, confrontado com comandantes de exércitos ou diretores de repartições militares bem mais modernos que ele, o que facilita a consolidação de sua autoridade: sob seu mandato, todos os generais que se encontravam na ativa em 1964 já passaram à reserva. Além de seu carisma e temperamento pessoais, ele dispõe, portanto, de trunfos reais para se impor aos outros generais. É a dissidência de seu ministro do Exército, que tenta fazer do generalato e mais particularmente do ACE seu principal recurso político, que esboça um antagonismo entre o palácio presidencial e parte da alta hierarquia militar.

O caso Frota

Geisel não considera o general Sylvio Frota um radical ou virtual perturbador quando o nomeia ministro do Exército, em maio de 1974. Decerto não se trata da primeira escolha do presidente, que nomeara para esse posto o general Vicente Dale Coutinho, morto subitamente semanas depois da posse do governo. Frota é então chefe do Estado-Maior do Exército, o que o torna substituto lógico do ministro. Segundo Geisel, Frota, "de modo geral, tinha um bom conceito dentro do Exército, era um bom soldado .... [Enquanto] chefe do Estado-Maior do Exército, ... tinha boas relações comigo".[46]

Nascido em 1910, Frota seguiu uma carreira militar clássica antes do golpe. Muito jovem para ter participado dos movimentos tenentistas, manteve-se afastado das posições de poder sob o regime de Vargas. É claramente identificado, desde os anos 1950, com a facção militar anticomunista e golpista e participa ativamente, como coronel, da conspiração que precede o golpe. Integra nessa época o corpo permanente da ESG. Sob o regime militar, ocupa cargos e comandos que o tornam íntimo da comunidade de informações. Participa, por exemplo, da fundação do Sistema de Segurança Interna, de modo especial do CIE, como chefe de gabinete do ministro do Exército, Lyra Tavares (1967-69). Sob os anos de chumbo, é sucessivamente comandante da 1ª Região Militar (Rio de Janeiro) e do I Exército – acha-se, pois, no cerne do aparelho militar que enquadra e tolera a violentíssima repressão política do eixo Rio-São Paulo.

Entretanto, forja para si, sob o governo Médici, uma reputação bastante duvidosa: a de oficial suficientemente arraigado aos regulamentos e costumes militares para se opor à tortura. Sob o mandato de Geisel, ostenta principalmente a imagem de um oficial aferrado à disciplina militar e às regras hierárquicas. Em 1976, quando aumenta a contestação no interior dos órgãos de segurança e ele se torna seu herói, nunca se mostra na companhia de jovens oficiais – ao contrário, por exemplo, do general Albuquerque Lima, sempre recebido por um enxame de capitães durante seus deslocamentos ao longo de 1969, ou mesmo, numa escala menor, do general Costa e Silva, aclamado na Vila Militar no fim de 1965. Frota, ao contrário, desloca-se com um séquito de generais quando faz, por exemplo, uma visita ao Congresso, no dia 7 de setembro de 1976.[47] Sua obsessão disciplinar traduz-se também por uma reforma do Regulamento Disciplinar do Exército, que, em 19 de junho de 1977, impõe aos militares da reserva a mesma interdição de fazer declarações políticas que aos da ativa. Por fim, o general Frota faz uso de sua autoridade institucional para pesar nas relações de força com a Presidência: como recurso político principal, utiliza o Alto-Comando do Exército, que ele busca congregar em torno

Contra a distensão: 1974-1977

das próprias posições. Ele reúne o ACE com uma frequência muito maior que Orlando Geisel, ministro do Exército sob Médici: este último só convocava o conselho de generais três vezes por ano, enquanto seu sucessor toma essa decisão dezenove vezes apenas nos anos 1974 e 1975. As reuniões do ACE marcam seu afastamento progressivo da linha presidencial, antes de sua verdadeira passagem para a dissidência.

O incômodo político que Frota representa para Geisel logo se revela. Muitas vezes ele defende publicamente a ação dos órgãos de repressão, principalmente contra as "calúnias" da mídia. Volta e meia comunica suas divergências ao presidente, no que se refere à política externa, às decisões econômicas e às relações entre o palácio e o MDB. Suas tomadas de posição estão sistematicamente em sintonia com a linha da "direita radical", mas, até o fim de 1975, ele ostenta uma fidelidade de fachada para o presidente. As tensões só vêm à tona por ocasião da morte de Vladimir Herzog e de Manoel Fiel Filho. O ministro do Exército, apesar de sua suposta hostilidade às violências contra os presos, dá então um apoio irrestrito aos torturadores que assassinaram os dois oponentes. Pouco depois da morte do jornalista, o deputado emedebista Francisco Leite Chaves, chocado com as práticas dos agentes da repressão, arrisca uma comparação entre a ditadura brasileira e a Alemanha nazista, declarando que, para os maus-tratos, nem Hitler utilizava o Exército do Reich – para isso criara a SS. Frota comunica ao ministro da Justiça, Armando Falcão, que exige "reparações" e, com essa finalidade, convoca o ACE sem avisar o presidente, rompendo a cadeia hierárquica. Quando Geisel exonera, meses mais tarde, o general Ednardo d'Ávila Mello do comando do II Exército e o coronel Confúcio Danton de Paula Avelino da direção do CIE, Frota reúne novamente o Alto-Comando a fim de discutir a decisão presidencial, mas o esboço de contestação aborta rapidamente, após o general Reinaldo de Almeida, ministro do Superior Tribunal Militar e amigo de Geisel, declarar que o ACE não tem como missão opor-se às medidas do Executivo.[48]

Na realidade, Frota comporta-se como chefe e representante da força militar terrestre junto ao poder. Afirma fazer valer os direitos do Exército, principalmente políticos, e não impor a este vontades e decisões presidenciais. Admite inclusive:

Não constituía também segredo que me considerava um representante do Exército junto ao presidente para lutar pelo engrandecimento da instituição e bem-estar de seus integrantes. As missões do Exército estavam expressas na Constituição e elas seriam cumpridas [com] disciplina e rigorosamente. Repugnava-me, no entanto, a ideia de agir como submisso representante ou emissário do presidente perante o Exército, emitindo pareceres favoráveis a pretensões políticas em detrimento dos pensamentos e interesses da coletividade que dirigia. O presidente tinha o direito e a responsabilidade de aceitá-los ou rejeitá-los, mas o imperioso era que os conhecesse.[49]

Frota defende assim, de certa maneira, o sistema político que parecia haver se imposto em 1969 e que a consolidação da autoridade presidencial, de Médici, depois Geisel, modificou: a soberania política do Exército representada por seus chefes. Lembra isso frequentemente a Geisel, muito antes de manifestar ostensivamente sua dissidência: o presidente não passa de um delegado da "Revolução", e a Revolução reside nas Forças Armadas, representadas por seus chefes.

Essa concepção da legitimidade do poder é essencial para compreender as dinâmicas da crise político-militar que se arma por volta de 1977. O que está em jogo é a sucessão de Geisel, que tenta reiterar a façanha de seu predecessor, isto é, designar o herdeiro nos bastidores do palácio, numa acepção bastante monárquica do "regime dos generais". Geisel não faz segredo disso: a pretexto do afastamento necessário das Forças Armadas da política, proíbe aos oficiais-generais das três armas intrometer-se no assunto. Ele afirma que está "certo de que do campo das Forças Armadas não partirão nem ambições nem reações que venham a comprometer o sempre delicado processo de sucessão presidencial que a mim – pela posição em que estou situado e pela responsabilidade que me foi conferida – caberá conduzir, no seu justo e devido tempo".[50] Uma vez que as Forças Armadas, inclusive sua mais alta hierarquia, devem manter-se a distância da baixa competição política, feita de ambições e manipulações interesseiras, a escolha do próximo presidente é privativa do palácio.

No fim de 1976, entretanto, a campanha já está deflagrada. A visita que o ministro do Exército faz ao Congresso no início do mês de setembro constitui, na verdade, o lançamento de sua campanha. Com efeito, Frota evita cometer o erro do general Albuquerque Lima, que se privara de apoios civis: ao contrário, cultiva amizades e partidários na Arena ao longo de 1977, até que um verdadeiro "grupo frotista" apoia sua candidatura na Assembleia. Trata-se de deputados claramente enraizados na extrema direita, como Marcelo Linhares,

Contra a distensão: 1974-1977

irmão do "coronel de linha dura" Heitor Caracas Linhares, Dinarte Mariz ou Sinval Boaventura. Frota apresenta-se, inclusive às suas bases civis, como o candidato de predileção da alta hierarquia militar contra o "poder pessoal de Geisel", cuja preferência pelo ex-chefe do SNI, o general João Batista Figueiredo, é de notoriedade pública. Um elemento decisivo vem apoiar essa argumentação: Figueiredo carrega apenas três estrelas no peito e, segundo a ordem das promoções, obteria seu último galão muito depois das eleições presidenciais de novembro de 1978. Essa insuficiência hierárquica provoca um mal-estar na alta hierarquia militar que a promoção acelerada permitida por Geisel, graças a numerosas "caronas" (ultrapassagem de generais de divisão mais antigos no posto), só faz agravar.

Sem invocar suas convicções e menos ainda um projeto, Frota faz então campanha no Exército e nos meios políticos civis, em nome do regime dos generais, tal como parecia ter sido definido em 1969, e contra a ditadura do "grupelho palaciano". No início de outubro de 1977, a dissidência do ministro atinge um ponto sem retorno: o "grupo frotista" promove uma ofensiva no Congresso, monopolizando a palavra, numa oposição ao governo cada vez menos velada; rumores de um manifesto assinado por personalidades civis e militares, em favor de uma candidatura do ministro, circulam; seus grandes idealizadores seriam os generais Odílio Denis e Jayme Portella de Mello, bem como o almirante Rademaker – "radicais" históricos.

Para o palácio, a demissão do ministro é agora premente, inadiável. A Presidência parece ter consciência da ameaça militar que implica essa decisão, que é cercada de precauções. Por exemplo, ela é anunciada em 12 de outubro de 1977, feriado nacional, o que torna mais difícil a mobilização das tropas. O chefe da Casa Militar, general Hugo Abreu, é encarregado de garantir seu sucesso militar, principalmente em Brasília e na Vila Militar do Rio. Frota não tem meios para resistir: os generais esquivam-se – aliás, ele conservará um rancor eterno e o sentimento de uma "traição". Não consegue reunir o Alto-Comando do Exército, antecedido por Geisel. Os que pareciam dar a Frota um apoio indefectível desistem de apoiar sua resistência. O golpe de força não acontece.

O EPÍLOGO DESSE ASSUNTO de Estado é a divulgação, na imprensa, de um virulento manifesto contra o governo redigido por Frota.[51] Geisel não impediu sua divulgação: pensava que assim a loucura de seu ex-ministro ficaria exposta.[52] Provavelmente preparado com antecedência, e enviado por telex a todos os quartéis do país, no mesmo dia de sua exoneração, o texto tinha como objetivo suscitar uma revolta generalizada dos comandantes de tropas contra o poder estabelecido. É um fracasso e, duas semanas após os acontecimentos, um boletim do SNI constata a tranquilidade nas casernas.[53] A nota, entretanto, causa um grande alvoroço na classe política, que só então parece tomar consciência da radicalidade das posições do general, idênticas às manifestadas nos panfletos contestadores da comunidade de segurança. Nela, são denunciados "certos fatos e comportamentos, desajustados, da conduta revolucionária": uma política externa benevolente a respeito dos regimes comunistas; "a existência de um processo de domínio, pelo Estado, da economia nacional"; "a complacência criminosa com a infiltração comunista e a propaganda esquerdista que se revitaliza, diariamente, na imprensa, nos setores estudantis e nos próprios órgãos governamentais" e, principalmente, "as investidas constantes para destruir ou tornar inócua a estrutura da segurança nacional". E Frota afirma ainda:

> Questionam-se esferas de competência, sugerem-se modificações doutrinárias e permitem-se maldosas campanhas de descrédito dos órgãos de informações e segurança, visando a apresentar seus componentes como bestiais torturadores, para desmoralizá-los perante a nação.

A guinada esquerdista do regime é acompanhada, segundo Frota, por uma "evidente intenção de alienar as Forças Armadas dos processos decisórios do país, açambarcados por um grupelho encastoado no governo". O general convoca os militares "do mais alto chefe ao jovem recruta" a resistir a essa marginalização e à comunização do país:

> E se, por uma fatalidade, isto não acontecer, quando as pesadas algemas do totalitarismo marxista fizerem porejar o suor da amargura nas frontes pálidas de suas esposas, não quero que em seus lamentos de desespero acusem o general Sylvio Frota de omisso e de não lhes ter apontado o perigo iminente.

A vida política na esfera das Forças Armadas brasileiras apresenta, ao longo de todo o regime militar, configurações recorrentes: uma Presidência imbuída

Contra a distensão: 1974-1977

de um projeto liberal-autoritário, confrontada com "quartéis" fanatizados pelo anticomunismo e pela sede de repressão; um ministro que se tornara líder dos jovens descontentes; as sucessões presidenciais, ocasiões quase sistemáticas de crises e oscilações político-militares. Os anos da abertura política podem, assim, parecer a imagem simétrica do governo Castelo Branco: o palácio, impregnado de certa "moderação", parece então vencer a mesma "linha dura" que devorara o primeiro general presidente, ao exonerar o ministro que se fizera seu candidato.

Em vários aspectos, é verdade, a cena intramilitar é marcada por reais continuidades. Imaginários políticos, em primeiro lugar. Isso é evidente a propósito do "castelismo", apesar das cores políticas diferentes dos governos 1964-67 e 1974-79. Quanto à "direita radical" dos anos 1970, leva de certa forma a seu paroxismo algumas das ideias centrais da "linha dura" dos anos 1960. O antipolitismo e anticivilismo levam a excluir integralmente os civis do poder, sem visar seu retorno. A "operação limpeza" exigida em altos brados no dia seguinte ao golpe acaba por ser apenas sistematizada e radicalizada pelos agentes do aparelho repressivo. A visão maniqueísta do mundo político termina por se aplicar aos conflitos intramilitares, no âmago mesmo da "revolução": quem não é aliado é comunista. Livre da confusão pós-golpe e de rédea solta, a extrema direita militar assume inteiramente, nos anos 1970, suas escolhas autoritárias e repressivas. Além disso, os conflitos intramilitares continuam a se articular em torno de uma mesma interrogação: em que repousa a verdadeira soberania da "revolução"? No poder "legitimamente eleito"? Na instituição armada representada por seus chefes, ou seja, os concílios de generais? Na opinião das casernas? Nas forças vivas da "revolução", que tornam seus ideais efetivos, sobretudo a remodelação repressiva da sociedade brasileira? Existe igualmente certa continuidade de homens, uma vez que alguns dos conspiradores históricos dos anos 1950, anticomunistas nos anos 1960, integram o aparelho repressivo durante os anos de chumbo; são eles os mais virulentos, os mais violentos e os mais visíveis detratores da abertura política e do afrouxamento da repressão.

Entretanto, e sob vários aspectos, o "protesto militar de direita" dos anos 1974 a 1977 é produto do próprio regime, em sua versão hierárquica e policial. Os primeiros anos da ditadura viram o descarte dos oficiais de escalão intermediário que exigiam uma participação maior no poder de Estado. O movimento dessa "primeira linha dura" foi vencido e desmantelado justamente quando se construía um regime cada vez mais autoritário e repressivo, que correspondia, em parte, na realidade, às reivindicações iniciais dos oficiais contestadores. O regime tornou-se "militar", conforme ao *éthos* da corporação, principalmente às suas rigorosas regras hierárquicas e ao apolitismo da oficialidade subalterna. Não seria um "regime dos militares", mas um "regime dos generais". Saindo dessa ambiguidade, o regime entra em outra: a manutenção da estrutura estatal da democracia civil (uma Presidência, um governo, um Congresso) deixa o poder dos generais no domínio do costume e não da regra. A elite hierárquica do Exército não tem nenhum papel institucional: ela exerce sua influência numa relação de forças constante com o detentor oficial do poder, isto é, o palácio. Dessa ambiguidade jamais resolvida nasceu a verdadeira ameaça para a abertura política que foi a dissidência do ministro do Exército, o general Frota. Defensor do "regime dos generais" contra uma Presidência denunciada por ele como ditatorial, ele se tornou o homem do sistema contra o perigo da mudança. E o defensor, também, do sistema repressivo, no qual se encontravam seus principais apoios.

A "segunda linha dura" ou "direita radical", engastada na comunidade de informações e segurança, decerto não foi formada intelectual e politicamente apenas pela experiência repressiva. Os órgãos atraem oficiais já entusiasmados pela luta contra a subversão e, em alguns casos, envolvidos com grupelhos militantes, até mesmo terroristas. Mas o regime concedeu-lhes um espaço e um sistema a ser defendido, bem como uma nova identidade política: eles são "combatentes da revolução", que exigem a eterna perpetuação dos anos de chumbo sob o argumento de que a ameaça subversiva é imortal.

6. A ÚLTIMA CAMPANHA: 1977-1978

> Posso dizer com serenidade: fui candidato para contribuir que as
> Forças Armadas pudessem deixar a cena política. Esse afastamento,
> tenho certeza, é o desejo dominante entre os meus companheiros
> de profissão. Por isso fui candidato pelo partido da oposição, da
> oposição ao continuísmo autoritário, que já agora compromete o
> prestígio militar. ...
> É necessário que as Forças Armadas, enquanto instituições per-
> manentes, se afastem do processo político. Não como derrotadas,
> mas como vitoriosas.
>
> GENERAL EULER BENTES MONTEIRO[1]

O ANO DE 1978 TEM, para o governo Geisel, ares de epílogo: com Frota destituído, o candidato oficial, general Figueiredo, está livre de seu principal concorrente. Os contestadores do aparelho de segurança veem-se sem saída política,
sem porta-voz e sem proteção do governo. Em outubro de 1977 haviam deixado
à mostra a irrelevância de seu peso militar, já que nem a oficialidade dos quartéis nem os generais em postos de comando manifestaram qualquer apoio ao
ministro caído. O chefe da Casa Militar, general Hugo de Andrade Abreu, é
encarregado de divulgar a nota oficializando a demissão de Frota, na qual nega
qualquer vínculo com a sucessão presidencial.

A escolha do substituto é hábil: o general Bethlem, então comandante do
III Exército (Porto Alegre), tem reputação de defender posições tão radicais
quanto o oficial que substitui. Em setembro de 1977, por exemplo, divulgou
um "relatório" sobre a situação do país que não fica nada a dever, em termos de
paranoia anticomunista e hostilidade à democratização, aos panfletos da direita
radical.[2] A Presidência, com essa escolha, almeja desbaratar sua oposição de
direita, que desponta nessa data como o único entrave no interior das Forças
Armadas aos desígnios presidenciais, enquanto a sociedade civil não faz senão
começar sua remobilização e algumas reformas políticas (em especial o pacote

de abril de 1977) prometem garantir ao partido do governo, a Arena, vitórias confortáveis nas eleições seguintes.

Para o poder, a crise militar de 12 de outubro de 1977 deveria fechar a campanha presidencial intramilitar e não adiá-la: aliás, embora o início das deliberações estivesse previsto para janeiro de 1978, a Presidência anuncia, em 29 de dezembro de 1977, e antes de qualquer tipo de consulta, que o "candidato da revolução" será o chefe do SNI, general Figueiredo. A partir de fevereiro, a imprensa chama-o várias vezes de "presidente", e uma recente mudança do SNI instala-o no próprio Planalto, a poucas centenas de metros dos gabinetes presidenciais. O Colégio Eleitoral já se acha constituído, em sua maioria composto por parlamentares da Arena. O escrutínio de 15 de outubro de 1978 parece algo resolvido.

Em virtude disso, a historiografia não concedeu senão um espaço irrisório à campanha presidencial de 1978 e à vida política intramilitar ao longo desse ano. Os raros trabalhos existentes são jornalísticos, muitos deles escritos no calor da hora.[3] A atenção dos pesquisadores privilegiou, nesse fim de reinado do general Geisel, o renascimento de uma sociedade civil, primícias dos grandes movimentos sociais deflagrados no início do mandato de Figueiredo.

Entretanto, a remobilização política concerne igualmente ao corpo dos oficiais: perceptível em certos documentos de arquivos desde o início do governo Geisel, ela reaparece em 1978 na imprensa e no espaço público, em torno da questão da sucessão presidencial. Com efeito, a imposição de um herdeiro por parte da Presidência tem o efeito contrário do esperado: alguns dias depois de seu anúncio, o tema é maciçamente investido por oficiais descontentes por ver o palácio impor seus anseios às Forças Armadas e à opinião pública. Os sinais desse engajamento militar na campanha não se fazem esperar. Em 29 de dezembro de 1977, um coronel da reserva, Iese Rego Alves Neves, evoca a possibilidade de uma candidatura militar alternativa: a do general de exército R/1 Euler Bentes Monteiro, até pouco tempo membro do Alto-Comando do Exército. Alguns dias mais tarde, o general Hugo Abreu, chefe da Casa Militar, entrega sua demissão ao presidente, por motivo confesso de discordar quanto à designação de Figueiredo. Em suas memórias, Abreu declara ter decidido "partir para a luta" contra a Presidência e seu círculo, acusando-os de imoralidade, corrupção e desejos ditatoriais.[4]

No início de 1978, um verdadeiro movimento político organiza-se na esfera da oficialidade e dos meios oposicionistas, a fim de propor uma alternativa ao

A última campanha: 1977-1978

sucessor designado pelo Planalto. As formas e finalidades dessa mobilização são inéditas sob o regime militar. Pela primeira vez, oficiais que reivindicam a "revolução democrática" de 31 de março associam-se à esquerda civil inserida no sistema institucional, isto é, o MDB, a fim de disputar e conquistar o poder. O afrouxamento da censura à imprensa e a ampliação das liberdades concedidas à oposição dão uma forte visibilidade a essa mobilização, embora a exigência de apolitismo dos militares, endurecida por uma década de ditadura, obrigue a maioria dos atores a permanecer na clandestinidade e no anonimato. O jogo político que se organiza em torno da cadeira presidencial escapa então à dicotomia moderados/"linha dura": a oposição ao poder militar segue uma linha mais democrática e liberal do que este, ainda que se cristalize em torno de um candidato ajustado ao perfil exigido pela praxe do regime, isto é, um general de quatro estrelas. Além disso, Euler é apoiado por dissidentes históricos do poder, muitos deles membros da "primeira linha dura", que reivindicara, logo após o golpe de Estado, uma "revolução coletiva e radical".

Em virtude de sua marginalidade na história da ditadura, uma vez que o general Euler foi vencido, e de seu caráter desviante, até mesmo incompreensível, diante das facções militares classicamente associadas ao período ditatorial, a articulação de uma "anticandidatura" militar em 1978 foi amplamente esquecida. Ora, a derrota do "general do MDB" não foi assim tão acachapante nem certeira se comparada ao escrutínio eleitoral anterior: enquanto Geisel obtivera, em 1974, mais de 84% dos votos do Colégio Eleitoral, Figueiredo venceu com apenas 61%. A dissidência de parlamentares arenistas, esperada pelos partidários de Euler, não aconteceu: em todo caso, ela não era impensável, uma vez que será uma cisão similar que permitirá, seis anos mais tarde, a eleição à Presidência do candidato da oposição, Tancredo Neves, e o fim do regime militar. Por outro lado, a candidatura Euler não é uma completa anomalia na história da ditadura. Decerto é produto de um contexto particular, o da abertura política, que contribui para que o ativismo de alguns oficiais deixe as casernas e adentre o jogo partidário e eleitoral. Mas traduz igualmente o desfecho da trajetória de dissidências dos oficiais da "primeira linha dura". Sua ação não é mais motivada pela ambição de participar de um movimento revolucionário; ou, como no caso de seus colegas membros da comunidade de informações e segurança, pela esperança de manter um sistema repressivo. Trata-se, ao contrário, de abater o regime, desacreditado pelo monopólio que concedeu a um punhado de generais e tecnocratas, cuja pretensão seria – segundo as palavras dos oponentes – perpetuar-se no poder.

O que parece uma reviravolta política completa desses oficiais e uma parceria delicada, até mesmo comprometedora, para a esquerda emedebista, tem um elemento de continuidade decisivo: a reivindicação de um papel político individual, que esses oficiais de "primeira linha dura" invocaram constantemente. Além disso, é sempre em nome da revolução que eles se envolvem na vida pública. Ou seja, paradoxalmente, o mesmo conjunto de palavras e referências utilizado nos manifestos e panfletos do pós-golpe é aproveitado para defender um programa efetivamente democrático, centrado na convocação de uma Constituinte, nas eleições diretas, na anistia política e no retorno dos civis ao poder. O que, à primeira vista, parece um paroxismo de hipocrisia política para atores ávidos, após o golpe de Estado, de se aproximar do poder, depois de se vingar dos que barraram seu acesso a ele, constitui a prova espetacular da maleabilidade de suas identidades políticas. Esse comportamento inesperado termina também por demonstrar a diversidade das "linhas duras" sob o regime militar em termos de trajetórias e legitimações da ação política.

A oficialidade e a distensão

O que pensava a maioria dos oficiais da distensão orquestrada pelo governo Geisel? As fontes dessa época pouco informam sobre a opinião militar. Esta permanece um fator de legitimação política, logo, objeto de conflito e debate entre os protagonistas; em virtude disso, os depoimentos são contraditórios. Os atores, entretanto, nem sempre colocam os quartéis do seu lado: se os detratores da distensão falam de uma "opinião unânime" nas Forças Armadas segundo a qual a abertura política é "pessimamente mal[vista]",[5] os oficiais castelistas insistem mais na fraca politização do que numa adesão maciça à estratégia governamental. O coronel Moraes Rego, oficial próximo a Geisel e que se tornou seu chefe da Casa Militar em janeiro de 1978, coloca a obediência, associada a certa circunspecção quanto às consequências que a mudança poderia ter sobre as Forças Armadas, no centro dos comportamentos militares:

> Eram honestos mas inseguros – afinal, aderir é muito mais do que a simples obediência. Sentiam, o que é muito importante, a grande responsabilidade do

A última campanha: 1977-1978

presidente e confiavam nele como um menino confia no pai. Os que realmente aderiram, sinceramente, não foram muitos. Creio que havia sempre o receio de revanchismo, e não eram poucos os que tinham esse medo. O corporativismo muitas vezes levava as pessoas a se acomodarem com medo de não serem julgadas revolucionárias.[6]

Os poucos arquivos disponíveis confirmam que, até 1977, o corpo de oficiais não é foco de mobilizações relevantes. Os debates a respeito de uma política de abertura controlada, se ocorrem, não suscitam inquietude nos serviços de espionagem do governo. Os boletins do SNI de 1974 e 1975 não mencionam, na categoria "campo militar", senão sinais de descontentamento corporativista, referentes ao baixo soldo e, numa escala menor, ao plano de carreira militar.[7] Decerto o poder teme que essas questões alimentem uma desafeição pelo regime e simpatias crescentes pela oposição, que, a partir de meados de 1975, defende o aumento salarial dos militares. Mas, a princípio, a aproximação entre militares da ativa e a oposição civil não passa de uma preocupação menor para a Presidência, essencialmente intimidada pela direita radical do aparelho repressivo e por seu arauto, o então ministro do Exército, Sylvio Frota.

Entretanto, desde 1974, as jovens gerações de oficiais são depositárias de grandes esperanças dos setores de uma sociedade civil cansada do poder militar. Prova disso é, no fim do mês de abril, a ampla cobertura da Revolução dos Cravos feita pela imprensa. A publicação na íntegra de proclamações de oficiais portugueses e os comentários, e mesmo comparações, que as acompanham têm o objetivo mal dissimulado de despertar os mesmos sentimentos na oficialidade brasileira. Os argumentos dos revolucionários portugueses evocam de forma contundente, é verdade, os "custos do autoritarismo" que, para os militares brasileiros favoráveis à distensão política, pesariam sobre as Forças Armadas de seu país. Com efeito, os três manifestos na origem do levante de 25 de abril, publicados na grande imprensa brasileira, denunciam um divórcio entre as Forças Armadas e a nação e apontam a necessidade de restabelecer o prestígio perdido da instituição. O exílio no Brasil do presidente português deposto, Marcelo Caetano, e o retorno de Carlos Lacerda à cena pública como exegeta da revolução portuguesa alimentam os paralelismos entre o regime salazarista e a ditadura brasileira.

Na verdade, apesar da grande discrição midiática desse fenômeno, bastante minoritário e fadado à clandestinidade, alguns jovens oficiais brasileiros organizam-se desde o início do governo Geisel a fim de apoiar, e mesmo radicalizar, a estratégia de abertura. O Movimento Nacionalista Popular Pró-Governo Geisel (MNPGG) é assinalado por um documento do SNI datado de outubro de 1974.[8] Suas origens remontariam ao fim de 1973, mas é só um ano mais tarde que esse movimento civil-militar começa a se estruturar, integrando militares da reserva e da ativa com as seguintes reivindicações: "normalização gradual da vida brasileira; realismo da política econômico-financeira; supressão das torturas nos quartéis; ampla liberdade na campanha eleitoral; política externa realista." A geração dos capitães, a mais numerosa na oficialidade, é o pivô do Movimento e manifesta um verdadeiro ressentimento geracional com respeito aos oficiais-generais que detêm o poder. Para o oficial anônimo que redige o documento, "as recentes situações em Portugal, na Grécia e na África produzem reflexões da oficialidade brasileira": elas colocam, para as jovens gerações de oficiais brasileiros, a questão de seu próprio papel político, de suas opiniões em matéria de política diplomática e econômica e, mais genericamente, do anticomunismo como única grade de leitura do mundo. Os membros do MNPGG consideram-se anti-imperialistas e nacionalistas. Dizem temer "a reação do imperialismo, das multinacionais, dos reacionários e fascistas brasileiros, da direita militar e dos corruptos que, unidos, tramam a derrubada do governo Geisel, tendo como centro das articulações São Paulo". O nacionalismo econômico é então claramente associado a um ideal democrático, lembrando as posições dos militares trabalhistas, eliminados das Forças Armadas em levas sucessivas desde o golpe. O documento, aliás, menciona a presença na reunião de "elementos que foram atingidos pelos atos da Revolução ..., inteiramente favoráveis a que se apoie o presidente Geisel, pelas medidas que vem tomando": trata-se visivelmente de um dos componentes de peso do Movimento Nacionalista, posicionado mais à esquerda em suas reivindicações do que os "jovens oficiais" da ativa (capitães e majores) que constituem seu segundo polo. Esse núcleo inicial acha-se envolvido numa estratégia de redes nos meios civis de oposição, na mais alta hierarquia militar e junto aos dissidentes, em especial o coronel Francisco Boaventura, que em várias oportunidades encontra-se com dirigentes do MNPGG, sempre acompanhado de dezenas de oficiais que lhe permaneceram fiéis.

A última campanha: 1977-1978

Difícil dizer a posição a respeito do governo desses poucos oficiais que defendem a redemocratização do país e a devolução do poder aos civis: trata-se de colaboração, de pressão, de oposição? A questão se coloca principalmente no que se refere a oficiais que encetam um diálogo com o partido de oposição, o MDB, em 1975. São todos generais: até 1977, os únicos militares que manifestam publicamente seus anseios por liberalização e suas reticências diante dos excessos da repressão política são efetivamente dotados de grande prestígio profissional e "revolucionário", detendo as mais altas patentes da hierarquia militar, sejam eles da ativa ou, o mais das vezes, da reserva. O mais atuante e visível é o general Cordeiro de Farias, que expõe claramente sua posição a favor do retorno dos civis ao poder desde os anos de chumbo. Seus principais argumentos são os prejuízos causados às Forças Armadas pelo exercício do poder e, sobretudo, das funções policiais. Irá declarar poucos anos depois:

O que temos hoje? Alguns privilegiados, que se apresentam como candidatos. Poucos, pouquíssimos: são os generais de exército. No meu tempo eram oito, hoje são 12. Será possível que a elite brasileira presidenciável seja composta de apenas 12 pessoas? Este país de 120 milhões de habitantes só dispõe de 12 alternativas? ...

Além disso, tenho-me preocupado com outra distorção da função militar: o Exército está se transformando em polícia. Ora, o Exército precisa pairar sobre todas as forças, a fim de se resguardar para suas grandes e insubstituíveis funções. Mas ser polícia? Invadir casas à noite e prender pessoas não é função do Exército. Isso o desgasta profundamente. Ele perde o caráter sadio de sua personalidade e transmite um exemplo negativo às novas gerações, inclusive as que vão formar os futuros quadros militares. Hoje, dentro desse panorama, eu preferia não ser militar.[9]

Cordeiro de Farias afirma em seguida que essa aversão a um poder e a uma repressão militares não faz dele um "liberal". Concorda com o projeto castelista de um poder forte e elitista – a "democracia relativa" que o presidente Geisel pretende então construir. Em 1974, denuncia entre seus colegas alguns casos de tortura e assassinatos políticos. É identificado pelas famílias das vítimas como um possível interlocutor: a conhecida estilista Zuzu Angel dirige-lhe, assim, uma correspondência copiosa ao longo de todo o ano de 1975, quando está à procura do filho Stuart, morto nas dependências do Cisa em junho de 1971.[10]

Mas esse comportamento não o torna um dissidente ou oponente do governo. A prova é que famílias de vítimas entram igualmente em contato com Golbery a fim de obter informações a respeito de parentes. Além disso, os contatos que Cordeiro de Farias estabelece com o MDB a partir de fevereiro de 1975 são autorizados e incentivados por Golbery. Entretanto, a imprensa revela que a ambição de Cordeiro é firmar um acordo sobre uma próxima candidatura civil às eleições presidenciais, o que não está nos planos do presidente, que manifestou por várias vezes sua preocupação com os contatos mantidos entre os dirigentes do MDB, sobretudo Thales Ramalho e Ulysses Guimarães, e alguns setores da oficialidade.

Ao lado de Cordeiro de Farias acha-se o general Rodrigo Otávio Jordão Ramos, ex-comandante militar da Amazônia e adepto histórico de uma política de liberalização, que, desde o início de 1976, multiplica as declarações favoráveis ao restabelecimento do "regime constitucional". Os perfis e estratégias políticas desses generais são bem diversos: alguns estão dispostos a uma verdadeira colaboração com o governo, como Cordeiro, que participa, em 1977, de uma missão oficial de diálogo com o MDB (a "Missão Portela") e organizações da sociedade civil; outros estão numa trajetória de dissidência. Alguns são críticos dos excessos do autoritarismo militar há vários anos, como o brigadeiro Eduardo Gomes, os generais Rodrigo Otávio, o próprio Cordeiro de Farias ou, de maneira bem mais explícita, Peri Constant Bevilaqua, reformado em janeiro de 1969 e bastante envolvido na crescente mobilização em favor da anistia política (participa, em fevereiro de 1978, da fundação do Comitê Brasileiro de Anistia). Ao passo que outros, de passado muito pouco liberal, entraram na oposição ao regime em virtude de sua desgraça, ou da frustração por não terem integrado os primeiros círculos do poder.

Muitos oficiais optam, na tentativa de impor suas vozes na cena pública, por uma mesma estratégia: o diálogo ou até mesmo uma aliança com o partido de oposição e, numa escala menor, com organizações civis em luta pelo restabelecimento do estado de direito. E alguns chegam a entrar no jogo eleitoral. Esse comportamento já se manifestara nos anos 1966-67, antes que o endurecimento do regime reduzisse a zero o potencial de danos que o MDB representava. A distensão efetiva reabre então a política das casernas para o espaço público e partidário. O ativismo intramilitar renasce à medida que a sociedade civil se remobiliza e fornece interlocutores aos oficiais, bem como uma saída política.

A última campanha: 1977-1978

Entretanto, até 1977, essas práticas limitam-se a um punhado de generais, não sendo claramente identificadas como verdadeira oposição ao governo.

Dois fatos transformam essas vozes esparsas em movimento de protesto militar contra a política do governo. Trata-se do pacote de abril de 1977 e da designação do general Figueiredo como candidato oficial às eleições seguintes, segredo cada vez menos bem-guardado até que um íntimo do palácio acabe por revelá-lo em julho de 1977. Essas decisões agravam as dúvidas sobre a sinceridade das intenções liberais do poder. Alguns setores do MDB engajam-se, a partir daí, de forma mais nítida numa estratégia de oposição, tendo como horizonte as eleições presidenciais. Ao mesmo tempo, o isolamento do grupo do palácio suscita fortes descontentamentos em certos setores militares, independentemente de apoiarem ou não o processo de distensão política. O círculo presidencial é acusado de tramar a própria perenização no poder e exercê-lo sem negociação alguma com a alta hierarquia militar nem com os meios políticos revolucionários. A fraca popularidade do general Figueiredo em meio à elite militar acentua a insatisfação.

Figueiredo é o primeiro candidato oficial da "Revolução" que não pertence à geração de 1900: nascido em 1918, é, ao contrário, da geração dos "coronéis de linha dura". Ele tem patente de tenente-coronel no momento do golpe. Antes de 1964, distingue-se como um oficial brilhante que, bem jovem, integra o corpo permanente da ESG. Em seguida, trabalha a serviço de Golbery no Conselho de Segurança Nacional e ganha sua confiança. Sob a gestão de Goulart, revela-se um oponente encarniçado. Instrutor da Eceme, contribui para fazer da escola um dos principais polos da conspiração. O regime militar assiste à transformação do coronel Figueiredo em oficial de informações e homem de aparelho: Golbery o recruta para o recém-criado SNI, sem que com isso passe a ser visto como "castelista". Retorna, por um breve período, à tropa sob Costa e Silva e depois afasta-se dela definitivamente: Médici o nomeia para dirigir a Casa Militar e Geisel, o SNI. Por outro lado, Figueiredo passou pouco tempo em postos de comando, o que prejudica sua reputação na esfera das Forças Armadas; seus detratores denunciam sua transformação em burocrata e sua falta de liderança no corpo dos oficiais. Além disso, as três estrelas que ele carrega no peito não lhe dão status suficiente para ser um candidato da "revolução", segundo a praxe instituída.

As primeiras manifestações explícitas de descontentamento aparecem em 1977. A mobilização militar, que se assume como adversária do governo e do regime, permanece marginal, mas agora abrange escalões inferiores da oficialidade (essencialmente tenentes-coronéis e coronéis). No início, é clandestina. No começo de 1977, um Movimento Militar Democrático Constitucionalista (MMDC) – referência evidente à Revolução Constitucionalista de 1932 – é fundado por uma dezena de coronéis, a maioria em atividade no Rio de Janeiro.[11] Seu objetivo é apoiar uma candidatura de oposição nas eleições presidenciais seguintes: a princípio, a do senador Magalhães Pinto (Arena-MG), um dos líderes civis da "revolução", que no fim de 1976 não faz mais mistério de suas ambições palacianas. O MMDC estabelece então uma lista de reivindicações claramente democráticas: convocação de uma Assembleia Constituinte; anistia para os crimes e delitos políticos; restabelecimento das prerrogativas da magistratura e do *habeas corpus*; revogação do AI-5 e das outras medidas de exceção; implantação de um governo provisório. Entretanto, os membros do MMDC não renegam em absoluto a "revolução" de 31 de março, invocando um argumento bem conhecido entre os oficiais revolucionários: o descrédito de um poder militar que traiu as Forças Armadas, transformadas à sua revelia "em guardas pretorianas de tecnocratas" que deturparam a Revolução.[12]

A similaridade com os argumentos que a "direita radical" utiliza para denegrir o governo é evidente: em particular, a imagem de um poder de tecnocratas, usurpador e "traidor da revolução". Ela repete os elementos tradicionais do antipolitismo militar, atribuindo ao grupo do Planalto os piores vícios da politicagem: a ambição, o gosto pelo poder, o interesse pessoal, a corrupção, o isolamento do povo. Essa concepção do inimigo é o denominador comum dos oponentes militares à candidatura do general Figueiredo, bem mais que seu "liberalismo político", instável e, em alguns casos, amplamente de fachada.

O MMDC é uma organização clandestina que não tem como objetivo uma campanha dirigida à opinião pública. Sua única aparição, sob a forma de uma manifestação de poucos homens, acontece em 31 de março de 1978, durante a solenidade comemorativa do golpe de Estado, na presença de Geisel, na Vila Militar. É justamente a partir dessa data que a existência de uma mobilização militar crescente, favorável a uma liberalização mais ágil e hostil à imposição do candidato Figueiredo, revela-se à luz do dia.

A última campanha: 1977-1978

Decerto, desde meados de 1977, alguns oficiais assumem essa posição publicamente. São adeptos das declarações públicas e das punições disciplinares, uma vez que se trata de coronéis da "primeira linha dura", atuantes nos anos seguintes ao golpe. Em julho e agosto de 1977, por exemplo, os coronéis Rui Castro e Francisco Boaventura Cavalcanti e o general Hélio Lemos dirigem à alta hierarquia militar cartas favoráveis à "volta dos militares aos quartéis" e ao "fim da excepcionalidade".[13] Os três são da reserva: Rui Castro deixou a ativa em 1972, junto com o general Moniz de Aragão, de quem foi chefe de gabinete; Boaventura foi atingido pelo AI-5 em 1969; Hélio Lemos foi obrigado pelo Regulamento Disciplinar a passar à reserva em 1975 como general de brigada, após ter sido modestamente aquinhoado com o comando do Centro de Documentação do Exército de Brasília. Apesar de serem da reserva, todos são submetidos ao Regulamento desde sua reforma por Frota, em junho de 1977 (Geisel só vem a suprimir tal disposição, por decreto, em julho de 1978). Rui Castro é o único a divulgar publicamente sua missiva, enviada a todos os membros do Alto-Comando do Exército. Nela sugere que "o comprometimento político das Forças Armadas desgasta-lhe a imagem perante o povo, perturba-lhe a formação e o exercício dos quadros, dos comandos e dos grandes comandos e afasta valores militares, fundamentais, da estrutura hierárquica".[14] Segundo o oficial, a urgência de 1964 justificava uma usurpação do poder de Estado, a qual, no interesse das próprias Forças Armadas, não pode mais perdurar: "Libertemo-las para que a nação se liberte", afirma. O coronel propõe como única solução "a convocação de Assembleia Nacional Constituinte, eleita em pleito, flagrantemente livre e direto, sob a vigilância mas sem a interferência das Forças Armadas, que, livres, também, poderão atuar no excepcional se ele, por infelicidade, novamente ocorrer"; e nega qualquer envolvimento no processo sucessório. Aponta, com razão, que sua demanda por um retorno dos civis ao poder não é recente: desde o início do governo Costa e Silva essa ideia foi defendida reiteradas vezes pelos oficiais ditos "ortodoxos". Boaventura e Lemos recusam-se a ser solidários com Rui Castro e a dar uma dimensão política às suas próprias cartas, cujo teor não divulgam. Apenas Castro é condenado a quinze dias de prisão. O esboço de protesto se arrasta.

216 A política nos quartéis

O caso Tarcísio

É preciso esperar março de 1978 para que a coalizão díspar, hostil à imposição do general Figueiredo, ganhe real destaque na imprensa. O elemento deflagrador pode parecer banal: um discurso pronunciado pelo comandante do 13º Batalhão de Infantaria Blindada de Ponta Grossa, no Paraná, aos membros do Lion's Club local.[15] Trata-se da elocução intitulada "Participação e responsabilidade", um conjunto de considerações sobre política, liberdade e democracia que ataca indiretamente o regime. A personalidade de seu autor confere a tais declarações um impacto político dez vezes maior: trata-se do tenente-coronel Tarcísio Nunes Ferreira, veterano de Aragarças, conspirador de primeira hora e filiado à "linha dura" ligada ao coronel Boaventura. Ativista discreto nos anos seguintes ao golpe, conservou um prestígio significativo na instituição e dá ampla publicidade às suas declarações. Nelas, Tarcísio define a democracia como o controle, pelos líderes "naturais" da nação, dos destinos do país. O poder militar é, em meias palavras, acusado de "totalitarismo", uma vez que confisca da sociedade a participação e a organização políticas, contribuindo, em virtude disso, para a

> estatização da vida ..., [que] significa a paralisação da iniciativa pelo centralismo burocrático, a desorganização da economia por experiências inconsequentes, a irresponsabilidade das autoridades pela hipertrofia do poder, a manipulação da massa pelo dirigismo oficial. ... A sociedade terá de viver para o Estado; o homem, para a máquina do governo.

Embora Tarcísio não acuse o governo, como os contestadores da direita radical, de cumplicidade com a "subversão", ele não deixa de utilizar o anticomunismo dos oficiais e das elites civis conservadoras para atacar o poder.

O tenente-coronel é, de início, punido com uma pena simbólica: dois dias de prisão domiciliar. Mas o discurso no Lion's Club não passa de um balão de ensaio. Poucos dias depois, o oficial concede uma longa entrevista a jornalistas, na qual adota uma postura mais abertamente contestadora.[16] Assim como no manifesto do Movimento Militar Democrático Constitucionalista, ele denuncia o divórcio entre as Forças Armadas e o Executivo, bem como as tentações ditatoriais deste último. Por exemplo, com o prolongamento do mandato presi-

A última campanha: 1977-1978

dencial para seis anos, medida incluída no pacote de abril, e que, a seu ver, tem a consequência perigosa de dar ao chefe de Estado possibilidade e tempo de renovar a integralidade dos generais de quatro estrelas e, portanto, de sufocar na raiz toda veleidade de contestação ou resistência no seio da hierarquia militar. Tarcísio conclama seus companheiros a se manifestar politicamente: os generais, de preferência – ele não escapa às coerções do imaginário hierárquico –, mas se estes se calarem, a responsabilidade da insubmissão recai sobre seus subordinados: coronéis, majores e oficiais subalternos.

Com efeito, Tarcísio defende o princípio da "ruptura da disciplina" em "situações extremas", quando a legitimidade prevalece sobre a legalidade, justificando simultaneamente dessa forma o golpe de Estado e a ação política individual dos oficiais. Ele se acha nessa época envolvido na campanha em favor de Magalhães Pinto, que disputa com o general Euler Bentes Monteiro o status de anticandidato frente ao general Figueiredo. O caso ocupa a imprensa ao longo dos meses de março e abril de 1978. Diversas reportagens lembram, com razão, que é a primeira manifestação pública, em uma década, de um oficial superior e não general. A entrevista de 11 de março vale ao tenente-coronel Tarcísio a punição máxima por razões disciplinares: trinta dias de prisão e exoneração do comando. As demonstrações de solidariedade se multiplicam: Magalhães Pinto e Ivo Arzua, ex-ministro da Agricultura no governo Costa e Silva, agora presidente do Lion's Club de Ponta Grossa, as tornam públicas, enquanto o coronel R/1 Rui Castro visita Tarcísio em sua cela. O MDB toma as dores do tenente-coronel e patrocina, em 16 de março, um debate de uma hora e meia sobre o episódio na Câmara dos Deputados. Ao sair da prisão, em 12 de abril, Tarcísio reafirma suas posições anteriores: "as ideias não se prendem."[17] Um IPM é aberto, cujo desenrolar é minuciosamente acompanhado pela imprensa durante mais de um ano.

As declarações do tenente-coronel Tarcísio Nunes Ferreira, os apoios que ele atrai e a audiência midiática que obtém suscitam uma contraofensiva do poder, que parece detectar nesse caso o sinal de um forte movimento a favor de uma abertura política acelerada. O principal envolvido, *a posteriori*, não vê assim:

Eles acharam que aquilo ali era o clarim para um movimento violento de abertura. Não era. Não tinha nada mancomunado com ninguém. Inclusive quando eu fui destituído do comando, a tropa na hora em que eu me despedi tocou a música "Pombo-correio". Então acharam [que] pombo-correio era uma nota que estava dizendo a todo mundo que tinha mandado a mensagem. Não tinha nada disso.[18]

Em 31 de março, o discurso de Geisel não tem mais como alvo os excessos da extrema direita militar, mas o "populismo demagógico, hipócrita e irresponsável", bem como os "utopistas da democracia completa" e o "liberalismo já ultrapassado".[19] Pela primeira vez, o poder parece atribuir importância às expectativas de retorno à democracia civil em certos setores da oficialidade, suscetíveis de desestabilizar o candidato oficial.

Os candidatos: o senador e o general

O novo clima político é constatado pelo surgimento precoce, sob a gestão de Geisel, de uma candidatura civil espontânea, na perspectiva das eleições presidenciais de outubro de 1978: a do senador Magalhães Pinto. Líder arenista de primeiro plano, aureolado pelo prestígio de revolucionário histórico, desde 1976 pretende consolidar-se como possível sucessor do general Geisel, uma vez que a política da distensão sugere a possibilidade de uma candidatura civil. Nesse momento, e até setembro de 1977, diz esperar o apoio de Geisel e da Arena. Mas desde essa época as principais demonstrações de solidariedade que o senador consegue, sobretudo quando defende a redemocratização do país, emanam apenas da oposição civil. Nos últimos dias de 1977, Magalhães Pinto perde toda a esperança de que sua candidatura conquiste a preferência presidencial. Além disso, surge um competidor no campo da oposição: o general de exército Euler Bentes Monteiro, passado à reserva em março de 1977, oficial discreto da engenharia, mas conhecido por suas convicções nacionalistas no domínio econômico.

Num primeiro momento, embora o general Euler não confirme essas especulações, sua candidatura já é suficientemente plausível para que agentes do SNI se interessem por ela. Num boletim de 18 de janeiro de 1978, consta uma lista de apoios a ele.[20] No lado civil, vemos Severo Gomes, ex-ministro de Geisel, artífice de uma política nacionalista e intervencionista em matéria econômica e excluído do governo em fevereiro de 1977, quando a Presidência

A última campanha: 1977-1978

opera uma guinada economicamente liberal. "Esquerdas intelectuais ligadas ao Cebrap [Centro Brasileiro de Análise e Planejamento]" teriam igualmente aderido a Euler, em razão das mesmas afinidades nacionalistas. Com efeito, o general, nascido em 1917, faz parte desse grupo de oficiais da engenharia reunidos por uma forma de "nacional-desenvolvimentismo" e separados por apetites desiguais pelo autoritarismo político. Encontramos nessa lista igualmente os generais Afonso de Albuquerque Lima, Rodrigo Otávio Jordão Ramos e Arthur Duarte Candal da Fonseca. Com efeito, o major Euler Bentes integra em 1950 a lista nacionalista elaborada pelo general Estillac Leal, por ocasião da campanha eleitoral do Clube Militar. Apresenta pouco depois sua demissão do Conselho Deliberativo do Clube na mesma época que o capitão Francisco Boaventura, em consequência de posições tomadas pelo conselho editorial da *Revista do Clube Militar* sobre a guerra da Coreia. Anticomunista radical, adota, entretanto, uma postura legalista por ocasião do golpe de 1964, do qual não participa. Ainda assim, não é punido ou relegado ao ostracismo pelo poder militar, sendo nomeado, em 1967, para a direção da Sudene pelo ministro do Interior, Albuquerque Lima. Em janeiro de 1969, demite-se em solidariedade a este último quando um corte orçamentário decidido pelo ministro da Fazenda, Antônio Delfim Netto, limita drasticamente os recursos da Sudene. Sua amizade com os dois irmãos Geisel poupa-o da desgraça após a crise político-militar de 1969. Contudo, só obtém sua quarta estrela depois da posse do novo presidente, em março de 1974. Ocupa em seguida a direção dos Departamentos dos Serviços do Exército e, depois, do Material de Guerra, o que lhe abre as portas do Alto-Comando do Exército.

O mesmo boletim do SNI, de janeiro de 1978, considera que o general Euler dispõe, além disso, de dois principais apoios no meio militar: o grupo frotista e o grupo "nativista", ligado ao general Hugo Abreu, demissionário da Casa Militar no início do mês. Esses apoios são, no mínimo, heteróclitos. Não são sequer congregados pelo nacionalismo econômico, como ocorreu nas "frentes de oposição" dos anos 1966-67, uma vez que o general Frota não se identificava com aquelas posições. O consenso se dá em torno de um único critério: a recusa da candidatura Figueiredo e, mais genericamente, da imposição de um sucessor pelo círculo do presidente.

Porém, o general Euler não demora a esclarecer as fronteiras ideológicas que o caráter díspar de seus apoios contribuía para embaralhar: no fim de janeiro, ele se declara a favor do restabelecimento do estado de direito, de eleições diretas e da anistia política – mas não de uma Constituinte –, ao mesmo tempo em que nega pretender envolver-se na sucessão presidencial. Essa definição política afasta-o dos deputados frotistas (que no dia seguinte declaram apoiar Figueiredo),[21] mas desperta esperanças em alguns outros, do MDB, que começam a fazer circular o nome de Euler como possível candidato. De toda forma, os primeiros a sugerirem seu nome são militares. À frente deles, Hugo Abreu, que, desde sua demissão da Casa Militar, faz do fracasso eleitoral de Figueiredo seu objetivo prioritário.

Nascido em 1916, o general Abreu tem um notável currículo profissional, comparável a alguns dos "coronéis de linha dura" de sua geração. Combateu como capitão de infantaria na FEB e teve uma formação brilhante, passando por Fort Benning (1951) e pela ESG, como tenente-coronel (1962). Por ocasião do complô e do golpe de Estado, integra o círculo do general Moniz de Aragão. É, como tal, apontado como "castelista" nos anos seguintes ao golpe. Aliás, sua nomeação para um cargo de alta responsabilidade em 1974, a Casa Militar da Presidência, pode ser vista como consequência dessa suposta filiação. Não obstante, as convicções políticas, redes e fidelidades do general Abreu são uma questão complexa. Decerto ele apoia lealmente a política de abertura promovida pelo presidente, chegando a defender este último durante a exoneração de Frota. Contudo, seus dois livros de memórias – *O outro lado do poder*, dedicado aos anos 1974-78, e *Tempo de crise*, sobre a campanha presidencial (1978-79) – denotam, acima de tudo, uma obsessão: a amoralidade e nocividade do "grupo do palácio", articulado em torno de Golbery e Heitor Ferreira, secretário particular de Geisel, e que teriam arrastado, em sua sede doentia de poder e dinheiro, o presidente:

> O que fica bastante claro de toda essa luta inglória, que o porta-voz do grupo palaciano costuma chamar de "primeira e segunda guerras mundiais", é o mesquinho choque de interesses de grupos palacianos pela conquista do poder. ... A "primeira guerra mundial" seria a escolha do sucessor de Castelo Branco, perdida pelo atual grupo palaciano; na "segunda guerra mundial", travada pela escolha do sucessor de Geisel, saiu vitorioso o grupo que conseguiu impor à nação derrotada o candidato mais vantajoso para os interesses da oligarquia.[22]

A última campanha: 1977-1978

Abreu não visa ao conjunto da "Sorbonne militar", uma vez que poupa de suas críticas o general Castelo Branco, cuja memória ele preza, e, por muito tempo, o general Geisel, antes de finalmente reconhecer sua complacência diante da estratégia de seu grupo. Leal com os "bons reis" castelistas, o general Abreu nem por isso deixa de cultivar um "ódio de facção" dirigido ao círculo de Golbery – ódio que ele divide com a direita militar e seu porta-voz da época, Sylvio Frota. A propósito, a visão que Abreu tem do ex-ministro do Exército é bastante positiva: em suas memórias, ele não cessa de justificar, até de se desculpar, por ter colaborado para a destituição deste último, apontando sua coragem e retidão moral. As redes do general Abreu, quando este assume a Casa Militar, estão marcadas por sua passagem pelo comando da Brigada Paraquedista da Vila Militar, de 1970 a 1974 – a qual se achava, por ocasião da posse de Médici, à beira da insurreição. Dessa experiência, Hugo Abreu extrai uma dupla reputação: ele é "o homem que pacificou os paraquedistas" e, ao mesmo tempo, um oficial "violento e duro, por ter participado de ações [de repressão]".[23] Cultiva igualmente diversas amizades, em especial a do general Orlando Geisel, então ministro do Exército, que, segundo suas palavras, o teria recomendado em 1974 a seu irmão para o posto de chefe da Casa Militar, bem como a lealdade de seus subordinados paraquedistas.

À frente da Brigada Paraquedista, o general Hugo Abreu aproxima-se do Grupo Nativista (novo nome da Centelha Nativista, criada em 1969), fermento ativista da Vila Militar incentivado, especialmente, pelos capitães paraquedistas José Aurélio Valporto de Sá, Francimá de Luna Máximo e Adalto Luiz Lupi Barreiros (o major Kurt Pessek, um de seus fundadores, teria se afastado deles alguns meses após a criação do grupo). Aliás, a ordem do dia de despedida da Brigada redigida por Abreu, em março de 1974, termina com a divisa nativista: "Brasil acima de tudo."[24] Assim, dois militantes ou ex-militantes do Grupo Nativista acompanham-no ao Planalto: o major Kurt Pessek, que se torna seu assistente-secretário, e o capitão Adalto Lupi Barreiros, membro de seu gabinete e nomeado para a Assessoria de Imprensa e Relações Públicas da Presidência da República.

Abreu e seu círculo de antigos paraquedistas nacionalistas e radicais desempenham um papel central na construção da alternativa política que a candidatura de Euler Bentes Monteiro passa a encarnar. Em maio de 1978, o general concorda com a eventual candidatura. Apesar disso, durante vários meses, a posição do partido de oposição não é oficial, e o tema suscita debates acalorados. Nesse momento, o general Euler Bentes e o senador Magalhães Pinto fazem campanha conjuntamente no interior de uma Frente Nacional de Redemocratização (FNR), fundada também em maio. A linha política do movimento é indicada num comunicado assinado por ambos e divulgado no dia 29 daquele mês. O texto é bem vago: conclama à "união de todas as correntes empenhadas na redemocratização do país" e à "consolida[ção] [d]as aspirações básicas de todos os democratas, estruturando-as em torno de objetivos políticos comuns".[25] Ao longo dos meses, a popularidade do general Euler e seus apoios na esfera do partido avançam, ao passo que os de Magalhães Pinto parecem recuar. Em agosto, Magalhães Pinto deixa a Frente, um mês antes de aderir oficialmente à candidatura de Figueiredo. Essa defecção enfraquece a coalizão de maneira evidente, enquanto o palácio tenta, através de sucessivas punições, desestruturar sua equipe militar: em maio de 1978, o general Abreu é alijado de seus dois principais assessores, o tenente-coronel Kurt Pessek e o major Adalto Lupi Barreiros, ambos transferidos para guarnições distantes de Brasília.

O próprio Abreu só tardiamente é afetado, após enviar, no fim de setembro, uma circular a generais do Exército, da qual trechos são publicados na imprensa. É condenado a vinte dias de prisão por infração ao Regulamento Disciplinar. Sua punição, privando o general Euler de um dos principais responsáveis por sua campanha a poucos dias do escrutínio, consuma o naufrágio de sua candidatura. Em 15 de outubro de 1978, as simpatias que a FNR atraíra no regaço da Arena não bastam para conquistar os sufrágios dos grandes eleitores desse partido, que votam em massa em Figueiredo, empossado em 15 de março de 1979 para um mandato de seis anos.

A PARTIR DE MAIO DE 1978, o MDB se vê, no que tange à campanha presidencial, relegado a coadjuvante da FNR. As duas figuras de proa desta, Magalhães Pinto e Euler Bentes, acabam assim por representar, antes mesmo de qualquer aprovação oficial do partido, as únicas alternativas de oposição ao poder militar. Ora, a identidade de golpista histórico do primeiro e o pertencimento à elite hierárquica do Exército do segundo colocam essa oposição *dentro da revolução*. A imposição progressiva da candidatura do general, em detrimento da do senador, aumenta ainda mais tal simbolismo, com o poder revolucionário

A *última campanha: 1977-1978*

tendo rapidamente se identificado, após o golpe de Estado, ao poder militar. A entrada em massa dos oficiais dissidentes numa estratégia eleitoral de oposição teve como consequência impor ao MDB a norma "revolucionária" segundo a qual o candidato à Presidência deve ocupar o posto hierárquico mais alto. Entretanto, o próprio Euler manifesta certo mal-estar diante do paradoxo de sua candidatura: pretender pôr fim a um regime encarnando a continuação de suas práticas, devolver o país à democracia civil, assumindo ao mesmo tempo sua patente de general e cercando-se de uma equipe de campanha essencialmente composta de oficiais. A propósito, insiste todo o tempo no fato de que sua candidatura não é militar; que ele é da reserva, tendo recuperado o status de cidadão comum; e que se recusa a recorrer à sua base no interior das Forças Armadas.

A incorporação do discurso militar dissidente na campanha do MDB convive com as declarações do general Euler, francamente democráticas e, por fim, hostis às intervenções armadas em política. Sem descontinuidade, de janeiro a outubro de 1978 Euler ocupa a imprensa nacional e percorre o país repetindo as promessas de democratização efetiva, anistia política, restabelecimento das liberdades fundamentais, anulação da legislação de exceção e de "autorreinstitucionalização" [sic] da nação com a convocação de uma Constituinte eleita pelo voto universal direto e secreto. Invoca igualmente anseios de justiça social, insistindo no fato de que o indicador válido do desenvolvimento de um país não deve ser a renda *per capita*, mas sua distribuição. Por fim, alerta a opinião pública sobre o aumento da dependência externa do país.[26] Declarações estatizantes e nacionalistas que regozijam tanto os oficiais da "primeira linha dura", seu estafe de campanha, quanto os deputados e senadores do MDB, sua base política.

Durante o mesmo período, o general Figueiredo muda seu discurso drasticamente: de um liberalismo bastante ponderado nos primeiros momentos e centrado na "democracia relativa" cara ao presidente Geisel, a partir de julho de 1978 o candidato oficial passa a prometer uma democratização absolutamente idêntica à proposta por seu adversário. A defesa dos direitos humanos, o restabelecimento do *habeas corpus* e a concessão de uma anistia fazem sua estreia nas declarações do general. Sua própria aparência física, como exposta na mídia, se modifica: o uniforme, os óculos escuros e o ar severo são substituídos pelo terno e o rosto sorridente de um jovem sexagenário esportivo e bronzeado. A corrida à democratização se acelera no fim de agosto: Figueiredo promete reformas mais rápidas que o concorrente, declarando que não esperará três anos para realizá-las, mas que as fará "depois de amanhã".[27]

A "direita radical" militar distingue muito claramente os candidatos: no âmbito dos órgãos de repressão e informações, a rejeição suscitada por Figueiredo não impede a deflagração de uma violenta campanha contra Euler, acusado de pender para a esquerda e até mesmo de cultivar simpatias comunistas. Em setembro, o *Jornal do Brasil* revela ter recebido cartas com calúnias dirigidas ao candidato do MDB, algumas das quais teriam sido divulgadas pelo Centro de Informações do Exército.[28] Pouco depois, Euler denuncia uma circular do mesmo órgão, que apoiaria publicamente o candidato do poder. A hostilidade dispensada por parte do estafe repressivo ao "grupo do palácio" e à imposição autoritária de um sucessor ao presidente Geisel cede então diante do ódio ao partido de oposição, acusado de ser o cavalo de troia dos comunistas, e do medo de um "revanchismo" mais acirrado, caso o poder de Estado escape ao controle da equipe estabelecida. O próprio general Sylvio Frota termina por apoiar a candidatura de Figueiredo, a despeito da simpatia que lhe inspira a postura do general Euler Bentes, que "veio abalar as previsões de vitória certa dos palacianos":

> Homem inteligente, de muito bom caráter, inatacável honestidade e vida privada exemplar, excelente administrador, o general Euler não tinha, todavia, a simpatia da corrente revolucionária de 1964, movimento ao qual, praticamente, não aderiu. ... Atribuíam-lhe, também, ideias políticas da chamada esquerda ideológica.[29]

Apesar da política de distensão promovida por Geisel, das acusações de isolamento do "grupo do palácio", das reservas quanto à pessoa e à promoção apressada de Figueiredo, o candidato oficial afigura-se, para a segunda geração de extrema direita militar, o representante de determinado sistema e, enquanto tal, um mal menor. Não é o caso de parte da "primeira linha dura", que, ao contrário, mergulha resolutamente, e a despeito das regras disciplinares, na campanha do "anticandidato" não previsto pelo poder. Com efeito, a equipe que cerca o general Euler é quase exclusivamente formada por oficiais dissidentes; em virtude disso, embora seja apoiado pelo partido de oposição e reivindique o status de "cidadão comum", com sua candidatura o general

A última campanha: 1977-1978 225

prolonga a série de conflitos entre facções de oficiais, que constituiu o essencial do jogo político sob o regime militar.

O retorno da "primeira linha dura"

Os oficiais dissidentes que se reúnem em torno de Euler têm os mais diversos perfis, mas todos, à exceção do general Hugo Abreu, promoveram atos de insubmissão nos primeiros anos do regime militar. A maioria é ligada, mais ou menos diretamente, à rede da "primeira linha dura", da qual o coronel Francisco Boaventura era figura emblemática e líder. Os colaboradores mais chegados a Euler fazem parte do círculo desse oficial, compelido à reserva pelo AI-5 em maio de 1969: é o caso do coronel Amerino Raposo Filho, porta-voz do candidato, do general Hélio Lemos e do coronel Sebastião Ferreira Chaves. O próprio Boaventura, embora não apareça na imprensa, está presente nas reuniões clandestinas que entremeiam a campanha do general Euler.[30] Os coronéis Dickson Grael e Tarcísio Nunes Ferreira também articulam – o primeiro na sombra, o segundo às escâncaras – apoios militares ao candidato. O coronel Kurt Pessek, ligado desde 1964 ao grupo de Boaventura, é recrutado para o estafe de campanha por Hugo Abreu. Este não é próximo de Boaventura, tampouco o major Adalto Lupi Barreiros, que é ligado à rede de Boaventura por ter tomado parte, com José Aurélio Valporto de Sá e Francimá de Luna Máximo, no levante dos paraquedistas no fim de 1969. O pertencimento ao grupo da Centelha Nativista liga, além disso, esses três homens a Pessek, que teve uma passagem no mesmo movimento.

Os apoios militares do general Euler articulam-se, portanto, em torno de dois grupos de oficiais, parcialmente conectados: o círculo de Abreu e o grupo anteriormente ligado a Boaventura. Trata-se de um punhado de homens atuantes e dispostos a se expor a sanções disciplinares durante a campanha eleitoral. Em torno desse núcleo militar gravitam outros oficiais, geralmente de patentes intermediárias e subalternas. A imprensa evoca-os com meias palavras, e sua clandestinidade impede saber mais sobre eles. O coronel Tarcísio, contudo, admite o sucesso limitado da campanha em meio a uma oficialidade cada vez com maior inclinação a seguir as decisões de seus chefes hierárquicos e da Presidência – a elite militar apoiou em massa o general Figueiredo.

O QUE EXPLICA essas reviravoltas de oficiais tão longa e claramente enraizados na extrema direita? Em primeiro lugar, a esperança de enfim chegar ao poder, ainda que esse desejo seja inconfessável para militares cuja cultura corporativa foi construída na aversão a interesses particulares e estratégias pessoais que caracterizam o que eles designam como "politicagem". Já o espírito de vingança contra o grupo no poder é mais facilmente admitido. O círculo do general Hugo Abreu é o que parece nutrir o ódio mais virulento a Golbery e ao grupo palaciano, e o maior grau de desprezo por Figueiredo. Essa forte animosidade aproxima-os de parte da direita radical, em especial das posições do general Frota. Uma carta que o major Adalto Lupi Barreiros dirige ao ex-ministro do Exército em setembro de 1978, quando a campanha presidencial está no clímax, é esclarecedora:

> Como V. Excia., ele e eu cometemos a ingenuidade de confiar na ética do Presidente. Tarde, chegamos à conclusão que não havia ética no governo e, melhor do que eu, sabe V. Excia. Quais as razões e por quê. ...
>
> Adianto-lhe ainda que sou partidário de qualquer solução que impeça o acesso daquele grupo ao novo governo, pela simples razão que convivi de perto com seus principais personagens e sei o que são e a que se levará o país. Por extensão sou partidário da solução que apresenta, agora, como a única possível para contrapor-se a esta tragédia de covardias, traições, servilismos e agressões à vontade nacional, a Chefes Militares e príncipios da Instituição Militar.
>
> Sei, igualmente, que posição tem V. Excia. Diante de todo este processo, e sobre as pessoas que se constituem em seus protagonistas principais.
>
> Mas é preciso interromper antes que seja tarde. Ou se retira o Exército da reprovação popular ou levaremos trinta anos para recompor as feridas da Instituição. ...
>
> Talvez, Exmo. Sr. Gen., não concordemos em tudo, mas seguramente ajustamos no essencial. ...
>
> Estou convicto que o Senhor tem uma contribuição a dar. Há muitos que esperam para engrossar um não a tudo isso. A opção tem que ser feita dentro das estreitas possibilidades. É preciso esquecer as diferenças ou no mínimo discernir um mal menor.[31]

Um "mal menor": é igualmente dessa forma que o general Hugo Abreu teria explicado ao general Frota seu engajamento na candidatura Euler, decerto

A última campanha: 1977-1978

comprometida por seus laços com a esquerda, considerada, entretanto, mais íntegra que a candidatura defendida pelo grupo do palácio.

Naquele fim dos anos 1970, a hostilidade ao poder estabelecido é cada vez mais formulada como uma oposição ao "sistema" militar, instalado perenemente e distante do projeto inicial dos revolucionários, que era supostamente o de um movimento de curta duração. No fim de setembro de 1978, Hélio Lemos torna público esse texto de apoio ao general Euler. Nele diz que, por ocasião do golpe de Estado,

> esperava-se que a intervenção militar não perdurasse e que cedo pudesse a nação voltar à normalidade democrática, mas como é comum acontecer nos regimes de exceção, os interesses por eles mesmos gerados e até incentivados passam a provocar a realimentação do sistema, promovendo sua continuidade.[32]

As denúncias dos ex-membros da "primeira linha dura" mostram resquícios tanto do discurso antiditatorial do campo do qual agora fazem parte quanto do velho imaginário da extrema direita militar. Lemos fala, no mesmo documento, do "exercício permanente do arbítrio"; todo o grupo critica veementemente a hipertrofia da comunidade de segurança e de informações, de cuja construção não obstante alguns tomaram parte (Amerino Raposo e Hélio Lemos foram membros do SNI nos anos seguintes ao golpe). Todos distanciam-se, nos testemunhos ulteriores, dos membros do aparelho repressivo responsáveis, em 1976, depois de 1979 a 1981, por operações terroristas contra organismos e personalidades da esquerda civil, cujo auge e último ato é o atentado do Riocentro, em 30 de abril de 1981. O coronel Dickson Grael achava-se então encarregado da segurança do local, mas foi destituído do posto sem justificativa um mês antes da data programada para o atentado. Após o fracasso deste, Grael torna-se uma das principais vozes, nas Forças Armadas, a denunciar a impunidade dos militares do DOI e do SNI idealizadores do plano. Publica um dos primeiros livros de reportagem e denúncia sobre o terrorismo militar de extrema direita, em 1985.[33] Insurge-se particularmente contra os resultados do IPM instaurado, um circo destinado a abafar o caso. Tarcísio Nunes Ferreira afirma ter solicitado sua passagem à reserva no dia dos resultados desse IPM, depois que sua posição belicosa a respeito dos autores dos atentados lhe valeu (segundo suas palavras) "um processo de perseguição terrível" dentro da corporação, durante vários meses.[34] O abafamento do caso suscita também uma demissão mais relevante: a do chefe da Casa Civil, Golbery, que responsabiliza diretamente a "direita radical" dos órgãos de segurança pelo atentado e a decadência do regime.[35]

O combate dos oficiais da "primeira linha dura" contra os da "direita radical" não se deve apenas à sua espantosa guinada antiditatorial: é também a reação dos vencidos contra os vencedores – ou que se exibem como tais – e uma maneira de resistir, de dentro da instituição, a certo ostracismo por parte de colegas que consideram suas tomadas de posição "democratas" e suas denúncias de crimes cometidos por militares como traições. Tentam atrair a simpatia dentro das Forças Armadas denunciando os danos causados à própria instituição, responsabilizando o regime por eles – "o arbítrio [vem] comprometendo não somente as Forças Armadas como um todo, mas também cada um de seus integrantes pessoalmente, em consequência de decisões nas quais não participavam, mas que a sociedade lhes atribuía a responsabilidade automaticamente", escreve Hélio Lemos em 1978[36] – e, sobretudo, retomando o tema da corrupção, bastante popular entre os militares. O major Adalto Lupi Barreiros faz da denúncia da corrupção governamental seu cavalo de batalha. Integra, ao lado de Dickson Grael e do coronel Raimundo Saraiva Martins, um grupo de oficiais vezeiro na denúncia sistemática de supostas malversações dentro do aparelho de Estado. Em abril de 1976, o coronel Saraiva apresenta um relatório (conhecido como "Relatório Saraiva"), no qual denuncia o enriquecimento pessoal do embaixador do Brasil em Paris, Delfim Netto (um adversário histórico da direita militar nacionalista), constatado por ele quando ocupava o posto de adido militar na mesma embaixada. O documento só vem a público no início dos anos 1980, mas escandaliza círculos militares mais restritos desde 1976.[37]

Aos poucos, o tempo e o dito "revanchismo" dos vencidos aplacam os rancores e atenuam as divisões. A maioria dos oficiais da "primeira linha dura" membros da equipe de campanha de Euler é hoje bem mais moderada em suas opiniões sobre o regime militar. Alguns aderem a organizações que visam valorizar sua memória e defender opções conservadoras e nacionalistas, congregando oficiais "duros" de diferentes gerações. O Grupo Guararapes, por exemplo, tem entre seus 469 oficiais do Exército recenseados em 2009 – da ativa ou da reserva – os generais R/1 Antônio Bandeira, radical de segunda geração favorável a

A última campanha: 1977-1978

Sylvio Frota, e Agnaldo del Nero, ex-membro do aparelho repressivo e pilar do grupelho de extrema direita Terrorismo Nunca Mais; mas também o general R/1 Hélio Lemos e o coronel R/1 Adalto Luiz Lupi Barreiros, respectivamente rotulados como "duros" em 1964-67 e 1969 e integrantes do círculo do general Euler Bentes Monteiro.[38] A ambiguidade do papel histórico destes últimos, de golpistas radicais a defensores de uma volta aos quartéis, permite-lhes reconstruir com mais facilidade suas trajetórias em função da conjuntura e das expectativas de seus interlocutores. Por exemplo, diante do jornalista Hélio Contreiras, que de certa maneira representa a sociedade civil hostil à ditadura, Amerino Raposo coloca-se como dissidente de um regime que não estava destinado a se enraizar no autoritarismo, lastimando o AI-5, "que impôs o arbítrio e seus instrumentos, a censura e os excessos praticados nos DOI-Codis, com a suspensão das garantias do cidadão".[39] Perante colegas, no âmbito de uma coleta de depoimentos organizada por um general, suas declarações são bem diferentes:[40] nessa oportunidade, afirma que a revolução sacrificou a segurança ao desenvolvimento e que foi a vontade de uma liberalização excessivamente rápida por parte do general Costa e Silva que levou ao AI-5.

Ao defender posições democráticas cada vez mais sustentadas por uma sociedade civil em vias de reorganização, esses antigos oficiais de "linha dura" compensam, de certa maneira, sua perda de status e prestígio junto a seus pares mediante apresentação de uma identidade positiva à opinião pública. Não espanta que não se recusem a dar entrevistas, ao contrário de colegas – em particular membros da "direita radical" dos anos 1970 – que se sentem sistematicamente ressabiados diante do olhar civil. A coerência que eles estão tentando imprimir às suas trajetórias biográficas, em torno de uma "revolução cirúrgica" que nunca aconteceu, identifica-os como os dissentes de sempre e oculta as numerosas ambiguidades e contradições de seus imaginários políticos.

Com a eleição do general Figueiredo à Presidência da República, os oficiais da "primeira linha dura" que apoiavam seu concorrente sofrem sua última derrota política: o regime militar decerto chega ao fim, mas a democratização acelerada que o poder põe em marcha e, em seguida, a restituição do poder aos civis desenrolam-se sem sua contribuição. Mais precisamente, sua participação de agora em diante dilui-se na massa das organizações civis, dos partidos políticos, da mídia e do povo nas ruas, que lutam pelo restabelecimento ou a conquista de direitos políticos e sociais. Esses oficiais logo se desencantam com a Nova República, nascida em 1985 e dotada de uma nova Constituição a partir de 1988. O balanço que fazem, vinte anos após seu começo, da democracia civil restaurada limita-se a uma amarga desilusão diante da perpetuação dos vícios que desde os anos 1950 eles atribuem à classe política brasileira. Ao mesmo tempo em que lamentam que a "revolução de 31 de março" não tenha cumprido o conjunto de suas promessas, não condenam o regime ditatorial: a maioria deles, ao contrário, alinha-se ao lado da direita militar para condenar o "revanchismo" da imprensa e dos meios universitários.

Conclusão

O REGIME MILITAR NO BRASIL, assim como as ditaduras conservadoras e repressoras de seus vizinhos hispano-americanos, é construído em torno do princípio hierárquico. Isso o diferencia de muitos movimentos e governos militares da mesma época, de ideologias próximas, como a ditadura direitista dos coronéis na Grécia (1967-74), ou remotas, como a Cuba dos revoltosos barbudos ou Portugal da Revolução dos Cravos. No regime militar brasileiro, os homens que se tornam progressivamente seus principais atores e defensores, oficiais das três forças, transpõem para o aparelho de Estado e para o jogo político as formas de organização, os preceitos e os critérios de autoridade típicos de sua instituição: limites à manifestação de divergências internas, afastamento declarado (ainda que nem sempre seguido) do debate público e, sobretudo, primazia dos oficiais-generais, em particular os generais de quatro estrelas do Exército. Assim, de 1964 a 1985, o mais alto posto do Estado é disputado por uns quinze homens dessa patente, e os principais ministérios, as estatais, os órgãos públicos mais importantes e as instâncias colegiadas de conselho e controle da Presidência são majoritariamente chefiados por eles.

A despeito dessa primazia, à exceção da época dos anos de chumbo subsiste uma vida política nas Forças Armadas brasileiras. Ela envolve generais e oficiais intermediários, da ativa ou da reserva, afastados dos principais círculos de decisão ou frustrados em suas ambições de poder – já os praças são mantidos numa absoluta passividade política. A militância propriamente dita é praticada apenas, salvo em raros momentos de crise, por uma minoria de oficiais, embora estes declarem quase sempre exprimir a "opinião dos quartéis", fora do alcance do historiador. Desde as primícias do golpe de Estado, ainda sob o governo Goulart, os oficiais de escalão intermediário constituem muito mais que um público e um alvo para a ação de golpistas de patente elevada: entre os coronéis e os tenentes-coronéis são recrutados os sediciosos mais atuantes, transmissores de doutrinas militares anticomunistas, como a teoria da guerra revolucionária, e líderes de redes urdidas em meio a um "arquipélago" de generais conspiradores notórios.

Logo após o golpe, esses jovens oficiais almejam cargos de destaque no novo regime. Ora, se alguns deles – os autointitulados "revolucionários" – conseguem a função de alto prestígio de encarregado dos inquéritos políticos movidos contra os supostos "corruptos" e "subversivos" (os IPMs), essa tarefa não permite, no entanto, nem realizar o expurgo radical pelo qual anseiam, nem influir nas orientações econômicas e institucionais do poder. Utilizando a visibilidade e a influência que os inquéritos lhes conferem, os coronéis exercem uma pressão decisiva sobre o presidente Castelo Branco. Associados a oficiais de tropa de sua geração, participam do consenso militar em torno da primeira guinada autoritária do fim de 1965 e apoiam de maneira decisiva a candidatura do ministro da Guerra, general Costa e Silva, cuja ascensão a presidente assinala a militarização definitiva do regime.

Os coronéis dessa "primeira linha dura" obtêm, contudo, uma vitória de Pirro, já que o segundo governo militar não lhes oferece o papel central que a historiografia lhes atribuiu. O poder é cada vez mais monopolizado por generais que negam a eles a função de censores e de Ministério da Sombra que julgam merecer. Um primeiro grupo, formado por oficiais de tropa com trajetórias profissionais prestigiosas, dá então seus primeiros passos nas trilhas da dissidência, que a explosão de 1968 e o surgimento da luta armada interrompem brutalmente por um tempo. Um segundo grupo, mais heteróclito e com experiência na militância clandestina, opta por atos de violência política de extrema direita. A primeira facção de "linha dura", ligada ao coronel Francisco Boaventura Cavalcanti Júnior, é marcada por seu pertencimento à tropa; foi neste livro alcunhada de "militar", em oposição à segunda, heterogênea mas caracterizada por experiências em comum, como a participação nas revoltas dos anos 1950 e a convivência com grupelhos de extrema direita, sendo por isso chamada de "militante". As duas correntes dessa "primeira linha dura", com pouquíssimas exceções, aderem ao projeto de endurecimento autoritário que enseja o Ato Institucional n.5 de dezembro de 1968. Contudo, não são seus principais artífices: essa responsabilidade cabe aos generais instalados no centro do poder, que impõem sua supremacia sobre a classe política civil, reduzida a simples fachada democrática do regime.

Entretanto, os fundamentos do "regime dos generais" são frágeis. Com efeito, as instituições permanecem formalmente as da democracia civil: a regulação do espaço político por normas e valores militares é de ordem consue-

Conclusão   233

tudinária. A soberania política dos generais do Exército não repousa sobre nenhum texto legislativo ou regulamentar, nem é objeto de uma estratégia de propaganda específica que permita impingi-la à opinião pública, em particular a militar. Em virtude disso, ela é emulada por outras legitimidades, que são as da democracia liberal, da "revolução", do combate ao inimigo comunista e das Forças Armadas como um corpo, encarnação do povo, do qual uma profusão de atores pode declarar-se porta-voz. O impedimento sofrido por Costa e Silva, em agosto de 1969, traz à tona essa ambiguidade simbólica do regime, fonte das reivindicações de participação política entre os oficiais. Enquanto o apolitismo dos escalões inferiores da oficialidade é proclamado como uma exigência e uma característica do Exército brasileiro, considerado sumamente profissional, a alta hierarquia militar não consegue impor seu candidato, o general Médici, senão mediante uma consulta aos oficiais das três forças orquestrada pelos mais graduados deles. Não passa de uma "eleição" com cartas marcadas, mas demonstra que, em caso de vacância do palácio presidencial, não existe nenhum consenso quanto aos fundamentos da soberania "revolucionária".

Essa incerteza não se manifesta apenas por ocasião de crises político-militares: a rotina do regime é feita de negociação e de medida de força entre os oficiais que se encontram no coração e na periferia do poder. E a disputa não se resume a um enfrentamento entre a autoridade hierárquica dos generais, de um lado, e as pretensões dos jovens oficiais "revolucionários", de outro. No interior do generalato os equilíbrios entre a Presidência, os Altos-Comandos e os líderes militares que pretendem representar politicamente o corpo dos oficiais também são objeto de conflitos mais ou menos abafados. Aliás, à medida que ocorre a militarização do regime e a repressão dos oficiais contestadores, esses duelos de generais tendem a perder espaço para as reivindicações dos subalternos.

Os anos de chumbo calam-nas em grande parte. Ressurgem tensões no período de abertura política. O ministro do Exército, Sylvio Frota, declara-se então arauto do sistema que a "eleição" do general Médici, em 1969, parecia ter implantado: a primazia do Alto-Comando do Exército, espécie de conselho supremo da "revolução" do qual o presidente não passaria de delegado. Contra esse modelo de regime militar, Geisel defende o de uma Presidência quase monárquica, em razão do apolitismo necessário do conjunto das Forças Armadas, extensivo aos seus mais altos escalões hierárquicos. Por trás desses conflitos de legitimidades acham-se, evidentemente, discordâncias políticas, até mesmo

234 A política nos quartéis

fossos ideológicos: o presidente pretende "institucionalizar a revolução", isto é, perenizar um regime elitista e autoritário, o que constituía o projeto do grupo castelista, cujo retorno à atividade foi permitido por Geisel.

O ministro Sylvio Frota, no entanto, recusa-se a sair da excepcionalidade revolucionária, alegando a eterna "ameaça subversiva" e uma suspeita delirante: a existência de um complô dentro do governo, urdido pela "Sorbonne" castelista, cujo objetivo, em última instância, seria uma guinada do Brasil para o Leste comunista. Trata-se da tese defendida por uma nova geração de jovens oficiais contestadores, a maioria membros do aparelho repressivo – uma nova ou "segunda linha dura", mais conhecida como a "direita radical" dos anos 1970. As manifestações de seus membros, tanto as ações clandestinas e limitadas à esfera militar quanto os atos de violência política em espaços públicos, são agora justificadas por sua identidade de "revolucionários" e, sobretudo, de combatentes da linha de frente contra o inimigo dito subversivo. Não anseiam mais por uma participação maior nas decisões políticas: lutam para conservar seu lugar no bojo do Estado policial.

Decerto existe uma relativa continuidade entre esse ativismo político dos agentes da repressão nos anos 1970 e o dos coronéis da "primeira linha dura" nos anos 1960: continuidade dos homens, em parte, do ideal – autoritário e repressivo – e da concepção do campo de forças político, onde o inimigo encarna a antinação, o comunismo e o imperialismo, sob os traços execrados do político civil. Mas parte da primeira geração de ativistas militares opta, no fim dos anos 1970, por uma dissidência inesperada, esboçada cerca de dez anos antes: a entrada na oposição democrática, motivada pela frustração política, o espírito de vingança e a decepção frente às realizações do regime.

Logo, não existe uma facção única de "linha dura", enraizada na jovem oficialidade e sustentada pela "opinião dos quartéis", que constituiria a força motriz do autoritarismo militar. Existem, na realidade, duas gerações de contestadores que se reconhecem sob a bandeira de "linha dura" ou são identificados como tais na historiografia e na memória coletiva. A primeira é desfeita pelo "regime dos generais", que, não obstante, ela contribui para definir e consolidar nos anos seguintes ao golpe. Baldadas suas pretensões, alguns desses oficiais dão início a um discreto processo de dissidência, enquanto ou-

Conclusão 235

tros integram os arcanos do aparelho repressivo. Com a neutralização dessa geração de contestadores desaparece por um tempo uma forma específica de ativismo, reivindicativa, aberta ao espaço público, fundada no questionamento do apolitismo militar e da ordem hierárquica quando o "destino nacional" é considerado ameaçado. A segunda "linha dura" é, ao contrário, produto do próprio regime. Embora os agentes da repressão que a povoam sejam em parte extremistas ou mesmo militantes de longa data, sua mobilização política decorre de seu lugar no aparelho de Estado e não questiona mais a supremacia dos generais no jogo político: ela é profundamente conservadora no que se refere à ordem estabelecida e à hierarquia.

Em seu apogeu, todas essas "linhas duras" deixaram sua marca nas escolhas políticas dos governos militares. Contudo, passada a efervescência e a desorganização da pós-"revolução", os jovens oficiais contestadores viram-se relegados à periferia do poder. A maioria deles decerto aprova a evolução do regime em direção ao autoritarismo repressivo, e alguns destilam seu ódio anticomunista no combate policial contra os movimentos de esquerda armada. Mas os principais círculos decisórios são rapidamente reduzidos a oficiais-generais, que se aproveitam do pretexto permitido pelo descontentamento das redes ativistas, que expressariam uma "opinião dos quartéis" – imaginária, como argumento e recurso político. O regime militar consegue então impor a seus adeptos a regra hierárquica e disciplinar da abstenção de toda e qualquer participação política – exigência que os futuros golpistas brandiam antes de 1964 perante os sargentos que reivindicavam mais direitos.

De forma paradoxal, a ditadura desmobilizou amplamente as Forças Armadas brasileiras. Essa desmobilização não significa, em absoluto, uma redução do risco político em seu seio, nem sequer a persistência de um baixo nível de ativismo após a volta dos militares aos quartéis. Antes corresponde a um certo modelo de regime, que não se apoia numa base militar mobilizada, mas no assentimento mudo da maioria e num aparelho policial fanatizado e conservador, travando uma guerra privada contra a "subversão".

A imposição desse tipo de regime não se desenrola de maneira consensual. Vários autores apontaram que a ditadura militar brasileira não elaborou um sistema de legitimação coerente nem definiu claramente onde residia a soberania política.[1] A persistência de uma vida política sob o regime militar está intimamente ligada a essa ambiguidade simbólica: os atores em conflito têm à sua disposição um amplo repertório de justificativas para sua participação política, das quais podem lançar mão ao sabor dos desafios. Aliás, os atores raramente recorrem a um discurso de legitimação único e imutável ao longo do tempo. Com efeito, os oficiais partilham um imaginário comum, em que a valorização da hierarquia convive com a do "revolucionário" e o desprezo pela política, ainda que com um certo reconhecimento do sistema partidário. Nesse sentido, os jovens militares que se rebelam contra a hegemonia dos generais não revelam a sobrevivência de um ideal de "soldado cidadão" e de ação política individual num Exército formatado pelo apolitismo, dito "profissional", e pelo estrito respeito da hierarquia e da disciplina. Da mesma forma, o grupo "castelista" não é o único a defender um "regime presidencial militar" contra a politização das Forças Armadas e contra um "regime dos generais", que seria o monopólio de outra facção.

Existem decerto graus de adesão a esses modelos de participação política dos militares, mas a posição dos atores no sistema e as questões às quais eles são confrontados influenciam decisivamente a face da identidade política que eles decidem invocar. A evolução dos discursos de certos oficiais da "primeira linha dura", próximos do coronel Boaventura, ilustra bem esse fenômeno. No dia seguinte ao golpe, eles invocam sua identidade de "revolucionários históricos". Quando a legitimidade da "revolução" se ofusca diante da legitimidade da "opinião dos quartéis" e o regime se militariza, com a ascensão política do general Costa e Silva, eles se tornam os porta-vozes da tropa e da jovem oficialidade. Por fim, no final dos anos 1970, quando a abertura política e o despertar da sociedade civil regeneram, no espaço público, algumas referências à democracia liberal, eles se associam ao partido de oposição e defendem, para chegar ao poder, a realização de eleições livres.

Para concluir: embora os oficiais contestadores utilizem argumentos sempre renovados para justificar suas manifestações públicas, suas reivindicações de participação ou sua resistência às orientações do poder, uma certa concepção do político como campo de ação marca constantemente seu discurso. Esta é inteiramente organizada em torno de uma imagem estereotipada do adversário, oposta à do militar patriota, íntegro, desinteressado e corajoso, no qual esses oficiais se idealizam. O inimigo tem todos os traços do político getulista, pilar do "sistema deposto": ele é "vendido" ao estrangeiro e ao grande capital; fraco diante da sedução subversiva, até mesmo cúmplice do "Movimento Comunista

Conclusão

Internacional"; e, acima de tudo, perdido moralmente e traidor da corporação se for militar, da "revolução" se for golpista, e da pátria, sempre. A despeito de suas lutas, e das reviravoltas espetaculares de alguns deles, esses oficiais "radicais" medem sempre a ação pública pela régua de um moralismo anticivilista e aferrado a um nacionalismo excludente.

Notas

Introdução (p.7 a 13)

1. Atas da 48ª reunião do Alto-Comando do Exército, citadas em Elio Gaspari, *A ditadura escancarada*, São Paulo, Companhia das Letras, 2002, p.137. A data indicada por Gaspari (26 de julho de 1979) está errada. A reunião aconteceu muito provavelmente em novembro de 1969.
2. "As Forças Armadas na Primeira República: o poder desestabilizador", in Boris Fausto (org.), *História geral da civilização brasileira*, t.III: *O Brasil republicano*, vol.2: *Sociedade e instituições (1889-1930)*, São Paulo, Difel, 1977, p.181-234. O artigo foi reproduzido em José Murilo de Carvalho, *Forças Armadas e política no Brasil*, Rio de Janeiro, Zahar, 2005, p.38-43.
3. Samuel Huntington, *The Soldier and the State: The Theory and Politics of Civil-Military Relations*, Cambridge/Londres, The Belknap Press of Harvard University Press, 1995, [1957].
4. Ideias sugeridas em especial por Samuel Finer, *The Man on Horseback. The Role of the Military in Politics*, Londres, Penguin Books, 1976, [1962]; e Amos Perlmutter, *The Military and Politics in Modern Time*, New Haven, Yale University Press 1977, p.4-5. A respeito do Brasil, é Alfred Stepan quem expõe a ideia de um elo entre intervenção política e profissionalismo militar. Ele fala de um "novo profissionalismo", nascido nos anos 1960 de um contexto de crise social, política e moral em *Os militares na política: As mudanças de padrões na vida brasileira*, Rio de Janeiro, Artenova, 1975; e em "The New Professionalism of Internal Warfare and Military Role Expansion", in Alfred Stepan (org.), *Authoritarian Brazil. Origins, Policies, and Future*, New Haven/ Londres, Yale University Press, 1973, p.47-65.
5. José Murilo de Carvalho, "As Forças Armadas na Primeira República", in *Forças Armadas e política no Brasil*, op.cit., p.42.
6. A palavra "organizacional" é bastante maleável. Celso Castro, Vitor Izecksohn e Hendrick Kraay, organizadores da *Nova história militar*, Introdução (Rio de Janeiro, FGV, 2004), inserem nessa perspectiva a grande maioria dos trabalhos que adotaram o Exército como objeto de estudo. Nós a utilizamos aqui numa acepção mais restrita, associada a hipóteses teóricas cujos pioneiros no Brasil são Eduardo Campos Coelho (*Em busca de identidade: O exército e a política na sociedade brasileira*, Rio de Janeiro, Record, 2000, 1976), José Murilo de Carvalho ("As Forças Armadas na Primeira República", op.cit., e "Forças Armadas e política, 1930-1945", in *Seminário Internacional sobre a Revolução de 30*, Brasília, UnB, 1983, p.107-50, igualmente reproduzido em *Forças Armadas e política no Brasil*, op.cit.) e Alexandre de Souza Costa Barros (*The Brazilian Military: Professional Socialization, Performance and*

240   *A política nos quartéis*

State Building, tese de doutorado em ciências políticas, Universidade de Chicago, 1978). Observemos que a abordagem dita "organizacional" não é adotada por todos, nem tampouco esgota completamente as interpretações alternativas, sobretudo de vertente marxista. O renovado interesse pelas relações entre militares e políticos, nos anos 1970 e 1980, é igualmente fruto do trabalho de pesquisadores marxistas, como Edgard Carone e José Augusto Drummond, a respeito do tenentismo, ou João Quartim de Moraes, no caso do século XX. A interpretação marxista do golpe de Estado mais reconhecida e abalizada é a do cientista político René Armand Dreifuss (*1964, a conquista do Estado: Ação política, poder e golpe de classe*, Petrópolis, Vozes, 1981), cuja perspectiva alimenta até hoje uma análise do comportamento político dos militares em termos de classes sociais.

7. Celso Castro, *Os militares e a República: Um estudo sobre cultura e ação política*, Rio de Janeiro, Zahar, 1995, p.18-81.

8. Decreto n.2.429, 4 mar 1938.

9. Ver, por exemplo, a prosopografia de generais realizada por Eduardo Munhoz Svartman: *Guardiões da nação: Formação profissional, experiências compartilhadas e engajamento político dos generais de 1964*, tese de doutorado em ciências políticas (orientador: Hélgio Trindade), Universidade Federal do Rio Grande do Sul, 2006.

1. Conspirações: 1961-1964 (p.15 a 47)

1. Citação sem lugar nem data. Arquivo pessoal do coronel Manuel Soriano, Dossiê 6 (Política Nacional), Centro de Documentação do Exército (Quartel-General do Exército – Brasília).

2. José Murilo de Carvalho, *Forças Armadas e política no Brasil*, Rio de Janeiro, Zahar, 2005, p.7-8.

3. Segundo Marina Franco e Florencia Levín, é precisamente a vontade de apreender intelectualmente uma ruptura histórica associada a um choque, uma rejeição ou uma dor que está na origem da "história recente" tanto europeia quanto latino-americana (*Historia reciente. Perspectivas y desafíos para un campo en construcción*, Buenos Aires/Barcelona/Cidade do México, Paídos, 2008, p.15-6).

4. Wanderley Guilherme dos Santos, *Sessenta e quatro: Anatomia da crise*, São Paulo, Vértice, 1986.

5. A expressão é de Gérard Noiriel, *Sur la "crise" de l'histoire*, Paris, Belin, Col. Socio-Histoires, 1996.

6. Por exemplo, Argelina Cheibud Figueiredo contesta, em *Democracia ou reformas: Alternativas democráticas à crise política (1961-1964)* (São Paulo, Paz e Terra, 1993), os determinismos, sejam eles econômicos ou político-institucionais, e opta por uma abordagem baseada nas escolhas e estratégias de indivíduos racionais.

7. Trata-se da trilogia *A memória militar*, publicada pelos pesquisadores do CPDoc Maria Celina D'Araujo, Gláucio Ary Dillon Soares e Celso Castro: *Visões do golpe: A memória militar sobre 1964*; *Os anos de chumbo: A memória militar sobre a repressão*; e *A volta aos quartéis: A memória militar sobre a abertura* (Rio de Janeiro, Relume-

Notas

Dumará, 1994-95). O primeiro volume, *Visões do golpe*, trata, além do golpe de Estado em si, da conspiração.

8. Carlos Fico, "Versões e controvérsias sobre 1964 e a ditadura militar", *Revista Brasileira de História*, São Paulo, vol.24, n.47, 2004, p.29-60.

9. Em 1965, o livro de um jornalista do *Estado de S. Paulo*, José Stacchini Júnior (*Março 64: Mobilização da audácia*, São Paulo, Companhia Editora Nacional, 1965), revelava a diversidade da facção golpista e o esfacelamento da conspiração – informações encobertas em seguida pela dupla imagem dos "militares no poder" como grupo indiviso, ou pela bipartição simplista moderados/"linha dura".

10. Manifesto dos ministros militares, 30 ago 1961.

11. Joseph Comblin é autor de um livro pioneiro sobre a DSN (*A ideologia da segurança nacional: O poder militar na América Latina*, Rio de Janeiro, Civilização Brasileira, 1978), no qual, embora dedique um capítulo às "DSN nacionais" (p.50-209), o conjunto de sua reflexão (repetida pela maioria da historiografia brasileira) é construído em torno de conceitos comuns a todos os países e pouco historicizados.

12. João Roberto Martins Filho foi o primeiro a ter mostrado essa apropriação pelo Exército brasileiro da teoria francesa da guerra revolucionária, em "A educação dos golpistas: Cultura militar, influência francesa e golpe de 1964", comunicação apresentada no Congresso The Cultures of Dictatorship, Universidade de Maryland, 2004, e disponível no site www2.ufscar.br/uploads/forumgolpistas.doc.

13. Ver Marie-Monique Robin, *Les Escadrons de la Mort: L'école française*, Paris, La Découverte, 2004.

14. "A guerra revolucionária", *Mensário de Cultura Militar*, n.110-111, set-out 1957, p.287-96. Traduzido de "La guerre révolutionnaire", escrito por Ximénés na *Revue Militaire d'Information*, n.281, fev-mar 1957.

15. Um artigo de Jacques Hogard, descrevendo as cinco fases da GR e os dez princípios para enfrentá-la, foi traduzido no Brasil em 1959. Essa versão da teoria da GR será adotada pela maioria dos militares brasileiros. "A tática e a estratégia na Guerra Revolucionária" (traduzido da *Revue Militaire d'Information*, jun 1958), *Mensário de Cultura Militar*, n.132-133, ano XI, jul-ago 1959, p.224-6 (sem indicação do tradutor).

16. Lista que se refere a artigos publicados no *Mensário de Cultura Militar* de 1957 a 1961; a partir de 1962, o sucesso do doutrinamento com base na GR amplia o círculo dos oficiais envolvidos.

17. Entrevista publicada sob o título "Inquérito sobre a guerra moderna" no *Mensário de Cultura Militar*, ano XI, set-out 1958, p.241-3.

18. Jacques Hogard, "A tática e a estratégia na Guerra Revolucionária", op.cit., p.232-3.

19. "Da guerra subversiva à 'guerra'", publicado sob o pseudônimo TAM na *Revue Militaire Générale*, jun 1960, e traduzido para o *Mensário de Cultura Militar*, n.150, abr 1961, p.210-7.

20. Documento FA-E-01/61, citado por João Roberto Martins Filho, "A educação dos golpistas", op.cit., p.24.

21. Diretrizes de instrução do EME de 14 de junho de 1961, tendo resultado na nota de instrução n.1 da *Diretoria Geral do Ensino*, n.1, datada de 6 de novembro de 1961, para ser aplicada em 1962.

22. Ver vários documentos de instrução nos arquivos de Antônio Carlos Murici – ACM pm 1961.08.16/CPDoc: "Noções gerais sobre a guerra insurrecional" (EsAO DE/322 – 1961); "Tipos de ação da guerra insurrecional" (EsAO DE 1961); "Guerra insurrecional. Ações repressivas" (EsAO 1961); "GI. Estudo de um caso histórico: A Guerra da Indochina". Observemos que a introdução da GR na EsAO se dá bem antes de a diretriz do EME entrar em vigor. Sua referência é claramente a experiência do Exército francês.

23. Três dessas conferências acham-se transcritas no *Mensário de Cultura Militar*, núm. esp., "Dever Militar", fev 1962: a de Castelo Branco na Eceme, pronunciada poucos dias antes na EsAO (15 dez 1961); a do general Augusto de Lyra Tavares na Aman (29 nov 1961); e a do general Vasconcellos no Centro de Aperfeiçoamento e de Especialização para sargentos de Realengo (fim de novembro), que a pronunciara igualmente perante alunos da Aman e da Escola de Sargentos das Armas (27 nov 1961) e perante alunos e instrutores da EsAO (28 nov 1961).

24. João Roberto Martins Filho faz uma apresentação detalhada (em "A educação dos golpistas", op.cit., p.1-2) e sugere que esse estágio estava previsto pela diretriz do EME do ano precedente. A conferência de Castelo Branco ("Ação educativa contra Guerra Revolucionária") e a íntegra dos cursos do terceiro estágio foram publicadas pelo EME em 1965.

25. Introdução do número especial "Dever Militar" do *Mensário de Cultura Militar*, fev 1962, ano XIV, p.3-5. O número especial "Estágio de guerra revolucionária", da mesma revista, publicado em outubro de 1962, é particularmente abundante em propaganda política contra um fundo de teoria da GR. Existe uma forte continuidade com relação aos artigos franceses dos anos anteriores. Uma nota de aula da Eceme manifesta, aliás, admiração pelo modo de governo francês, civil-militar, e por seu instigador, De Gaulle ("A guerra revolucionária", Arquivos Ulhôa Cintra – UCi g 1959.01.08/CPDoc).

26. Maria Celina D'Araujo, Gláucio Ary Dillon Soares e Celso Castro, *Visões do golpe*, op.cit. (2ª ed., 2004), p.93.

27. *A Guerra Revolucionária comunista*, Academia Militar das Agulhas Negras/Ensino Fundamental/Seção de Ensino da Cadeira de História, s.d., Arquivos Aman.

28. Ver o depoimento do general Geisel a Ferrari, instrutor na Aman em 1964, in Aricildes de Moraes Motta (coord.), *História oral do Exército. 1964. 31 de março*, Rio de Janeiro, Biblioteca do Exército, 14 vols., t.1, 2003, p.193 e 203.

29. "Instrução teórica de oficiais sobre guerra insurrecional", ACM pm 1961.08.16/CPDoc.

30. ACM pm 1963.05.01/CPDoc.

31. Carta de Castelo Branco a Antônio Carlos Murici, 3 jun 1963, ACM pm 1963.05.01/CPDoc.

32. Entrevista concedida à autora, Brasília, mar 2008.

33. Ideia de Alfred Stepan, *Os militares na política: As mudanças de padrões na vida brasileira*, Rio de Janeiro, Artenova, 1975, p.35.

34. Arquivos Ulhôa Cintra, UCi g 1963.04.09/CPDoc.

35. René Armand Dreifuss, *1964: A conquista do Estado. Ação política, poder e golpe de classe*, Petrópolis, Vozes, 1981.

Notas

36. É o que Rodrigo Patto Sá Motta chama de "segundo grande sobressalto anticomunista" de 1961-64, que sucede à primeira vaga de 1935-37, emoldurada pela Intentona e o golpe de Estado do qual nasceu o Estado Novo (*Em guarda contra o "perigo vermelho": O anticomunismo no Brasil (1917-1964)*, São Paulo, Perspectiva, 2002, p.231).

37. *Jornal do Brasil*, 15 mar 1978. O aspecto romântico do "ardor revolucionário" que essa carta deve representar para o coronel é confirmado pelo fato de que ele a exibe com facilidade: em 1978, quando, em virtude de seu ativismo político, é submetido a sanções disciplinares, dá um jeito de a carta ser lida na Câmara dos Deputados para garantir que fosse inscrita nos anais do Congresso, o que de fato ocorreu.

38. Entrevista concedida à autora, Rio de Janeiro, out 2006.

39. Sobre a trajetória de Carlos Lacerda, ver John W. Foster Dulles, *Carlos Lacerda: Brazilian Cruzader*, vol.1: 1914-60, vol.2: 1960-77, Austin (Texas), University of Texas Press, 1991; e Marina Gusmão de Mendonça, *O demolidor de presidentes. A trajetória política de Carlos Lacerda: 1930-1968*, São Paulo, Codex, 2ª ed, 2002. Assinalemos que, paradoxalmente, Carlos Lacerda participa pouco das negociações e dos contatos clandestinos de preparação do golpe, em virtude sobretudo da desconfiança que inspira em vários chefes militares sua capacidade de trair os aliados e se reconciliar com adversários, a fim de saciar suas ambições políticas.

40. Discurso de Daniel Krieger no Senado a respeito da carta enviada pelo coronel Francisco Boaventura Cavalcanti Júnior ao ministro da Guerra, Jair Dantas Ribeiro, que lhe valeu trinta dias de prisão. *Diário do Congresso Nacional*, 2ª seção, 23 nov 1963, p.5.

41. Citado por Marina Gusmão de Mendonça em *O demolidor de presidentes*, op.cit., p.115. A propósito, a UDN, Lacerda à frente, tenta impedir a posse de Vargas com argumentos jurídicos falaciosos: "Começa então o primeiro ato de uma encenação que se tornaria rotineira na prática udenista: a contestação dos resultados eleitorais" (Maria Victória de Mesquita Benevides, *A UDN e o udenismo: Ambiguidades do liberalismo brasileiro (1945-1965)*, Rio de Janeiro, Paz e Terra, 1981, p.82). A utilização tortuosa do jurisdicismo para apoiar projetos políticos visivelmente ilegais e antidemocráticos revela-se uma prática recorrente da direita civil e militar, que, por sinal, imprimia fortemente sua marca no regime instaurado em 1964.

42. *Informe* anônimo, 2 mai 1963. Arquivos Cordeiro de Farias, CFa tv 1963.05.02/CPDoc.

43. Ver Rodrigo Patto Sá Motta, "A figura caricatural do gorila nos discursos da esquerda", *ArtCultura*, vol.9, n.15, Uberlândia (MG), jul-dez 2007, p.195-212.

44. Arquivos Antônio Carlos Murici – ACM pm 1963.05.01/CPDoc. Ademais, Hélio Silva e Maria Cecília Ribas Carneiro mencionam uma petição de quinhentos nomes em apoio ao general (*1964: Golpe ou contragolpe?*, Rio de Janeiro, Civilização Brasileira, 1975, p.270).

45. Boletim distribuído nas Forças Armadas, jun 1963. Arquivos Odílio Denis (OD vm 1961.12.13/CPDoc).

46. Numerosos trabalhos abordam a memória da Intentona, em especial sua comemoração, em 27 de novembro, desde 1936. Ver, principalmente: Roberto Martins Ferreira, *Os novos bárbaros: Análise do discurso anticomunista do Exército brasileiro*,

dissertação de mestrado em sociologia (orientador: Renato José Pinto Ortiz), São Paulo, PUC, 1986 (publicada sob o título *Organização e poder: Análise do discurso anticomunista do Exército Brasileiro*, São Paulo, Annablume, 2004); Rodrigo Patto Sá Motta, *Em guarda contra o "perigo vermelho"*, op.cit.; do mesmo autor, "A 'Intentona Comunista' ou a construção de uma legenda negra", *Tempo*, vol.7, n.13, Rio de Janeiro, UFF, jul 2002, p.189-209. Igualmente sobre a memória da Intentona, ver Celso Castro, *A invenção do Exército brasileiro*, Rio de Janeiro, Zahar, 2002, p.49-67.

47. Entrevista concedida à autora, Rio de Janeiro, out 2006.

48. *Boletim do Exército*, n.51, 17 dez 1960, p.16-8.

49. José Murilo de Carvalho, *Forças Armadas e política, 1930-1945*, op.cit., p.63; Paulo Eduardo Castello Parucker, *Praças em pé de guerra: O movimento político dos subalternos militares no Brasil, 1961-1964*, dissertação de mestrado em história social (orientador: Daniel Aarão Reis Filho), Niterói, UFF-ICHF, 1992, p.34-8.

50. Aviso n.GR 32 D1, 5 fev 1963. *Noticiário do Exército*, 6 fev 1963, p.1. Assinalemos a publicação nesse jornal (que emana do Ministério) antes mesmo de ser veiculada no *Diário Oficial*, em 11 de fevereiro, o que indica uma clara vontade de divulgação rápida da recomendação.

51. *Boletim do Exército*, n.23, 7 jun 1963.

52. Carlos Chagas, *A guerra das estrelas (1964/1984): Os bastidores das sucessões presidenciais*, Porto Alegre, L&PM, 1985, p.23. A referência à revolta dos marinheiros de Kronstadt não está ausente do espírito dos revoltosos, que projetam o filme *O encouraçado Potemkin*, de Sergei Eisenstein, para uma assembleia entusiasmada.

53. Renato Lemos, *Justiça fardada: O general Peri Bevilaqua no Superior Tribunal Militar (1965-1969)*, Rio de Janeiro, Bom Texto, 2004, p.18.

54. Discurso pronunciado na EsAO durante a comemoração da vitória da FEB em Monte Castelo, publicado no *Mensário de Cultura Militar*, n.183-184, jan-fev 1964, p.5-12.

55. "Os meios militares e a recuperação moral do país", conferência pronunciada em 19 de setembro de 1955 na Escola Superior de Guerra. Arquivos Castelo Branco, dossiê n.10, Eceme.

56. Circular reservada do chefe do Estado-Maior do Exército, 20 mar 1964.

57. O documento é quase sistematicamente citado como de origem desconhecida, mas os arquivos do general Ulhôa Cintra sugerem que esse oficial teria estado na raiz de um "inquérito sobre as fidelidades políticas dos oficiais", cujo último elemento seria o questionário LEEX de março de 1964 (UCi g 1963.04.09/CPDoc). O general Olímpio Mourão Filho afirma que Castelo Branco teria revisado e censurado o documento (Eurico Barbosa, *Confissões de generais*, Thesaurus, 1988, p.88). Os depoimentos coincidem na relativização de seu impacto, em função de seu caráter tardio; ele chega a certas unidades depois do golpe de Estado. O texto, em duas partes, está incluído no livro de memórias do general Cordeiro de Farias (Aspásia Camargo e Walder de Góes, *Meio século de combate. Diálogo com Cordeiro de Farias*, Rio de Janeiro, Nova Fronteira, 1981). Uma vez que se trata de uma fonte já bem conhecida e estudada, não apresentaremos seu comentário detalhado e remetemos à análise feita por Daniel

Notas

de Mendonça em "O discurso militar da ordem: Uma análise dos pronunciamentos militares durante o governo Goulart (1961-1964)", *Teoria e Pesquisa*, vol.XIV, n.1, jan-jun 2007, p.167-98.

58. UCi g 1963.04.09/CPDoc.
59. Nascido em 1906, ele pertence a uma geração um pouco mais jovem que a do tenentismo, do qual não participa, e tampouco da FEB. Faz uma carreira militar tradicional e brilhante, que o dota de forte liderança entre as gerações seguintes, na medida em que serve ao longo de toda a década de 1940 na Eceme como instrutor, antes de se tornar comandante do corpo dos cadetes da Aman (1950-52). Sob o governo Goulart, conspira ativamente no Rio de Janeiro, ligado a Antônio Carlos Murici, Artur da Costa e Silva e Castelo Branco.
60. "Mensagem aos militares jovens. Defender a pátria, a despeito de tudo e todos", *O Globo*, 10 abr 1964.
61. Saldo calculado a partir dos dados transmitidos por Cláudio Beserra de Vasconcelos. Sobre as punições militares depois do golpe, ver, do mesmo autor: "A política repressiva contra militares no Brasil após o golpe de 1964", *Locus: Revista de História*, Juiz de Fora (MG), vol.12, n.2, 2006, p.155-65.
62. Aspásia Camargo e Walder de Góes, *Meio século de combate*, op.cit., p.566.
63. José Stacchini Júnior, *Março 64*, op.cit., p.37.
64. Ver as descrições de reuniões do Clube Militar em 1963 nos arquivos de Ulhôa Cintra (UCi g 1963.04.09/CPDoc).
65. Maria Celina D'Araujo, Gláucio Ary Dillon Soares e Celso Castro, *Visões do golpe*, op.cit., p.175.
66. Entrevista concedida à autora, Rio de Janeiro, abr 2007.
67. Segundo Cyro Etchegoyen, "1964 começou com coronéis", *Folha de S.Paulo*, 20 mar 1994.
68. Maria Celina D'Araujo, Gláucio Ary Dillon Soares e Celso Castro, *Visões do golpe*, op.cit., p.127.
69. Ibid., p.155.

2. Continuar a "revolução": 1964-1965 (p.48 a 92)

1. Depoimento a Maria Celina D'Araujo, Gláucio Ary Dillon Soares e Celso Castro, *Visões do golpe: A memória militar sobre 1964*, Rio de Janeiro, Relume-Dumará, 1994, p.114.
2. Lira Neto, *Castello: A marcha para a ditadura*, São Paulo, Contexto, 2004, p.254.
3. Depoimento de Gustavo Moraes Rego Reis a Maria Celina D'Araujo e Celso Castro, disponível no site do CPDoc (www.cpdoc.fgv.br), p.21. Para a demissão de Francisco Boaventura, ver *O Globo*, 19 mai 1964.
4. Uma das primeiras ocorrências dessa dicotomia na imprensa é na "Coluna do Castello", *Jornal do Brasil*, 17 ago 1964.
5. Arquivos Luis Viana Filho, Arquivo Nacional, *Impresso Geral* do SNI, n.5, 7-14 set 1964. Caixa 1. Dossiê 1 – 1.24.

6. Manifesto anônimo distribuído na Câmara pelo deputado José Costa Cavalcanti, *Jornal do Brasil*, 23 abr 1965.
7. Alfred Stepan, *Os militares na política: As mudanças de padrões na vida brasileira*, Rio de Janeiro, Artenova, 1975, p.167.
8. "Capitães do Exército Brasileiro!", discurso pronunciado na EsAO em julho de 1964 e publicado no *Noticiário do Exército* de 8 julho de 1964.
9. Depoimento do coronel Cyro Etchegoyen, in Maria Celina D'Araujo, Gláucio Ary Dillon Soares e Celso Castro, *Visões do golpe*, op.cit., p.182.
10. Ver os diversos trabalhos jornalísticos a esse respeito: Carlos Chagas, *A guerra das estrelas (1964/1984): Os bastidores das sucessões presidenciais*, Porto Alegre, L&PM, 1985; Walder de Góes e Aspásia Camargo, *O drama da sucessão e a crise do regime*, Rio de Janeiro, Nova Fronteira, 1984; e Getúlio Bittencourt, *A quinta estrela: Como se tenta fazer um presidente no Brasil*, São Paulo, Ciências Humanas, 1978.
11. Em especial Juan Linz, "The Future of an Authoritarian Situation or the Institutionalization of an Authoritarian Regime: The Case of Brazil", in Alfred Stepan (org.), *Authoritarian Brazil. Origins, Policies, and Future*, New Haven/Londres, Yale University Press, 1973, p.233-54.
12. Foram feitas restrições a essa imagem de moderação: João Roberto Martins Filho, em especial, demonstrou que as políticas adotadas pelo governo de Castelo Branco são menos impostas pela pressão direitista do que reativas a esta, num jogo de poder em que as medidas autoritárias fortalecem o peso político de quem as adota (*O palácio e a caserna: A dinâmica militar das crises políticas na ditadura, 1964-1969*, São Carlos [SP], UFSCar, 1995, p.66-8 e 82-4).
13. Alfred Stepan, *Os militares na política*, op.cit., p.167.
14. Ibid., p.175.
15. Eduardo Svartman propôs uma interessante classificação em três grupos (rebelde insurrecional, tecnocrata, conspirador-institucional), que rompe com os modelos e representações anteriores (*Guardiões da nação: Formação profissional, experiências compartilhadas e engajamento político dos generais de 1964*, Passo Fundo [RS], Méritos, 2006).
16. Sobretudo nas entrevistas realizadas pelos pesquisadores do CPDoc Maria Celina D'Araujo, Gláucio Ary Dillon Soares e Celso Castro, que tinham justamente a ambição de compreender as dinâmicas políticas intrínsecas às Forças Armadas durante o regime militar. Trilogia *A memória militar* (Rio de Janeiro, Relume-Dumará, 1994-95). A lista adotada como base de trabalho é a fornecida pelo coronel Gustavo Moraes Rego Reis (site CPDoc: www.cpdoc.fgv.br, p.21), à qual se acrescentam as informações fornecidas pelas memórias de Jayme Portella de Mello, Ernesto Geisel e Sylvio Frota; as entrevistas publicadas de Antônio Carlos Murici e Osvaldo Cordeiro de Farias; e as entrevistas realizadas pela autora com Amerino Raposo Filho, Kurt Pessek, Osnelli Martinelli e Tarcísio Nunes Ferreira.
17. *Informe especial*, n.4, 5 jul 1965. Arquivos Luis Viana Filho, Arquivo Nacional, caixa 1, dossiê 1, 1.24 a 1.71.
18. *Jornal do Brasil*, 21 jul 1964. A oposição crescente de Heck resulta em sua demissão do conselho dos almirantes em abril de 1965.

Notas

19. Três dos participantes da revolta de julho de 1922 integram o governo em 1964: o general Juarez Távora (1898-1975) é ministro dos Transportes; o brigadeiro Eduardo Gomes (1896-1981), brevemente ministro da Aeronáutica; e o general Cordeiro de Farias (1901-81), ministro extraordinário encarregado da coordenação dos organismos regionais. Juracy Magalhães (1905-2001), tenente de 1930 e não de 1922-24, ocupa, por sua vez, o posto de ministro das Relações Exteriores no fim do mandato do general Castelo Branco.

20. No cruzador acha-se igualmente o deputado udenista Carlos Lacerda. O almirante Carlos Penna Botto, ex-militante integralista cujo anticomunismo histérico, parente do macarthismo, recebeu o apelido de *penabotismo*, fundador em 1952 da Cruzada Brasileira Anticomunista, é então comandante da força dos cruzadores e, como tal, superior de Sílvio Heck (ver Rodrigo Patto Sá Motta, *Em guarda contra o "perigo vermelho": O anticomunismo no Brasil (1917-1964)*, São Paulo, Perspectiva, 2002, p.143-8). Diversos oficiais superiores do Exército também se encontram a bordo, em especial o coronel Jurandir Bizarria Mamede, futuro personagem importante da ditadura, o major Jayme Portella, eminência parda do general Costa e Silva, e o major lacerdista "duro" Heitor Caracas Linhares. Uma lista mais completa é fornecida por Eurico Barbosa, em *Confissões de generais*, Brasília, Thesaurus, 1988, p.23.

21. A citação de Odílio Denis é extraída de Hélio Silva e Maria Cecília Ribas Carneiro, *1964: Golpe ou contragolpe?*, Rio de Janeiro, Civilização Brasileira, 1975, p.229.

22. *Informe especial*, n.4, SNI. Arquivos Luis Viana Filho, Arquivo Nacional, caixa 1, dossiê 1, 1.24 a 1.71.

23. "La Révolution brésilienne (avril 1964)", relatório do adido militar e da Aeronáutica junto à embaixada francesa no Rio, julho de 1964. Arquivos do Exército de Terra francês, 10T1109.

24. R/1 significa 1ª classe da reserva, que reúne oficiais aposentados do serviço ativo. Opõe-se a R/2, 2ª classe da reserva, que reúne reservistas que não foram da ativa.

25. José Stacchini Júnior, *Março 64: Mobilização da audácia*, São Paulo, Companhia Editora Nacional, 1965, p.XVII, 2 e 114.

26. Sobre o STM como espaço de dissensões e de expressão política dos militares, ver Renato Lemos, *Justiça fardada: O general Peri Bevilaqua no Superior Tribunal Militar (1965-1969)*, Rio de Janeiro, Bom Texto, 2004; do mesmo autor, "Poder judiciário e poder militar (1964-1969)", in Celso Castro, Vitor Izecksohn e Hendrik Kraay (orgs.), *Nova história militar brasileira*, Rio de Janeiro, Editora FGV/Bom Texto, 2004, p.409-38; e Angela Moreira Domingues da Silva, *Ditadura e Justiça Militar no Brasil: A atuação do Superior Tribunal Militar (1964-1980)*, tese de doutorado, PPHPBC, CPDoc/FGV, Rio de Janeiro, 2011.

27. Os onze generais citados por Moraes Rego são: Siseno Sarmento, Sylvio Frota, Ramiro Tavares Gonçalves, Arthur Duarte Candal, Afonso de Albuquerque Lima, Ednardo d'Ávila Mello, Oscar Luis da Silva, José Anchieta Paes, Henrique Assunção Cardoso, Clovis Brasil e João Dutra de Castilho. Depoimento de Gustavo Moraes Rego Reis a Maria Celina D'Araujo e Celso Castro, disponível no site do CPDoc (www.cpdoc.fgv.br), p.26.

28. A lista é reproduzida em José Amaral Argolo (org.), *A direita explosiva no Brasil*, Rio de Janeiro, Mauad, 1996, p.152.
29. Trata-se dos oficiais do Exército: Osnelli Martinelli, Gérson de Pina, Ferdinando de Carvalho, Luis Alencar Araripe, Euclides de Oliveira Figueiredo Filho, Sebastião Ferreira Chaves, Amerino Raposo Filho, Hélio Ibiapina de Lima, Adyr Fiúza de Castro, Hélio Lemos, Hélio Mendes, Heitor Caracas Linhares, Rui Castro, Sebastião José Ramos de Castro, Florimar Campelo, César Montagna de Sousa, Antônio Erasmo Dias, Osvaldo Ferraro, Confúcio Danton de Paula Avelino, Joaquim Vitorino Portela Alves, Augusto Cid Camargo Ozório, Cabral Ribeiro, Plínio Pitaluga, Confúcio Pamplona, Antônio Carlos de Andrada Serpa, Luis Gonzaga Andrada Serpa, Valter Pires e Antônio Bandeira. Depoimento de Gustavo Moraes Rego a Maria Celina D'Araujo e Celso Castro, disponível no site do CPDoc (www.cpdoc.fgv.br), p.24-5.
30. O major Euler Bentes Monteiro faz então o mesmo; figura militar discreta, próxima do general Afonso de Albuquerque Lima nos anos 1960, entra na vida pública concorrendo à Presidência da República em 1978, contra o candidato do poder e em nome de um retorno rápido e total à democracia.
31. Entrevista concedida à autora, Rio de Janeiro, out 2007.
32. Entrevista concedida à autora, Rio de Janeiro, abr 2007.
33. Entre outras coisas, Ferdinando de Carvalho publicou na íntegra os resultados de seu IPM (conhecido como o de n.709) numa série de livros intitulada *O comunismo no Brasil* (4 vols., Rio de Janeiro, Biblioteca do Exército, 1966-67), bem como as "ordens do dia" das datas comemorativas da Intentona, de 1936 a 1979 (*Lembrai-vos de 35!*, Rio de Janeiro, Biblioteca do Exército, 1981).
34. Entrevista concedida à autora, Rio de Janeiro, abr 2007.
35. Entrevista concedida à autora, Rio de Janeiro, out 2006.
36. Emenda constitucional n.9, 22 jul 1964.
37. *Estimativa* n.3, Brasília, 15 set 1964, AP 17 1.30. Caixa – 1.24 – 1.71.
38. Jayme Portella de Melo, *A Revolução e o governo Costa e Silva*, Rio de Janeiro, Guavira, 1979, p.276.
39. Taurino de Rezende se demite (a princípio sem renegar suas posições "linha dura"), enquanto seu filho, o economista Sérgio Rezende, acha-se implicado num IPM no IV Exército. Em sua trajetória, modera suas ambições repressivas e integra o partido de oposição, o MDB, em agosto de 1966 (*Jornal do Brasil*, 21 jul 1964 e 18 ago 1966).
40. Números sujeitos a confirmação, pois oriundos de uma única fonte, o *Jornal do Brasil* de 25 abr 1965.
41. *Noticiário do Exército*, 16, 17 e 28 mai 1964, e 9 jun 1964.
42. Entrevista concedida em 30 de outubro e reproduzida parcialmente no *Jornal do Brasil* de 13 nov 1964.
43. *Impressão Geral* do SNI n.7, 22-28 set 1964. Arquivo Luis Viana Filho, Arquivo Nacional, caixa 1, dossiê 1, 1.24 a 1.71.
44. Nota do adido militar francês ao primeiro-ministro, 14 out 1964, "Ligue Démocratique Radicale (octobre 1964)", Arquivo do Exército de Terra francês 10T1111.

Notas 249

45. As informações do SNI sobre o GAP são parcelares. Um documento de novembro de 1965 menciona os laços com a Legião Brasileira Anticomunista, mas também a ignorância do informante quanto à extensão do GAP no meio militar. Seu dirigente, anonimizado como todas as pessoas nos arquivos do SNI, é um civil que teria sido membro do gabinete de Sílvio Heck quando este era ministro da Marinha, em 1961. O informe confirma que o GAP é ligado à Lider (Grupo de Ação Popular e Grupo de Ação Patriótica – E0083264 – 1981. Arquivo do SNI, sucursal em Brasília do Arquivo Nacional). Outro documento mais tardio (Informe do SNI jan 1966) menciona a descoberta de um estoque de armas pelo GAP (Grupo de Ação Patriótica – G0121770 – 1981. Arquivo do SNI, sucursal em Brasília do Arquivo Nacional).

46. Reproduzido em Prospero Punaro Baratta Netto (protagonista dos acontecimentos), *Amazônia: Tua vida é minha história*, s.d., p.25.

47. Entrevista concedida à autora, Rio de Janeiro, abr 2007.

48. Entrevista concedida à autora, Rio de Janeiro, jun 2006.

49. Entrevista concedida à autora, Rio de Janeiro, abr 2007.

50. Renato Lemos, *Justiça fardada: O general Peri Bevilaqua no Superior Tribunal Militar (1965-1969)*, op.cit., p.23-5.

51. Sobre a Camde, ver Janaína Martins Cordeiro, *Direitas em movimento: A campanha da mulher pela democracia e a ditadura no Brasil*, Rio de Janeiro, FGV, 2009.

52. *Jornal do Brasil*, 19 dez 1964.

53. Arquivo Luis Viana Filho, Arquivo Nacional, caixa 1, dossiê 1, 1.24 a 1.71. A partir do fim de julho de 1965, apenas algumas páginas dos documentos se conservaram, não fornecendo mais informação útil sobre a área militar.

54. *Impresso Geral*, n.1, 10-16 ago 1964. Arquivo Luis Viana Filho, Arquivo Nacional, caixa 1, dossiê 1, 1.24 a 1.71.

55. *Estimativa*, n.2, nov 1964. Arquivo Luis Viana Filho, Arquivo Nacional, caixa 1, dossiê 1, 1.24 a 1.71.

56. *Apreciação das tendências contrarrevolucionárias*, 24 abr 1965. Arquivo Luis Viana Filho, Arquivo Nacional, caixa 1, dossiê 1, 1.24 a 1.71.

57. *Proposta de apreciação*, 26-30 jul 1965. Arquivo Luis Viana Filho, Arquivo Nacional, caixa 1, dossiê 1, 1.24 a 1.71.

58. *Noticiário do Exército*, 8 jul 1964.

59. *Noticiário do Exército*, 22 jun 1965.

60. *Jornal do Brasil*, 15 abr 1964.

61. *Jornal do Brasil*, 2 e 3 abr 1965.

62. Transcrição do discurso que o general pronuncia em 6 de outubro de 1965 na Vila Militar, cuja gravação está depositada no pequeno Acervo Costa e Silva do CPDoc. As ovações que pontuam o discurso do ministro da Guerra (bastante inconvenientes no ambiente de um quartel) são um dos raros traços de uma forte mobilização política da oficialidade da Vila Militar nessa época.

63. Carta manuscrita do general José Ulhôa Cintra, diretor do serviço militar e do recrutamento, a Otacílio Terra Ururahy, 19 jul 1965. O primeiro acusa então o segundo por suas manifestações de solidariedade aos coronéis dos IPMs. Arquivo Ulhôa

Cintra, UCi fm 1962.09.11/CPDoc. A unidade de que se trata, o Núcleo da Divisão Aeroterrestre, é de criação bem recente (1953), de pequenas dimensões (menos de cem militares), e considerada de elite na corporação.

64. Entrevista concedida à autora, Brasília, mar 2008.

65. Maria Celina D'Araujo e Celso Castro, *Ernesto Geisel*, Rio de Janeiro, FGV, 1997, p.180 e 192.

66. Marina Gusmão de Mendonça considera que o essencial das posições adotadas por Lacerda nos primeiros anos do regime militar devem ser lidas à luz de seu projeto presidencial (*O demolidor de presidentes: A trajetória política de Carlos Lacerda: 1930-1968*, São Paulo, Codex, 2ª ed., 2002, p.326s). O próprio Lacerda não faz mistério disso: em sua primeira visita ao palácio da Alvorada depois do golpe, em 20 de abril de 1964, declara o insolente: "Terei muito gosto em morar aqui em 1966" (Lira Neto, *Castello: A marcha para a ditadura*, São Paulo, Contexto, 2004, p.277).

67. *Jornal do Brasil*, 16 out 1965.

68. Jayme Portella de Mello, *A Revolução e o governo Costa e Silva*, op.cit., p.300.

69. Transcrição de trecho do discurso que o general Costa e Silva pronuncia em 22 de outubro de 1965 na Vila Militar, no encerramento das manobras do II Exército, e cuja gravação está no Acervo Costa e Silva do CPDoc. O fundo sonoro indica, mais uma vez, o clima de exaltação da oficialidade, em que alguns escandem "Manda brasa, ministro!".

70. Expressão tomada de Elio Gaspari (que a utiliza a respeito da Vila Militar, em outubro de 1965), em *A ditadura envergonhada*, São Paulo, Companhia das Letras, 2002.

71. *Jornal do Brasil*, 23 jun 1965.

72. *Noticiário do Exército*, 8 jul 1964.

73. *Jornal do Brasil*, 26 ago 1964.

74. Decreto n.54.062, 28 jul 1964. Publicado no *Boletim do Exército*, n.34, 21 ago 1964.

75. O artigo 14 da "Lei de inatividade dos militares das três armas" (n.4.902, 16 dez 1965) limita o tempo de serviço, isto é, de permanência na ativa.

76. Odílio Denis, *O ciclo revolucionário brasileiro*, Rio de Janeiro, Biblioteca do Exército, 1993, p.9.

77. *Jornal do Brasil*, 21 jul 1964.

78. *Jornal do Brasil*, 7 jan 1965.

79. *Jornal do Brasil*, 5 fev 1965.

80. *Jornal do Brasil*, 31 out 1964.

81. Marina Gusmão de Mendonça, *O demolidor de presidentes*, op.cit., p.99, 280 e 326.

82. Correspondência política – Gov. Carlos Lacerda. Arquivo Castelo Branco/Eceme, carta de 22 nov 1964.

83. *Jornal do Brasil*, 5 fev 1965.

84. *Noticiário do Exército*, 8 jul 1964.

85. Quarto manifesto do almirante, no fim e no apogeu da crise dos "coronéis dos IPMs", publicado no *Jornal do Brasil* em 30 de junho de 1965.

86. *Jornal do Brasil*, 22 jun 1965. Martinelli, a poucos meses de sua morte, continuava orgulhoso dessa correspondência, da qual citava trechos de cor. Entrevista concedida à autora, Rio de Janeiro, abr 2007.

Notas

87. *Jornal do Brasil*, 2 dez 1964.
88. *Jornal do Brasil*, 13 mai 1965.
89. *Jornal do Brasil*, 23 abr 1965.
90. *Jornal do Brasil*, 20 out 1965.

3. Endurecimento e divergências: 1966-1968 (p.93 a 134)

1. Declaração feita aos alunos da Eceme, em 16 de dezembro de 1968, ou seja, três dias após a edição do AI-5. *Jornal do Brasil*, 17 dez 1968.
2. Arquivo Castelo Branco, dossiê "Sucessão", Eceme. Observemos, rapidamente, que o presidente dirige suas reflexões e preocupações aos generais e não aos líderes da Arena ou ao conjunto do governo.
3. Ver a coleção dos discursos de campanha em seus arquivos pessoais, depositados no CPDoc: CS pi 1967.08.00.
4. Ideia de João Roberto Martins Filho, em *O palácio e a caserna: A dinâmica militar das crises políticas na ditadura, 1964-1969*, São Carlos (SP), UFSCar, 1995, p.82-95.
5. *Jornal do Brasil*, 13 jan 1967.
6. *Jornal do Brasil*, 14 fev 1967.
7. *Jornal do Brasil*, 18 mar 1967.
8. Entrevista concedida à autora, Rio de Janeiro, abr 2007.
9. *Jornal do Brasil*, 26 abr 1967.
10. *Jornal do Brasil*, 3 mai 1967.
11. *Jornal do Brasil*, 1º jun 1967.
12. *Jornal do Brasil*, 2 jun 1967.
13. *Jornal do Brasil*, 17 jun 1967.
14. *Jornal do Brasil*, 1º jul 1967.
15. *Jornal do Brasil*, 18 fev 1968.
16. *Jornal do Brasil*, 20 mar 1968.
17. *Jornal do Brasil*, 28 mar 1968.
18. *Jornal do Brasil*, 18 ago 1966.
19. *Tribuna da Imprensa*, 22 jul 1967.
20. *Jornal do Brasil*, 9 ago 1967.
21. Esse texto foi publicado na edição de 25 de agosto de 1967 de *O Globo*, na data, portanto, do Dia do Soldado, uma das principais cerimônias do Exército.
22. *O Globo*, 28 ago 1967.
23. Texto escrito em conjunto por oficiais que se declaram de "linha dura" e que mantiveram o anonimato. *Jornal do Brasil*, 28 set 1967.
24. Carlos Lacerda, *Depoimento*, Rio de Janeiro, Nova Fronteira, 1978, p.463.
25. *Jornal do Brasil*, 28 jan 1968 e 9 dez 1967.
26. Essa passagem procede dos trabalhos de Renato Lemos sobre o general Bevilaqua, em especial "Por inspiração de Dona Tiburtina: O general Peri Bevilaqua no Superior Tribunal Militar", *Locus. Revista de História*, vol.9, n.1, Juiz de Fora (MG), jan-jun

2003; e a Introdução de *Justiça fardada: O general Peri Bevilaqua no Superior Tribunal Militar (1965-1969)*, Rio de Janeiro, Bom Texto, 2004.

27. Olímpio Mourão Filho, *Memórias: A verdade de um revolucionário*, Porto Alegre, L&PM, 1978, p.419.

28. *Jornal do Brasil*, 4 jan 1967 e 15 mar 1967. Ver também *O Estado de S. Paulo*, 18 mar 1967, e a análise feita por Eliézer Rizzo de Oliveira em *As Forças Armadas: Política e ideologia no Brasil (1964-1969)*, Petrópolis, Vozes, 1976, p.84.

29. *Jornal do Brasil*, 3 mai 1966.

30. *Jornal do Brasil*, 11 ago 1966. O general Kruel consegue ser eleito deputado pelo MDB em setembro de 1968.

31. *Jornal do Brasil*, 5 jul 1967.

32. Marcos de Mendonça O'Reilly, *A ideologia da corrente militar "Revolucionário-Nacionalista" (1967-1969)*, dissertação de mestrado em história (orientação: Francisco Calazans Falcon), Niterói, UFF, 1985, p.180-1.

33. Carlos Fico mostrou, em *Reinventando o otimismo: Ditadura, propaganda e imaginário social no Brasil* (Rio de Janeiro, FGV, 1997), como essas imagens alimentam o conjunto da propaganda da ditadura a partir de 1968-69, quando é implantado um aparelho de propaganda.

34. *Jornal do Brasil*, 7 mai 1968.

35. *Jornal do Brasil*, 10 ago 1968.

36. *Jornal do Brasil*, 27 jun 1968.

37. *Jornal do Brasil*, 5 jul 1968.

38. *Jornal do Brasil*, 15 out 1968.

39. Olivier Compagnon, "Le 68 des catholiques latino-américains dans une perspective transatlantique", revista eletrônica *Nuevo Mundo Mundos Nuevos*, 2008.

40. Flávio Deckes, *Radiografia do terrorismo no Brasil: 1966-1980*, São Paulo, Ícone, 1985, p.57-66; José Amaral Argolo (org.), *A direita explosiva no Brasil*, Rio de Janeiro, Mauad, 1996, p.265; Jacob Gorender, *Combate nas trevas – A esquerda brasileira: Das ilusões perdidas à luta armada*, São Paulo, Ática, 3ª ed., 1987, p.149-52; Elio Gaspari, *A ditadura envergonhada*, São Paulo, Companhia das Letras, 2002.

41. Citação do tenente-coronel Luiz Helvécio da Silveira Leite (ele próprio ativista), in José Amaral Argolo e Luiz Alberto Fortunato, *Dos quartéis à espionagem: Caminhos e desvios do poder militar*, Rio de Janeiro, Mauad, 2004, p.215.

42. Depoimentos dos coronéis Alberto Fortunato e João Paulo Moreira Burnier, in José Amaral Argolo (org.), *A direita explosiva no Brasil*, op.cit.

43. Depoimento do tenente-coronel Luiz Helvécio da Silveira Leite, ibid., p.93.

44. Trecho do programa da Vanguarda, marcado pela mística revolucionária, o antipolitismo, mas com apoio do governo, e publicado no *Jornal do Brasil* de 3 de novembro de 1968. O grupo teria sido criado em agosto de 1968.

45. Entrevista concedida à autora, Brasília, mar 2008.

46. José Amaral Argolo (org.), *A direita explosiva no Brasil*, op.cit., p.314.

47. O capitão Sérgio Miranda é em seguida expulso do Exército pelo AI-5. O acervo Cfa tv 1964.10.23 do CPDoc mostra os esforços que o brigadeiro Eduardo Gomes

Notas

e o general Cordeiro de Farias (apoiados pelo almirante Sílvio Heck e o general Albuquerque Lima, segundo a *Folha de S.Paulo* de 18 de fevereiro de 1978) empenham, entre 1978 e 1980, para obter sua reintegração na força após sua anistia. O Supremo Tribunal Federal só vem a deferir tal pedido (junto com sua promoção) em 1992, mas nem o ministro da Aeronáutica da época, o brigadeiro Sócrates da Costa Monteiro, nem o próprio presidente da República, Fernando Collor de Mello, mandam aplicar a decisão. O capitão Sérgio morre antes de sua reintegração e promoção póstumas, em 1994.

48. Trata-se de uma referência a recentes manifestações das "mães de São Paulo" contra a repressão ao movimento estudantil.

49. Conflito pelo ouro ocorrido em Minas Gerais entre 1707 e 1709, entre paulistas e colonos portugueses. As mulheres paulistas de Piratininga teriam, após derrotas terríveis, recusado seus favores aos maridos e seu carinho aos parentes até que eles conquistassem a vitória.

50. *Diário do Congresso Nacional*, Suplemento, 4 set 1968, p.9.

51. Márcio Moreira Alves, *68 mudou o mundo*, Rio de Janeiro, Nova Fronteira, 1993.

52. Entrevista concedida à autora, Brasília, mar 2008. O depoimento do coronel Amerino Raposo Filho (em entrevista igualmente concedida à autora, Rio de Janeiro, out 2006) é convergente.

53. Jayme Portella de Mello, *A Revolução e o governo Costa e Silva*, Rio de Janeiro, Guavira, 1979, p.568, 625 e 632.

54. Telegrama da embaixada do Brasil destinado ao Departamento de Estado, Rio de Janeiro, 20 dez 1968. Arquivo do Departamento de Estado Norte-Americano, National Archives and Records Administration, RG 59, Central Files 1967-69, POL 23-9 BRAZ. Disponível no site do acervo do governo norte-americano: http://www.state.gov.

55. *Jornal do Brasil*, 23 nov 1968.

56. Pronunciamento do deputado Márcio Moreira Alves perante a Comissão de Constituição e Justiça, 18 nov 1968. Arquivo Ernani do Amaral Peixoto – EAP df2 1968.11.18/ CPDoc. O discurso do deputado, e mais genericamente seu "caso", é de fato revelado *a posteriori*, por intermédio da imprensa, à opinião pública: sua primeira menção no *Jornal do Brasil* data de 28 de setembro.

57. *Jornal do Brasil*, 8 set 1968.

58. *Correio da Manhã*, 1º nov 1968.

59. Revista *Visão*, vol.33, n.11, 22 nov 1968.

60. *Jornal do Brasil*, 23 nov 1968.

4. O terremoto: 1969 (p.135 a 164)

1. Marcos de Mendonça O'Reilly, *A ideologia da corrente militar "Revolucionário-Nacionalista" (1967-1969)*, dissertação de mestrado em história (orientação: Francisco Calazans Falcon), Niterói, UFF, 1985, p.250-3.

2. *Jornal do Brasil*, 20 mai 1969.

254   *A política nos quartéis*

3. Carlos Lacerda, *Depoimento*, Rio de Janeiro, Nova Fronteira, 1978, p.462.
4. Comentário do coronel Moraes Rego em entrevista concedida a Maria Celina D'Araujo e Celso Castro em 1992, disponível no site do CPDoc (www.cpdoc.fgv.br), p.66.
5. *Jornal do Brasil*, 20 mai 1969.
6. Carlos Lacerda, *Depoimento*, op.cit., p.462.
7. Rodrigo Otávio Jordão Ramos: oficial da engenharia, nascido em 1910, que trabalhou sob os governos Juscelino Kubitschek e Castelo Branco no Ministério dos Transportes. Nacionalista, próximo do general Albuquerque Lima, entra numa dissidência discreta após o AI-5. Sua intenção de apoiar o retorno ao estado de direito só vem a se manifestar sob o mandato do general Médici, quando ele dá início, na ESG, da qual é brevemente o comandante, a uma série de debates sobre a "Conjuntura brasileira".
8. Trecho de carta do general Moniz de Aragão ao general Lyra Tavares, in Carlos Chagas, *113 dias de angústia: Impedimento e morte de um presidente*, Porto Alegre, L&PM, 1979, p.199.
9. Idem.
10. Carta do general Antônio Carlos Murici ao general Lyra Tavares, 26 jun 1969. Arquivo Antônio Carlos Murici, ACM pm 1969.06.26/CPDoc.
11. Trechos de carta do general Antônio Carlos Murici ao general Aurélio de Lyra Tavares, 26 jun 1969. Arquivo Antônio Carlos Murici, ACM pm 1969.06.26/CPDoc; e de carta do general Lyra Tavares ao general Aragão, 30 jun 1969, reproduzida em Carlos Chagas, *113 dias de angústia*, op.cit., p.203.
12. "42ª reunião do ACE. Rio de Janeiro, GB, 21.7.1969", Arquivos do SNI, Atitudes do Gen Ex Moniz de Aragão – A0063230 – 1980.
13. Entrevista concedida à autora, Brasília, mar 2008.
14. Getúlio Bittencourt, *A quinta estrela: Como se tenta fazer um presidente no Brasil*, São Paulo, Editora Ciências Humanas, 1978, p.135. O apelido de Euler Bentes Monteiro refere-se ao regime militar peruano oriundo do golpe de Estado de 3 de outubro de 1968, chefiado pelo general Juan Velasco Alvarado. O "Velascato" (1968-75) constitui para o conjunto do subcontinente latino-americano o modelo de um regime militar autoritário, reformista e economicamente nacionalista.
15. Marcos de Mendonça O'Reilly, *A ideologia da corrente militar "Revolucionário-Nacionalista" (1967-1969)*, op.cit., p.219.
16. Ver Luiz Carlos Delorme Prado e Fábio Sá Earp, "O 'milagre' brasileiro: Crescimento acelerado, integração internacional e concentração de renda (1967-1973)", in Jorge Ferreira e Lucilia de Almeira Neves Delgado, *O Brasil Republicano, 4. O tempo da ditadura – Regime militar e movimentos sociais em fins do século XX*, Rio de Janeiro, Civilização Brasileira, 2007, p.207-41.
17. Paulo Gilberto Fagundes Vizentini, "A ditadura foi entreguista? Política externa e desenvolvimento no regime militar brasileiro", in *Estudos em História*, vol.8, n.1, São Paulo, 2001, p.301-20.
18. Vanguarda Militar Nacionalista – A0213214 – 1969, Arquivos do SNI.
19. Cálculo efetuado a partir de dados transmitidos por Cláudio Beserra Vasconcelos.
20. Hernani d'Aguiar, *Ato 5: A verdade tem duas faces*, Rio de Janeiro, Razão Cultural, 1999, p.298. O texto dessa Constituição natimorta (só subsistiu uma emenda no texto de

Notas

1967, fortalecendo ainda mais o Poder Executivo) foi publicado em 2002 pelo Senado brasileiro sob o título: *A Constituição que não foi História* (Brasília, Senado Federal).

21. A expressão é de Carlos Chagas, *113 dias de angústia*, op.cit., p.12.

22. A ACFA é então formada pelo ministro do Exército, general Aurélio Lyra Tavares; o ministro da Marinha, almirante Augusto Rademaker; o ministro da Aeronáutica, brigadeiro Márcio de Souza e Mello; o chefe do Estado-Maior do Exército, general Antônio Carlos Murici; o chefe do Estado-Maior da Marinha, almirante Barros Nunes; o chefe do Estado-Maior da Aeronáutica, brigadeiro Oliveira Sampaio; e o chefe do Estado-Maior das Forças Armadas, general Orlando Geisel.

23. Entrevista concedida à autora, Brasília, mar 2008.

24. Nota redigida em 31 de agosto de 1969, reproduzida em Marcos de Mendonça O'Reilly, *A ideologia da corrente militar "Revolucionário-Nacionalista" (1967-1969)*, op.cit., p.222-4. Segundo esse autor, a redação foi provavelmente efetuada em conjunto com os generais Dutra de Castilho, Siseno Sarmento e Moniz de Aragão.

25. Antônio Carlos Murici, *Antônio Carlos Murici I (depoimento, 1981)*, Rio de Janeiro, CPDoc, 1993, p.701.

26. Não dispomos dos textos originais dos programas, mas de uma nota descritiva referente a eles, não assinada e não datada, figurando nos arquivos do brigadeiro Faria Lima (FL emfa 1969.08.00/CPDoc).

27. Ordem do dia do 1º Grupo de Artilharia Aeroterrestre, Brigada Aeroterrestre, I Exército, 7 nov 1969. Reproduzida em Carlos Chagas, *113 dias de angústia*, op.cit., p.239-45.

28. Idem.

29. Revista *Veja*, 15 mar 1978. Transcrito em um documento do SNI dirigido ao QG do III Exército em março de 1981. Arquivos do SNI – Grupo Centelha Nativista – G0023310 – 1981.

30. Informações fornecidas em entrevista à autora pelo coronel Tarcísio Nunes Ferreira, Brasília, mar 2008. Um jornal com esse nome circulava no início dos anos 2000, ligado ao Movimento Nativista, transformado no respeitável Núcleo de Estudos Estratégicos Mathias de Albuquerque (Neema); seu "coordenador-geral" era, em 2008, o coronel R/1 Francimá de Luna Máximo, e o coronel R/1 Adalto Barreiros era seu membro em 2002.

31. Depoimento de Adalto Barreiros em Aricildes de Moraes Motta (coord.), *História oral do Exército. 1964. 31 de março* (vol.14), Rio de Janeiro, Biblioteca do Exército, 2003. Observemos que o coronel Valporto de Sá também deu um depoimento no vol.11 dessa coleção.

32. Nota anônima relatando a operação. Arquivo Cordeiro de Farias, Cfa tv 1964.04.11/CPDoc.

33. Documento reproduzido em Marcos de Mendonça O'Reilly, *A ideologia da corrente militar "Revolucionário-Nacionalista" (1967-1969)*, op.cit., p.240-2.

34. Destacado no texto original.

35. Carta do general Albuquerque Lima ao general Murici, 5 set 1969. Reproduzido em Marcos de Mendonça O'Reilly, *A ideologia da corrente militar "Revolucionário-Nacionalista" (1967-1969)*, op.cit., p.242-4.

256   *A política nos quartéis*

36. Marcos de Mendonça O'Reilly, ibid., p.245-7.
37. Carta extraída do arquivo pessoal do general Albuquerque Lima e reproduzida em Marcos de Mendonça O'Reilly, ibid., p.250-3. É assinada por 12 majores, 62 capitães, 49 primeiros-tenentes, 40 segundos-tenentes e 26 aspirantes, ou seja, 189 oficiais da ativa, anonimizados na fonte.
38. Ata da reunião da ACFA, 6 out 1969, Arquivo Antônio Carlos Murici – ACM pm 1969.06.26/CPDoc.
39. Destacado no texto original. Carta enviada do Rio de Janeiro, em 5 de outubro de 1969, ao general Albuquerque Lima, reproduzida em Marcos de Mendonça O'Reilly, *A ideologia da corrente militar "Revolucionário-Nacionalista" (1967-1969)*, op.cit., p.302-4.
40. Antônio Carlos Murici, *Antônio Carlos Murici I (depoimento, 1981)*, op.cit., p.724.
41. Documento não assinado e não datado conservado nos arquivos do brigadeiro Faria Lima (FL emfa 1969.08.00/CPDoc). Furiosas anotações manuscritas, com expressões como "mentira sórdida" e "possível mentira", atravessam a página.
42. Ata da 45ª reunião do ACE, Arquivo Antônio Carlos Murici, ACM pm 1969.06.26/ CPDoc.
43. Carta do general Afonso de Albuquerque Lima ao general Aurélio de Lyra Tavares, 2 out 1969, reproduzida em Carlos Chagas, *113 dias de angústia*, op.cit., p.218-20.
44. Resposta de Lyra Tavares a Albuquerque Lima, 3 out 1969, reproduzida em Carlos Chagas, *113 dias de angústia*, ibid., p.221-3.
45. João Roberto Martins Filho, *O palácio e a caserna: A dinâmica militar das crises políticas na ditadura, 1964-1969*, São Carlos (SP), UFSCar, 1995, p.186.
46. "Apelo ao governo e à opinião pública", do almirante Ernesto de Mello Batista, Arquivo Antônio Carlos Murici, ACM pm 1969.06.26/CPDoc.
47. Adolpho João de Paula Couto, *Revolução de 1964: A versão e o fato*, Porto Alegre, Gente do Livro, 1999, p.215.
48. Arquivo Antônio Carlos Murici, ACM pm 1969.06.26/CPDoc.
49. Idem (em letras maiúsculas no original).
50. As descrições são de Carlos Chagas e Elio Gaspari e as interpretações, de Eliézer Rizzo de Oliveira e João Roberto Martins Filho. Uma comparação entre os "modelos" de regimes militares, sugerindo claramente essa especificidade hierárquica brasileira, é apresentada em Craig L. Arceneaux, *Bounded Missions: Military Regimes and Democratization in the Southern Cone and Brazil*, University Park, Pennsylvania State University Press, 2001.

5. Contra a distensão: 1974-1977   (p.165 a 204)

1. Maria Celina D'Araujo, Gláucio Ary Dillon Soares e Celso Castro, *Os anos de chumbo: A memória militar sobre a repressão*, Rio de Janeiro, Relume-Dumará, 1994, p.114.
2. Suzeley Kalil Mathias em seu importante livro sobre o período da "distensão": *A distensão no Brasil: O projeto militar (1973-1979)*, Campinas, Papirus, 1995, p.89.

Notas

3. Ver a esse respeito as conclusões de Celso Castro e Leslie Bethell, in Leslie Bethell (org.), *The Cambridge History of Latin America. Volume IX. Brazil since 1930*, Cambridge/Nova York/Melbourne, Cambridge University Press, 2008, p.170.

4. Em suas edições de 9 e 18 de junho de 1978, quando chegou ao fim a censura prévia à imprensa escrita, o *Jornal do Brasil* publicou a lista exaustiva dos assuntos submetidos à censura ao longo dos anos de chumbo.

5. Maria Celina D'Araujo, Gláucio Ary Dillon Soares e Celso Castro, *A volta aos quartéis: A memória militar sobre a abertura*, Rio de Janeiro, Relume-Dumará, 1995, p.191.

6. Ernesto Geisel sugere isso na entrevista concedida a Maria Celina D'Araujo e Celso Castro, publicada em *Ernesto Geisel*, Rio de Janeiro, FGV, 1997, p.258.

7. Osvaldo Cordeiro de Farias, *Sessão Especial Comemorativa do VI Aniversário da Revolução de Março de 1964*, Rio de Janeiro, ESG, 31 mar 1970, p.12-3. Citado por Suzeley Kalil Mathias, *A distensão no Brasil*, op.cit., p.59.

8. Entrevista concedida por Ernesto Geisel a Alfred Stepan, citada em *Os militares: Da abertura à Nova República*, Rio de Janeiro, Paz e Terra, 1986, p.46.

9. Maria Celina D'Araujo, Gláucio Ary Dillon Soares e Celso Castro, *A volta aos quartéis*, op.cit., p.48.

10. Aloysio de Carvalho, *O governo Médici e o projeto de distensão política (1969-1973)*, Rio de Janeiro, Iuperj, 1989, p.32, e Suzeley Kalil Mathias, *A distensão no Brasil*, op.cit., p.39.

11. Arquivo Ernesto Geisel, EG pr 1974.07.10/CPDoc.

12. *Jornal do Brasil*, 30 ago 1974.

13. Declaração a jornalistas franceses, 2 mai 1977. Reproduzido no Arquivo Ernesto Geisel, EG pr 1975.00.00/CPDoc.

14. Suzeley Kalil Mathias, *A distensão no Brasil*, op.cit., p.97.

15. Entrevista concedida à autora, Brasília, mar 2008.

16. Depoimento de João Paulo Moreira Burnier a Maria Celina D'Araujo e Celso Castro (p.212-3), disponível no site do CPDoc (www.cpdoc.fgv.br).

17. A lista resumida que apresentamos foi estabelecida a partir dos depoimentos publicados em Maria Celina D'Araujo, Gláucio Ary Dillon Soares e Celso Castro, *Os anos de chumbo*, op.cit.

18. Alfred Stepan, *Os militares*, op.cit., p.26.

19. Trata-se dos depoimentos dos coronéis Alberto Fortunato, Luiz Helvécio da Silveira Leite, Pedro Maciel Braga, Freddie Perdigão, Octávio Moreira Borba e Henrique Couto Ferreira Mello, publicados em José Amaral Argolo (org.), *A direita explosiva no Brasil*, Rio de Janeiro, Mauad, 1996; José Amaral Argolo e Luiz Alberto Fortunato, *Dos quartéis à espionagem: Caminhos e desvios do poder militar*, Rio de Janeiro, Mauad, 2004.

20. Alfred Stepan, *Os militares*, op.cit., p.51. Contagem feita a partir dos dados constando em: Comissão Especial Sobre Mortos e Desaparecidos Políticos, *Direito à verdade e à memória*, Brasília, Secretaria Especial dos Direitos Humanos, 2007.

21. A declaração é conhecida como "Nota dos desaparecidos", *Jornal do Brasil*, 7 fev 1975. O ministro dá essas informações vagas sobre apenas 26 (e não 27) desaparecidos.

22. Nota intitulada "Inquietação na área militar", de 17 mar 1975 , citada por Elio Gaspari em *A ditadura encurralada*, São Paulo, Companhia das Letras, 2003, p.70.

258   *A política nos quartéis*

23. O número dos "capítulos" da "novela" e seu período de divulgação são indicados por Elio Gaspari em *A ditadura encurralada*, op.cit., p.67. O jornalista consultou todos eles, mas apenas quatro foram disponibilizados à comunidade científica (Arquivos Cordeiro de Farias, Cfa tv 76.00.00/CPDoc). A informação segundo a qual o primeiro capítulo só foi divulgado para a comunidade de informações está presente no Boletim do SNI de 12 de outubro de 1977, in Arquivo Ernesto Geisel, EG pr 1974.03.00/CPDoc.

24. Boletim do SNI, 9 mai 1975, Arquivo Ernesto Geisel, EG pr 1974.03.00/CPDoc; e Arquivos do SNI (Arquivo Nacional), Documento do CIE datado de 1º-31 mar 1975, Relatório periódico de informações – A0863154 – 1975.

25. Reproduzido em Ayrton Baffa, *Nos porões do SNI: O retrato do monstro de cabeça oca*, Rio de Janeiro, Objetiva, 1989, p.51s.

26. Documento do I Exército, jul 1975. Arquivos do SNI (Arquivo Nacional), Relatório periódico de informações – A0863154 – 1975.

27. Boletim do SNI, 15 set 1975, Arquivo Ernesto Geisel, EG pr 1974.03.00/CPDoc.

28. *Jornal do Brasil*, 2 ago 1975.

29. *Jornal do Brasil*, 18 dez 1975.

30. Essa constatação é efetuada a partir do livro de Nilmário Miranda e Carlos Tibúrcio, *Os filhos deste solo. Mortos e desaparecidos políticos durante a ditadura militar: A responsabilidade do Estado*, São Paulo, Boitempo/Fundação Perseu Abramo, 1999.

31. Hélio Pereira Bicudo, *Meu depoimento sobre o Esquadrão da Morte*, São Paulo, PUC-São Paulo/Comissão de Justiça e Paz de São Paulo, 1976. Sobre a explosão da violência policial contra os delinquentes e criminosos comuns na época da democratização, ver Angelina Peralva, *Violência e democracia: O paradoxo brasileiro*, São Paulo, Paz e Terra, 2000.

32. Boletim do SNI, 2 fev 1976. Arquivo Ernesto Geisel, EG pr 1974.03.00/CPDoc.

33. José Amaral Argolo (org.), *A direita explosiva no Brasil*, op.cit., p.308.

34. Ver, por exemplo, a nota do Cisa de novembro de 1975 citada por Elio Gaspari em *A ditadura encurralada*, op.cit., p.210; ou ainda o relatório de informações do CIE de agosto de 1977 no Arquivo Ernesto Geisel, EG pr 1974.03.25/3/CPDoc.

35. Sylvio Frota, *Ideais traídos: A mais grave crise dos governos militares narrada por um de seus protagonistas*, Rio de Janeiro, Zahar, 2006.

36. Depoimento concedido pelo coronel Alberto Fortunato a José Amaral Argolo e Luiz Alberto Fortunato, in *Dos quartéis à espionagem*, op.cit., p.222. Alguns panfletos são acompanhados por desenhos de Golbery enforcado.

37. Maria Celina D'Araujo, Gláucio Ary Dillon Soares e Celso Castro, *A volta aos quartéis*, op.cit., p.253.

38. Cordeiro de Farias, Cfa tv 76.00.00/CPDoc.

39. Revista *Veja*, 23 set 1987. O documento foi cedido à revista por Elio Gaspari.

40. *Jornal do Brasil*, 20 ago 1976.

41. "Objetivo Nacional Permanente – O Brasil na posição socialista". Arquivos do SNI (Arquivo Nacional), candidatura do general Euler Bentes. Frente Nacional de Redemocratização – E0072114 – 1981.

Notas

42. Idem. Os destaques constam do texto original.

43. Memorando do SDECE ao primeiro-ministro, 17 dez 1970, "Hostilité du Haut Commandement de l'Armée à l'égard du président (février 1970)", Arquivos do Exército de Terra francês, 10T1109.

44. Lei n.4.448, 29 out 1964. As leis n.5.821, de 10 nov 1972, e n.6.362, de 23 set 1976, tendem a restabelecer parte das prerrogativas presidenciais no que se refere às promoções à patente de oficial-general, em especial aumentando o tamanho das listas propostas pelo Alto-Comando do Exército ao presidente.

45. Depoimento a Maria Celina D'Araujo e Celso Castro, publicado em *Ernesto Geisel*, op.cit., p.361-2.

46. Ibid., p.362.

47. *Jornal do Brasil*, 3 set 1976. O ministro adentra o plenário acompanhado por quarenta oficiais-generais.

48. 21 jan 1976. Cronologia das ações de Frota, Arquivo Ernesto Geisel, EG pr 1974.03.25/3/CPDoc.

49. Sylvio Frota, *Ideais traídos*, op.cit., p.436.

50. *Jornal do Brasil*, 23 dez 1976.

51. *Jornal do Brasil*, 13 out 1977.

52. Entrevista concedida a Maria Celina D'Araujo e Celso Castro, publicada em *Ernesto Geisel*, op.cit., p.407.

53. Boletim do SNI, 26 out 1977, Arquivo Ernesto Geisel, EG pr 1974.03.00/CPDoc.

6. A última campanha: 1977-1978 (p.205 a 230)

1. Discurso de campanha, não datado. Arquivos da Arena (embora o general Euler concorresse pelo MDB), 1973.05.10/CPDoc.

2. O documento é reproduzido em Hugo Abreu, *O outro lado do poder*, Rio de Janeiro, Nova Fronteira, 1979, p.134.

3. Getúlio Bittencourt, *A quinta estrela: Como se tenta fazer um presidente no Brasil*, São Paulo, Ciências Humanas, 1978; André Gustavo Stumpf e Merval Pereira Filho, *A segunda guerra: A sucessão de Geisel*, São Paulo, Brasiliense, 1979; o capítulo dedicado a essa eleição em Carlos Chagas, *A guerra das estrelas (1964-1984): Os bastidores das sucessões presidenciais*, Porto Alegre, L&PM, 1985; bem como Walder de Góes, *O Brasil do general Geisel: Estudo do processo de tomada de decisão no regime militar-burocrático*, Rio de Janeiro, Nova Fronteira, 1978.

4. Hugo Abreu, *O outro lado do poder*, op.cit., p.174.

5. São os termos do coronel Ênio dos Santos Pinheiro, em Maria Celina D'Araujo, Gláucio Ary Dillon Soares e Celso Castro, *A volta aos quartéis: A memória militar sobre a abertura*, Rio de Janeiro, Relume-Dumará, 1995, p.225. Os coronéis José Eduardo de Castro Portela Soares e Fernando da Graça Lemos, igualmente bastante críticos a respeito da abertura política, fizeram declarações similares em entrevistas concedidas à autora (Rio de Janeiro, jun e out 2006).

6. Maria Celina D'Araujo, Gláucio Ary Dillon Soares e Celso Castro, *A volta aos quartéis*, p.55.
7. Boletim do SNI, 15 jun 1974. Ver igualmente os datados de 5 set 1974, 12 jun 1975 e 26 nov 1975. Arquivo Ernesto Geisel, EG pr 1974.03.00/CPDoc.
8. Movimento Nacionalista Popular Pró-Governo Geisel – A0950713 – 1976, Arquivos do SNI (Arquivo Nacional – sede de Brasília). Lembremos que os arquivos do SNI mantêm no anonimato sistematicamente todas as pessoas citadas: os raros nomes entre chaves resultam, portanto, de recortes de informações, não sendo legíveis na fonte consultada.
9. Depoimento a Aspásia Camargo e Walder de Góes, in *Meio século de combate: Diálogo com Cordeiro de Farias*, Rio de Janeiro, Nova Fronteira, 1981, p.519-20.
10. As cartas foram conservadas nos arquivos do general Cordeiro de Farias, Cfa tv 1964.10.23/CPDoc.
11. Grupo Centelha Nativista – G0023310 – 1981, Arquivos do SNI (Arquivo Nacional – sede de Brasília).
12. Manifesto do MMDC, 21 abr 1977. Arquivo Cordeiro de Farias, Cfa tv 64.04.11/CPDoc.
13. *O Estado de S. Paulo*, 7 ago 1977.
14. *O Estado de S. Paulo*, 19 ago 1977.
15. Declaração feita no Lion's Club de Ponta Grossa, 4 mar 1978. Arquivo pessoal do coronel Tarcísio Nunes Ferreira.
16. *Jornal do Brasil*, 11 mar 1978.
17. *Jornal do Brasil*, 13 abr 1978.
18. Entrevista concedida à autora, Brasília, mar 2008.
19. *Jornal do Brasil*, 1º abr 1978.
20. Boletim do SNI, 18 jan 1978, Arquivo Ernesto Geisel, EG pr 1974.03.00/CPDoc.
21. *Jornal do Brasil*, 27 e 28 jan 1978.
22. Hugo Abreu, *O outro lado do poder*, op.cit., p.78.
23. Ibid., p.21.
24. Ibid., p.29.
25. Hugo Abreu, *Tempo de crise*, Rio de Janeiro, Nova Fronteira, 1980, p.98.
26. Ver, por exemplo, o encontro privado entre Magalhães Pinto e Euler Bentes Monteiro em São Paulo, em 31 de junho de 1978, em *Jornal do Brasil*, 1º jul 1978. Seu programa completo, quando Euler é finalmente nomeado pelo MDB, é publicado no *Jornal do Brasil* de 24 ago 1978.
27. *Jornal do Brasil*, 24 ago 1978.
28. *Jornal do Brasil*, 14 e 15 set 1978.
29. Sylvio Frota, *Ideais traídos: A mais grave crise dos governos militares narrada por um de seus protagonistas*, Rio de Janeiro, Zahar, 2006, p.593-4.
30. Hugo Abreu, *Tempo de crise*, op.cit., p.150.
31. Carta citada em Sylvio Frota, *Ideais traídos*, op.cit., p.570-1.
32. *Jornal do Brasil*, 21 set 1978.
33. Dickson M. Grael, *Aventura, corrupção, terrorismo: A sombra da impunidade*, Petrópolis, Vozes, 1985.

Notas

34. Entrevista concedida pelo coronel Tarcísio Nunes Ferreira à autora, Brasília, mar 2008.
35. Ver sua carta de demissão em *Jornal do Brasil,* 6 ago 1981.
36. *Jornal do Brasil,* 21 set 1978.
37. Ver o depoimento de Dickson M. Grael em *Aventura, corrupção, terrorismo,* op.cit., p.24s.
38. Esses dados foram obtidos no site do Grupo Guararapes (http://www.fortalweb.com. br/grupoguararapes/), consultado em outubro de 2011. O grupo reivindica igualmente 49 oficiais da Aeronáutica, 49 da Marinha e 1.747 civis. Observemos, porém, que os dados do site não são atualizados e não podem ser considerados inteiramente confiáveis. Por exemplo, alguns dos oficiais listados como membros do Grupo morreram anos atrás. Além disso, é difícil verificar essas adesões, em especial na oficialidade subalterna. A esse respeito, ver Eduardo Heleno de Jesus Santos, *Extrema direita, volver! Memória, ideologia e política dos grupos formados por civis e a reserva militar,* monografia de mestrado em ciências políticas (orientador: Vágner Camilo Alves), Niterói, UFF, 2009. Esse autor observa que organizações como o Grupo Guararapes, que se multiplicaram após a Constituição de 1988, são amplamente marginalizadas nas Forças Armadas atuais, além de serem incapazes de uma verdadeira renovação geracional.
39. Depoimento a Hélio Contreiras, *Militares: Confissões. Histórias secretas do Brasil,* Rio de Janeiro, Mauad, 1998, p.91-2.
40. Coleta de depoimentos para a coleção organizada por Aricildes de Moraes Motta, *História oral do Exército. 1964 – 31 de março: O movimento revolucionário e sua história,* Rio de Janeiro, Biblioteca do Exército, 15 vols., 2003.

Conclusão (p.231 a 237)

1. O primeiro deles é Juan Lins, que, por essa razão, negava à ditadura a qualificação de "regime autoritário", preferindo a de "situação autoritária". "The Future of an Authoritarian Situation or the Institutionalization of an Authoritarian Regime: The Case of Brazil", in Alfred Stepan (org.), *Authoritarian Brazil. Origins, Policies, and Future,* New Haven/Londres, Yale University Press, 1973, p.233-54.

Agradecimentos

Este livro é oriundo de minha tese de doutorado defendida em 2009, na Universidade de Paris 1. Trata-se do fruto de uma longa viagem: cinco anos de reflexão, de arquivos e de pesquisa de campo, que me levaram para longe de meu país, de minhas referências, de meu meio social, político e cultural. Entre meus guias e companheiros ao longo dessa viagem, é à minha orientadora, Annick Lempérière, que desejo agradecer em primeiro lugar. Ela me dedicou sua atenção, sua confiança, e me incentivou a refletir sempre mais e além.

Tive a sorte de encontrar, no Brasil, pessoas que me abriram as portas do universo militar e de seus arquivos, e compartilharam meus questionamentos. Devo a Celso Castro mais do que posso expressar aqui: sua disponibilidade, suas ideias sempre fecundas, seu apoio nos momentos cruciais e seus encorajamentos até a última linha deste trabalho. Meu reconhecimento é igualmente dirigido a Renato Lemos, que me aconselhou com vivo interesse e muita simpatia. Obrigada ainda a João Roberto Martins Filho, por sua ajuda e suas dicas, assim como a Armelle Enders, Carlos Fico e Marcelo Ridenti, que me despertaram para o estudo sobre o Brasil e me fizeram tomar gosto pelo tema.

Agradeço imensamente a meus amigos "milicólogos" Rodrigo Nabuco de Araujo e Angela Moreira; a Eugénia Paliéraki, cuja amizade e escuta foram tão preciosas para esta pesquisa quanto são em minha vida; a Marianne Gonzalez Alemán, companheira indispensável em todos esses anos; a Geneviève Verdo e Marina Franco, interlocutoras e amigas inestimáveis; e a Kathia Ferreira, da editora Zahar, que releu e corrigiu com muita atenção, competência e simpatia este livro.

Obrigada aos amigos tão queridos que fizeram do Brasil meu segundo lar e iluminaram com sua presença, ainda que distante, todos esses anos: Vanise, Guilherme, João, Vitor e Erika, minha família carioca; e Erick e Elias, que me acolheram gentilmente em São Paulo.

Obrigada a todos aqueles que estiveram próximos, todos os amigos que não posso citar, minha irmã Marion, e Régina e Gérard, meus pais.

Obrigada imensamente, enfim, a Paul, por sua confiança, otimismo e nossa felicidade de todos os dias.

1ª EDIÇÃO [2012] 2 reimpressões

ESTA OBRA FOI COMPOSTA POR MARI TABOADA EM MINION PRO E META PRO
IMPRESSA EM OFSETE PELA GRÁFICA PAYM SOBRE PAPEL PÓLEN SOFT
DA SUZANO S.A. PARA A EDITORA SCHWARCZ EM FEVEREIRO DE 2022

A marca FSC® é a garantia de que a madeira utilizada na fabricação do papel deste livro provém de florestas que foram gerenciadas de maneira ambientalmente correta, socialmente justa e economicamente viável, além de outras fontes de origem controlada.